Wolfram Frietsch

Intersubjektivität und Macht

Eine phänomenologische Untersuchung

scientia nova

Die zweite Auflage erfolgt inhaltlich unverändert,
versehen mit einem Nachwort zur Neuausgabe.

Für H. S. K.

Bibliografische Information der Deutschen Bibliothek.
Die Deutsche Bibliothek verzeichnet diese Publikation in der Deutschen Nationalbibliografie; detaillierte bibliografische Daten sind im Internet über http://dnb.ddb.de abrufbar.

Zweite Auflage

Printet in Germany

978-3-935164-14-6

Wolfram Frietsch

Intersubjektivität und Macht

Eine phänomenologische Untersuchung
basierend auf Edmund Husserls
»Die Krisis der europäischen Wissenschaften und die transzendentale Phänomenologie«
bezogen auf magische Diskursfelder
im Umkreis der Ethnologie als
Raum ›wilden Denkens‹
in der Kultur

scientia nova

Inhaltsverzeichnis

1. Vorüberlegung

Die phänomenologische Forschung vermag mitunter eine eigenartige Sphäre zu berühren, die weit entfernt liegt von der, die sich Phänomenologie vorgenommen hat zu erforschen, die aber gleichwohl zum Bewusstsein als Bewusstseinsakt und damit als Phänomen gehört.

Die als intentionale Akte zu beobachtenden oder aus der Literatur ableitbaren Phänomena zum Problemfeld Intersubjektivität und Macht bzw. Machtausübung, verstanden als Einflussnahme im weitesten Sinne, sind auf den ersten Blick einsichtig, handelt es sich dabei doch um Kommunikation, appellative Aktionen oder um mediale Prozesse oder Produktionsverhältnisse. Ungeachtet dessen kann die Evidenz des Aufweises ihrer Ergebnisse und der Beobachtung ihrer Wirksamkeit dann ungenügend sein, wenn aus dem eigenen Selbstverständnis heraus eine Appräsentation und Interaktion notwendig sein wird. Das will sagen, dass Beispiele für die objektive Beobachtung von Prozessen, bei denen eine grundsätzliche und ausnahmslos gültige Annahme der Bedingung von Intersubjektivität und *gleichzeitiger* Einflussnahme – Einflussnahme im Sinne von Macht, Machtstrukturen oder Machtvoraussetzungen verstanden – im Aufzeigen zwar signifikant ist, aber in Reinform schwer zu finden sein wird.

Kommunikation beispielsweise erfüllt zwar im Allgemeinen diese Voraussetzungen, weicht aber in einem wesentlichen Punkt ab, dem der Selbsteinschätzung. So spricht man (oder kann man sprechen) von dem Umstand der gewollten Nicht-Beeinflussung, sozusagen einer gewaltfreien oder machtfreien Kommunikation. Der von Jürgen Habermas angeführte Begriff der „herrschaftsfreien Kommunikation" verdeutlicht dies. Andererseits nennt Michel Foucault diesen utopisch, weil für ihn jede Kommunikation bereits ein „Machtspiel" ist und damit eine „neutrale" Position nicht möglich scheint.[1] Auch bei Beispielen aus der Medien-

---

1 Vgl. dazu: *Jürgen Habermas: Theorie des kommunikativen Handelns*, 2 Bde., Frankfurt a. M. 1988. Und: Michel Foucault: *Dits et Ecrits.*

welt, die aus ihrem Selbstverständnis heraus den Wunsch oder den Willen der Nicht-Beeinflussung zumindest geltend machen, wird sich Widerspruch regen, wenn der Wunsch „nur“ zu informieren oder „bloß“ die Wahrheit zu sagen, als unterschwellige Suggestion freigelegt werden kann. Der Schein muss zwar unter allen Umständen gewahrt bleiben und der Anspruch auf Neutralität ist Programm, dennoch ist jeder Schein scheinbar und jede Neutralität mit etwas anderem besetzt, was zur Folge hat, dass überall dort, wo Bezogenheit im Sinne von Intersubjektivität gegeben ist, Machstrukturen zumindest vermutet werden und noch weniger geleugnet werden können, wobei es mittlerweile müßig ist, einen solchen offensichtlichen oder verborgenen Leugnungsprozess thematisieren zu wollen.

Um Intersubjektivität und Macht in Reinheit und programmatischem Selbstverständnis studieren und beobachten zu können, kann das Augenmerk auf ein Diskursfeld gerichtet werden, das unbeachtet geblieben, nichtsdestoweniger aber beides unauflöslich miteinander verbindet und dies sowohl vom eigenen Selbstverständnis, wie auch von einer äußeren unbeteiligten Wahrnehmung bzw. Einschätzung her. Es handelt sich um die ganze Breite *magischer* Diskurssysteme in ihrer grundsätzlichen Signifikanz als *magische Diskursfelder*, wobei das Augenmerk auf magisches Bewusstsein im Sinne „wilden Denkens“ (Lévi-Strauß) gelegt werden wird und von einem esoterischen oder magischesoterischen Diskurs abgegrenzt werden soll, gleichwohl dessen Denkformation hier mit hineinspielen muss, was in der „Natur der Sache“ liegt.

Ein magisches Diskursfeld konstituiert sich in ihrem Selbstverständnis ausschließlich auf der Basis von Intersubjektivität und Macht in der Absicht der gegenseitigen Beeinflussung. Der mögliche Einwand der vollzogenen Reduzierung von Magie auf Macht ist ein scheinbarer, will er doch nahe legen, dass Magie neben Macht weitere Perspektiven biete, was nicht zu leugnen ist. Jedoch wird dabei übersehen, dass mit Macht auch das Machbare

Band IV. Frankfurt a. M. 2005. Sowie weiter dazu (Auswahl): Michel Foucault: *Sexualität und Wahrheit*, 3 Bände, Frankfurt a. M. 1983 f.

gemeint ist und sich Magie damit sehr wohl wieder identifizieren wird und muss, denn jedes magische Wort, jeder magische Gedanke, jeder magische Akt und jede magische Überlegung ist – auch in ihrer reinsten Unschuld – auf das Machbare ausgerichtet. Selbst der im magischen Modus verankerte, implizierte oder als möglich angeführte Erkenntniszugewinn oder Erkenntniszuwachs ist als magischer Akt der Macht- bzw. Machbarkeitsperspektive destruierbar und dekonstruierbar.

An einem magischen Diskursfeld sind beide Aspekte – Macht und Intersubjektivität – deutlich ablesbar. Die sich daraus ergebenden Schlüsse können für die Phänomenologie signifikant sein, weil hier ein Anschauungsobjekt als Bewusstseinsakt vorliegt, der sowohl diachron wie synchron relevant ist.

Durch grundlegende wissenschaftlich relevante Studien zu Aspekten des magischen Diskursfeldes im Umfeld der Ethnologie wurde ein breites, wissenschaftliches Niveau erreicht, das Studien zu *Magie* von jener Anrüchigkeit befreit, die ihr in naiver Weise anhängen.[2] Zu nennen sind hier vor allem für die Ethnologie: James George Frazer[3], Edward E. Evans-Pritchard[4], Claude Levi-Strauss[5]; für die Soziologie: Max Weber[6], Emile Durkheim[7], Marcel Mauss[8], Norbert Elias[9], Hans Peter Duerr[10]; für die Psychologie: Sigmund

2 Für weitere Literaturhinweise vgl. das Kapitel über Magie und das Literaturverzeichnis.

3 James George Frazer: *Der goldene Zweig. Das Geheimnis von Glauben und Sitten der Völker.* Reinbek bei Hamburg 1994.

4 Edward E. Evans-Pritchard: *Hexerei, Orakel und Magie bei den Zande.* Frankfurt a. M. 1988.

5 Claude Levi-Strauss: *Das wilde Denken.* Frankfurt a. M. 1976.

6 Max Weber: *Gesammelte Aufsätze zur Religionssoziologie.* 4 Bände. Tübingen 1920–21.

7 Emile Durkheim: *Die elementaren Formen des religiösen Lebens.* Frankfurt a. M. 1981.

8 Marcel Mauss: „Entwurf einer allgemeinen Theorie der Magie". In: *Soziologie und Anthropologie.* Bd. 1. Frankfurt a. M. 1989.

9 Norbert Elias: *Über den Prozess der Zivilisation. Soziogenetische und psychogenetische Untersuchungen.* Bände 1 und 2. Frankfurt a. M. 1976 ff.

10 Hans Peter Duerr: *Der Mythos vom Zivilisationsprozeß.* Fünf Bände. Frankfurt a. M. 1994–2005.

Freud[11] und C. G. Jung[12]; für die Religionswissenschaft: Mircea Eliade[13], Bronislaw Malinowski[14], H. G. Kippenberg[15], Ioan P. Culianu[16] und allgemein in Geschichte oder Volkskunde: Will-Erich Peuckert[17], Georg Luck[18] und Margarethe Ruff[19].

Magie mag gegenaufklärerisch sein, die Erforschung magischer Strukturen und ihre Freilegung im Prozess der Bergung sind es jedoch nicht. Nicht mehr bedarf es der Rechtfertigung, sich mit diesem Themenfeld zu beschäftigen, weil eine solche Beschäftigung im wissenschaftlich-aufklärerischen Interesse liegen muss.

Es bedarf nun sehr wohl der Erklärung, warum ausgerechnet Phänomenologie im Umkreis von Edmund Husserls Schrift *Die Krisis der europäischen Wissenschaften und die transzendentale Phänomenologie* in einen solchen Zusammenhang gebracht werden kann.

Festzustellen ist, dass dies erst einmal nicht phänomenologisch immanent erklärt werden kann. Weder ihr Anspruch noch ihre Untersuchungen noch ihre philosophischen Überlegungen prädestinieren Phänomenologie auf den ersten Blick für eine Analyse eines magischen Diskursfeldes. Im Gegenteil: nichts läge zunächst ferner.

Dadurch aber, dass „Magie“ als Bewusstseinsakt erfahrbar und als Phänomen erfassbar ist, kann auch ein magischer Diskurs, vor-

---

11 Sigmund Freud: *Totem und Tabu.* Frankfurt a. M. 1981.

12 C. G. Jung: *Gesammelte Werke.* Düsseldorf 2004. Insbesondere: *Wandlungen und Symbole der Libido.*

13 Mircea Eliade: „Geschichte der religiösen Ideen“. Ders.: „Das Okkulte und die moderne Welt“. In: *Der magische Flug.* Sinzheim 2000.

14 Bronislaw Malinowski: *Magie, Wissenschaft und Religion. Und andere Schriften.* Frankfurt a. M. 1973.

15 H. G. Kippenberg und B. Luchesi (Hg.): *Magie. Die sozialwissenschaftliche Kontroverse über das Verstehen fremden Denkens.* Frankfurt a. M. 1978.

16 Ioan P. Culianu: *Eros und Magie in der Renaissance.* Frankfurt a. M. 2001.

17 Will-Erich Peuckert: *Gabalia. Ein Versuch zur Geschichte der magia naturalis im 16. bis 18. Jahrhundert.* Berlin 1967.

18 Georg Luck: *Magie und andere Geheimlehren in der Antike.* Stuttgart 1990.

19 Margarethe Ruff: *Zauberpraktiken als Lebenshilfe. Magie im Alltag vom Mittelalter bis heute.* Frankfurt a. M. 2003.

ausgesetzt er lässt sich adäquat fassen und beschreiben, phänomenologisch untersucht werden.

Als Vorverständnis kann von daher formuliert werden, dass magische Operationen per definitionem intersubjektiv sind, ja sie werden davon bestimmt, getragen und gestützt. Evident ist es, von Macht, Intersubjektivität und Magie in einem Atemzug zu sprechen.

Der Anspruch auf Intersubjektivität von Magie ist – von außen gesehen – erst einmal unerklärlich, fragwürdig und wird abgesprochen, ignoriert oder schlichtweg geleugnet. Vom magischen Selbstverständnis her ist Intersubjektivität aber eine Grundkonstante.

In einem phänomenologischen Horizont können sich nun Magie und Phänomenologie über die Intersubjektivität berühren und unvermutet stützen, dann, wenn das wissenschaftliche Erklärungsmodell (Phänomenologie) mit der vor-wissenschaftlichen Selbsteinschätzung (Magie) zusammentreffen kann, im Sinne eines Erklärungs- und Erläuterungsversuches sowie der Stützung und Falsifizierung einer – in diesem Falle der phänomenologischen – Thesis oder/und Beobachtung.

Wenn die der Magie beigegebenen Signifikanten anders konnotiert werden, und zwar im Sinne von „Macht“ und „Intersubjektivität“, kann die gewohnte Signifikant-Konnotation „Magie“ umgangen werden. Magie als das ergänzend Andere von Macht im Sinne der Einflussnahme und Magie auf der Basis der Intersubjektivität kann nun phänomenologisch sinnvoll, eingebettet in die Husserlsche Phänomenologie, betrachtet werden. Damit wird nicht Magie als solche, sondern ihre attributiv beigegebene Grundkonstante der Intersubjektivität – die, wie wir gesehen haben auf Macht fußt – in einem phänomenologischen Diskurs untersuchbar, beschreibbar und erklärbar. Das Diskursfeld Magie wird auf ihre Grundkonstante zu gereinigt und damit phänomenologisch erfasst.

Die sich wechselseitig ergebenden Erhellungen und Bestätigungen sowie Erklärungen und Erläuterungen stellen die Grundpfeiler dieser Untersuchung dar. Dazu müssen aber einerseits die phänomenologischen Voraussetzungen abgeklärt und die magischen Komponenten angezeigt werden, ehe von einem Ergebnis gesprochen werden kann.

Dann kann gezeigt werden, dass die Phänomenologie Husserls ein kongeniales philosophisches und wissenschaftlich objektives Erklärungsmodell abgibt, um aufzuzeigen, wie ein magischer Diskurs arbeitet und wirken kann. Ein solches Erklärungsmodell wird reflexiv auf die Phänomenologie rückwirken. Es geht also um eine wissenschaftliche Objektivierung des magischen Diskurses unter phänomenologischer Methode und, als Nebenprodukt, von völlig unvermutet anderer Seite, um eine Stützung des Intersubjektivitäts-Diskurses der Husserlschen Phänomenologie durch ein magisches Diskursfeld, was nichts anderes bedeutet, als dass dies in einen historischen Bezug zu setzen und in einem solchen zu sehen ist. Der synchrone und diachrone Zug der Husserlschen Phänomenologie wird also exemplarisch zu bestätigen sein, wenn er durch ein Drittes angewandt – hier das magische Diskursfeld – ausgewiesen wird.

Die folgenden Kapitel zeigen die signifikanten Aspekte der Husserlschen Phänomenologie auf, um dann das Diskursfeld Magie darzulegen. Notwendigerweise ist dabei eine Begrenzung sinnvoll. Wir beschränken uns bewusst auf die Phänomenologie im Umkreis der Husserlschen *Krisis* und auf ein Magieverständnis, das allgemein und unmittelbar einsichtig ist.

Die sich daraus ergebenden Kritikpunkte und weiterführenden Mehrwerte an Erkenntnis sind nicht nur willkommen, sondern fest eingeplant. Dahingehend fühlt sich diese Untersuchung dem Limes-Charakter phänomenologischer Arbeitstechnik verpflichtet, dass sie eingedenk ihrer Unzulänglichkeit Zeugnis ablegt von Gedanken, Vorstellungen und Ergebnissen, ohne den Anspruch zu gering oder die Erwartung zu hoch halten zu wollen.

Verkehrt wäre es, diese Arbeit im Sinne einer theoretisch-phänomenologischen Auseinandersetzung, wie in Hinblick auf eine esoterisch-magische Beschäftigung zu lesen. Beides ist aus verständlichen Gründen nicht gewollt und nicht zu leisten. Vielmehr soll eine gangbare und bewegliche Schneise in das Dickicht phänomenologischer Erkundung einerseits und magischer Forschung andererseits geschlagen werden. Geht es doch um einen philosophischen Zugang und eine philosophische Durchdringung des Problemfeldes Intersubjektivität und Macht, in Bezug auf ein vergessenes oder unterdrücktes Diskursfeld; das der Magie. Daran müssen die hier gewonnenen Erkenntnisse und diese Untersuchung sich messen lassen.

Edmund Husserl (1859–1938) um 1900

2. Phänomenologie ist Bewusstseinsphilosophie: Kleingeld wechseln

Der Andere ist für mich ebenso,
aber sein Für-sich ist zugleich mein Für-mich,
in Form meiner Potenzialität der Appräsentation.
Aber er selbst appräsentiert in mir und ich in ihm.
Ich trage alle Anderen in mir als selbst appräsentierte und
zu appräsentierende und als mich selbst ebenso in sich tragend.
Edmund Husserl, *Späte Texte über Zeitkonstitution (1929–1934)*, S. 56

Husserls Werk, das von Eugen Fink treffend als „Entwicklungsschrifttum" bezeichnet wird, ist weder abgeschlossen noch vollendet. In einem gewissen Sinne wächst es auch nach seinem Tode weiter.[1] Dies liegt in der Natur der phänomenologischen Betrachtung und der Unabschließbarkeit der phänomenologischen Analyse.[2] Zu komplex wäre der Blick des Phänomenologen, wollte er alle Perspektiven und alle Aspekte als Phänomen integrieren. Trotz allem besteht aber dieser Anspruch als Limesqualität hin zu uneingeschränkter Erkenntnis und im Sinne des Festhaltens am Programm der Phänomenologie als „absolute Wissenschaft".

1 „Das phänomenologische Schrifttum Edmund Husserls ist, im Ganzen gesehen, ein Entwicklungsschrifttum. Es gibt keinen Text, kein Buch, in dem diese Philosophie ihre endgültige und vollständige systematische Darstellung gefunden hätte." (Fink, *Nähe und Distanz*, 45)

2 „Das verhindert bereits die prinzipielle Unabschließbarkeit, Korrekturbedürftigkeit und Korrekturfähigkeit phänomenologischer Analyse. Nicht zuletzt auch darin lebt Husserls Phänomenologie aus dem Geist strenger Wissenschaft: ‚Es ist der Stolz, sogar das Recht der Phänomenologie, auch irren zu dürfen.' Wohl steht auch die Phänomenologie wie alle Wissenschaft unter der Idee der Wahrheit; sie bleibt ihr ständiges Regulativ. Eben deshalb aber verbleiben alle ihre Erkenntnisse ‚wesensmäßig in Relativitäten', und auch die transzendentalphänomenologische Erforschung ‚der letzten' Gründe und Ursprünge bringt es zu absolut unumstößlichen Einsichten, und zwar aus ihr selbst einsichtigen Wesensgründen, nicht." (Ströker, 67)

Im phänomenologischen Sinne kann jede Wahrnehmung ein Akt des Bewusstseins im Sinne einer phänomenalen Erfassung als Momentaufnahme des erkennenden Subjekts sein, die mit anderen verglichen werden kann, wodurch wir eine Fülle an Bewusstseinsprotokollen bezogen auf diesen Wahrnehmungsakt erhalten. Das Erscheinende und vermeintlich Ganze wird also zerlegt und wiederum zerlegt, reflektiert und wiederum reflektiert.

Was wir erkennen, ist ein Ausschnitt eines Gegenübers im Vermeinen, ein Ganzes vor uns zu haben. Dieses Ganze wird durch einen Richtungs- oder Perspektivenwechsel in Frage gestellt und ein neues Ganzes entsteht. Alles ist für sich und mit sich identisch und dennoch lehrt die Erfahrung, dass dies eine brüchige Identität ist – ein filigranes Netz an Entsprechungen – die eine vermeintliche Einheit spiegeln.

Edmund Husserl zeigt, dass jedem Bewusstseinsakt eine Fülle weiterer zugrunde liegt. Die verschiedenen Bewusstseinsweisen sind auf weitere rückführbar oder von anderen ableitbar. Dem naiven Haben-der-Dinge liegt ein komplexes Wechselspiel in der Zeit zugrunde, das diese Statik als vermeintlich und damit als dynamisch enttarnt. Und doch erscheint es so, als ob man gerade einen Augenblick erhaschen würde aus dem unendlichen Bewusstseinsstrom. Die Reflexion meistert die Fülle der Eindrücke nicht.

Der momentane Akt der Wahrnehmung entschwindet in Erinnerung, wird in der Reflexion aus der Vergangenheit in eine erinnerte Gegenwart geholt und auf Evidenz geprüft, die sich nie einstellen wird, weil die Erinnerung des Erinnerten und das Gewahrwerden des vermeintlichen Gegenübers immer differieren müssen.

Die integrale Schachtelung oder Zerlegung der phänomenologischen Methode hinkt hinterher und doch wird ein sinnstiftendes Evidenz-Moment deutlich. Die Methode scheint mühsam und der Weg absurd kafkaesk: zu lang, zu breit, zu weit ... gleichwohl kristallisieren sich im Strom des Bewusstseins Konstanten heraus, die programmatisch erfasst, Phänomenologie zu einer objektiven, auf Evidenz insistierenden Wissenschaft werden lassen. Ihr Blick ist nicht nur auf Zerlegen und Teilen, sondern auf Reflexion und Integration, auf Begriffsbildung und Methodologie gerichtet.[3] All das macht Sinn, dann, wenn aus der Reflexion eine Gedankenkette wird, die wiederum als solche erkennbar ist:

> Wenn Husserl in Seminarübungen zu sagen liebte, er wolle die „großen Scheine“ der Systemphilosophien „in Kleingeld wechseln“, so konnte dies dort mit Recht gelten für seine Rückfrage von anspruchsvollen Theoremen auf die schlichten, elementaren Sachverhalte. In den Forschungsmanuskripten ‚wechselt er nicht in Kleingeld‘, denn so kleine ‚Münzen‘ sind gar nicht im Umlauf, er löst noch das kleinste Kleingeld auf in einen Nuancenreichtum, den erst seine Reflexion herausreißt“[4] (Eugen Fink, *Nähe und Distanz*, 220).

Der Wechsel führt zum Identischen unter dem Verschiedenen, denn letztlich ist es einerlei, ob ich zwei Fünfer oder einen Zehner in der Hand halte. Schwierig wird es, wenn der Wech-

---

3 Eugen Fink beschreibt diesen Vorgang so: „Im natürlichen Leben leben wir auf die Dinge hin, wir identifizieren sie in einer Vielzahl von Perspektiven und Aspekten, achten dabei jedoch nicht auf die Aspekte. Wir durchleben das Mannigfaltige im Hinblick auf das Identische. Husserl kehrt diese Lebenseinstellung um; er dröselt in einer minutiösen Akribie die gegenständlichen Sinneinheiten auf, bezieht sie zurück auf die Mannigfaltigkeit der identifizierten Bewußtseinsweisen und löst selbst noch die Bewußtseinsakte auf, zerfasert die Akte in die Phasen, die Phasen in die fließenden Zeitmomente, vollzieht eine gigantische Vivisektion des Bewußtseins. Eine unheimliche Schärfe der Beobachtung, eine Subtilität der Analyse, der es auf winzigste Sinn-Nuancen ankommt, äußern sich darin, daß Husserl Hunderte von Parallelanalysen durchführt. Mit einer Entschiedenheit, die an Besessenheit grenzt, hält er die analysierende Reflexion gegen das Stromgefälle des Bewußtseinslebens fest, arbeitet geradezu Bewußtseins-Differentiale heraus und kommt so im Gegenstoß gegen die Verschließungstendenz immer tiefer in den Grund des sinnschöpferischen Lebens zurück“ (Fink, *Nähe und Distanz*, 219f).

4 In dem Sinne erweist sich Derrida als würdiger Nachfolger Husserls, dessen feinsinnige und detaillierte philosophische Methodik ebensolches „Wechselgeld“ bis hin zu Falschgeld beinhaltet.

sel einseitig erfolgt – ein zu wenig in der Wechselkunst – oder zu viel, ein Überschuss, der verarbeitet werden will. Unterm Strich bleibt in der Summe eine Bindung, die rückbindet und vorausahnen lässt. Eine gemeinsame Basis wird auszumachen sein, die trotz subjektiver Reflexion intersubjektiv sein muss. Erst damit erhält Phänomenologie den Status einer objektiven Wissenschaft.

2.1. Phänomenologie ist Bewusstseinsphilosophie

Die Phänomenologie Edmund Husserls ist nicht objekt- oder gegenstandsorientiert. Phänomenologie ist Bewusstseinsphilosophie und auf Analyse und Untersuchung von Bewusstseinsstrukturen ausgelegt. Phänomenologie ist subjektorientiert, aber weder subjektiv noch egozentrisch. Phänomenologische Methode ist kein Empfindsamkeitsprotokoll oder autoerotische Befindlichkeitsstudie.

Programmatisch ist es für die Phänomenologie, „objektive Wissenschaft" zu sein mit dem Ziel, eine rationale und vernünftige Methodologie zur Erkenntnis von Welt und Mensch herauszubilden. Dabei schlägt Edmund Husserl die Richtung ein, indem er von der Annahme der Korrelation von Bewusstsein und Welt ausgeht.

Im Bewusstsein – das immer Bewusstsein von etwas ist – wird das Seiende als Wahrnehmendes, Erkennendes, Erinnerndes usw. vergegenwärtigt. Die Welt kann daher nur als Korrelat von Bewusstseinsleistungen in Hinblick auf ein erkennendes und wahrnehmendes Bewusstsein vorhanden sein.

Objekte ohne erkennendes Subjekt sind sinnlos ebenso wie Aussagen über Objekte, die nicht bewusstseinsmäßig erfasst werden können. Objektive Erkenntnis ist immer auf ein erkennendes Bewusstsein rückbezogen oder rückzubeziehen.

Unsere Alltagswelt – von der wir ein Teil sind – ist die Quelle unserer Erkenntnis. Doch um diese wissenschaftlich auszuwerten, bedarf es einer besonderen Leistung und Methodik. Die Phänomenologie hat hierfür ein Instrumentarium entwickelt, um im intentionalen Bewusstseinserlebnis – dem Bewusstseinsakt oder intentionalen Akt – die Akte oder Phänomene und der ihnen entsprechenden Gegenstände zu beschreiben und zu bestimmen.

2.2. Intentionaler Akt

Jeder Bewusstseinsakt kann intentionaler Akt sein. Intentional meint die Beziehung und Vergegenwärtigung von Erkennendem im erkennenden Bewusstsein. Gleichgültig ist, ob es sich bei diesem Akt um ein Ding, etwas Erinnertes oder einen Bewusstseinsaspekt handelt. Als Phänomen für das jeweilige Bewusstsein ist allein entscheidend, dass es in „meinem" Bewusstseinserleben vorhanden ist.

Erst das Bewusstsein ermöglicht Sinnstiftung und erlaubt Aussagen über die Welt. Erklärtes Ziel der Phänomenologie bleibt der Nachweis des Einklangs zwischen Welt und Vorstellung im Sinne einer Evidenz der transzendentalen Subjektivität mit der rationalen Struktur von Welt.

2.3. Phänomenologie als Erkenntniskritik

Phänomenologie ist Erkenntniskritik dadurch, dass die konstituierenden Bewusstseinsleistungen auf eine allgemeine, logische und intersubjektive Struktur als eine transzendentale Phänomenologie ausgerichtet werden. Da wird Alltagswelt ausgeklammert, abgeschattet oder mittels Epoché oder transzendentaler Reduktion auf einen allgemeinen Sinn hin auszurichten sein.

Husserl, der sich gegen Szientismus, Naturalismus, Relativismus, Skeptizismus und Irrationalismus wendet, sucht durch seinen eidetischen Ansatz, seine transzendentale Phänomenologie, die wissenschaftliche Basis der Erkenntnis im Sinne einer Ausrichtung auf absolute Erkenntnis zu gewinnen. Diesem Ideal ist und bleibt die Phänomenologie verpflichtet.

Da es als ausgemacht gilt, dass eine Korrelation zwischen dem subjektiven, bewusstseinsmäßigen Erfassen und den Phänomenen als erkannte Gegenstände besteht, konzentriert sich die transzendentale Phänomenologie auf diesen Akt und überprüft ihn hinsichtlich seiner Evidenz.

2.4. Abgegrenzte Phänomenologie

Edmund Husserl grenzt die Phänomenologie scharf vom Neukantianismus, dem Psychologismus und dem Historismus ab. Es geht ihn nicht um empirische Abstützung, denn die Regeln der Logik sind nicht empirisch oder psychologisch ableitbar. Regeln können verändert werden. Logische Sätze sind notwendige Wahrheiten im Sinne einer „absoluten" Gültigkeit. Sie sind unveränderlich.

Auf Empirie sich gründende Ergebnisse sind nur bedingt aussagefähig. Möglich wäre es, dass sich empirische Verhältnisse ändern. Die logischen Gesetze müssen davon unberührt bleiben. Logik bedarf keiner empirischen oder psychologischen Abstützung.

So wie der Historismus in Skeptizismus umschlägt, eben weil alles „historische Wahrheit" und damit relative Wahrheit wird, so führt der Psychologismus in einen Relativismus, ohne erkennbare logische Strukturen. Ebenso wenig kann es sinnvoll sein, die Realität als dingliche anzuerkennen und vorauszusetzen, ohne zugleich einen Zugang zu ihr zu haben.

Husserl zeigt, dass es um die „Sachen selber geht" und dass die Phänomene als intentionale Akte vorliegen, die dann auf ihre Evidenz und Appräsentation hin geprüft werden müssen. Der Vorwurf des Subjektivismus greift daher nicht. Viel eher ist es üblich, eine Wirklichkeit zu konstruieren, deren Konstruktion vorausgesetzt aber nicht durchschaut wird.

Allein die im Bewusstsein ablaufenden Prozesse selber können erkannt, analysiert und beschrieben werden. Es sind die Phänomene selber auf die es ankommt, denn diese sind direkt und unmittelbar einsichtig und zugänglich. Bei der Analyse der Bewusstseins-Gegenstände hat man sich aber aller Mutmaßungen und Voreingenommenheiten zu enthalten.

Die Phänomenologie will das Wesen einer Sache unvoreingenommen betrachten und wird damit dem Ideal einer wissenschaftlichen Durchdringung gerecht, weil sie in der Subjektivität sich ihrer Subjektivität bewusst ist und gleichzeitig von ihr abstrahieren will. Es geht allein darum, was sich als Phänomen anbietet, eben um die Sache selbst.

Wenn ich mich aber auf einen Gegenstand als Objekt ausrichte, so entschwindet er mir im nächsten Moment. Ich habe lediglich ein Bewusstseinsbild („intentionaler Akt") von ihm. Mittels meiner Reflexion erschließt sich jedoch das Objekt als Phänomen und in einem nächsten Schritt kann ich die Evidenz dieses Phänomens mit der Dingwelt anstreben.

2.5. Intersubjektivität

Ab 1905, also vier Jahre nach dem Erscheinen der *Logischen Untersuchungen*, für die das Ich in seiner Umfassendheit als Problem noch kein Thema war,[5] begann Husserl, sich mit dem Problem der Intersubjektivität zu beschäftigen.[6] Das führte er bis in die 1930er-Jahre hinein fort. Dokumentiert ist alles in drei Ergänzungsbänden mit insgesamt weit über 1000 Seiten.

Die ersten Aufzeichnungen von 1905 zeigen, wie Husserl die Identität des Ich problematisiert und ihm bewusst wird, dass es sich im Bewusstseinsfluss konstituiert, dass das „Ich" sich im Wandel erfährt und den Zusammenhang dieser Momente als Ich zu konstituieren sucht.[7] In diesem „Werden" trifft man auf den Anderen als von einem selbst Verschiedenen: „Das Bewusstsein des einen sei ein anderes als das des anderen. Ich frage: Setzt diese Verschiedenheit nicht voraus die Möglichkeit adäquater Wahrnehmung derselben? Setzt sie nicht die Möglichkeit letzter Einlösung voraus, und bedeutet das etwas anderes als adäquate Wahrnehmung?" (Hua XIII, 3).

5 Vgl. dazu: Hua XIII, XXIV.
6 Vgl. dazu: Hua XIII, XXII.
7 Vgl. dazu: Hua XIII, 1.

Husserl kehrt nun den Vorgang der Fremdwahrnehmung um, indem er argumentiert, dass gerade die Verschiedenheit die Ähnlichkeit bedinge. Schon früh konstituiert er die Möglichkeit der Verständigung im Sinne der Annäherung, Abstimmung und „Einfühlung“ auf den Anderen als Eigener und Fremder. Und doch ist das Ich kein Einzel-Ich und nur auf sich beschränkt, sondern immer ausgerichtet auf das Andere als das erfahrbare Fremde.[8] Einfühlung in das Gegenüber und Analogisierung des Leibes des Anderen sind wesentliche Bedingungen für die Fremderfahrung des „Ich im Dort“, des eigenen Leibes zum anderen Leib.

2.6. Leib als Medium

Der Leib ist nicht identisch mit dem Körper. Er ist das Medium des Ich als Instrument der Apperzeption und der Wahrnehmung eines anderen Leibes sowie dessen Analogisierung mittels Einfühlung.[9] Das besagt, dass das Ich sich nicht im Körper-*haben* erschöpft, sondern im Leib den Anderen als Leib erfährt und damit analogisiert. Denn der andere Leib ist kein fremder, sondern ein ähnlich eigener.

Die „Apperzeption des fremden Seelenlebens“ als Setzung des anderen steht für Husserl also schon früh als Möglichkeit und

8 „Es ist also nicht so, dass ich erst solipsistisch meine Dinge und meine Welt konstituiere, dann einfühlend das andere Ich erfasse, das für sich solipsistisch als seine Welt konstituierend erfasst wird, und dass dann erst die eine und andere konstituierte Einheit identifiziert würde, sondern meine Sinneinheit ist dadurch, dass die indizierte fremde Mannigfaltigkeit nicht geschieden ist von meiner, eo ipso dieselbe wie seine eingefühlte. Erst wenn ich den Andern als konstituierendes Ich für sich betrachte, finde ich das Sinngebilde als von ihm konstituiert und rechne es ihm und seiner Immanenz zu“ (Hua XIV, 10).

9 „Ein äusserer Körper wird als ‚ein Leib‘ apperzipiert und nicht bloss als ein Körper. Er wird so apperzipiert vermöge seiner typischen Ähnlichkeit mit meinem Leib, zusammenhängende Geschehnisse an ihm analog äusseren Geschehnissen an meinem Leib, die eine Parallele in meiner ‚Innerlichkeit‘ haben und dies demgemäss am dortigen Körper mitfordern“ (Hua XIV, 3).

ahnende Gewissheit fest.[10] Doch es sollte Jahre dauern, ehe er das auch philosophisch adäquat zu lösen vermochte. Möglich ist immer die Täuschung, die aber durch „Evidenz des Unterschiedes“ durch Reflexion und Begründung überwunden werden soll.[11]

2.7. Monaden-Ich und Monaden-All

Husserl kommt bereits 1908 in einer Beilage[12] auf die Monade zu sprechen, die dann als Monaden-Ich und Monaden-All den Ichbereich erweitern wird. Auch wird angedacht, ob die Gemeinschaft der Subjekte nicht dadurch Intersubjektivität bedingen, weil Subjekte aufeinander bezogen sind und „bei der Konstitution des einheitlichen Raumes“ mitwirken. Wird nicht die Einheit der Außenwelt gerade als denknotwendig vorausgesetzt und gleichzeitig als sich dabei konstituierender Raum?[13]

---

10 „Fremdes Bewusstsein nehme ich auf Grund der Einfühlung an. Man könnte sagen: Es ist doch ein Analogisieren und setzt seinem Wesen nach als eine letzte Erfüllung die Möglichkeit adäquater Wahrnehmung voraus. Also die Möglichkeit muss bestehen, dass mein Einfühlen sich in einem Wahrnehmen der Erlebnisse des Anderen letzterfüllt. So, wie ein Bildglaube sich erfüllt, wenn ich die Sache selbst sehe und als die bildlich gemeinte erkenne. Nun, in diesem Falle meint das Bildvorstellen eine Dingsache, die ihre Stelle in der Welt hat, also dazu gehört eine Vorstellung, die mich intentional auf einen gewissen Weg hinweist, auf dem ich zur ‚Sache‘ selbst hingehen und sie selbst sehen kann“ (Hua XIII, 8f).

11 „So unterscheide ich also im Sinn der individuellen Unterscheidung mein Bewusstsein von dem eines Anderen auf dem Grunde der wirklich und eigentlich vollzogenen Reflexion auf der einen Seite und Einfühlung auf der anderen. Mit der Einfühlung ist Setzung vollzogen. Natürlich kann die Setzung falsch sein, der Andere ist gar keine Person, es ist ein lebloses Ding, eine Puppe u. dgl. Aber die Evidenz des Unterschiedes gründet in den Apperzeptionen und nicht in der Setzung. Und der Unterschied ist wirklich, wenn die Setzung berechtigt ist. Ob sie es aber ist, das hängt von der Begründung ab, und diese fordert keineswegs das Unmögliche, dass ein anderes Bewusstsein mein Bewusstsein sein soll“ (Hua XIII, 4).

12 Hua XIII, 5.

13 „Es fragt sich, ob nicht die Beziehung auf andere Subjekte auch mitwirkt bei der Konstitution des einheitlichen Raumes. Jedenfalls haben wir diese eigentümlichen Identifikationen, in denen von mir gesehene und von dem Andern als gesehen (in korrelativen Erscheinungen) supponierte Dinge identifiziert werden und so Dinge zu Gemeindin-

Mit der Möglichkeit der Fremderfahrung stößt die Phänomenologie schon früh in die philosophisch zu verstehende absolute All-Perspektive vor als rationale und konsequente Fortführung der Einbettung des Anderen und des Eigenen. Die folgenden Jahre sind der philosophischen Klärung gewidmet, so dass sich langsam ein System – oder zumindest die Voraussetzung eines Systems – herauskristallisiert.

2.8. Möglichkeiten der Intersubjektivität

Die Frage, die uns hier vordergründig interessiert, ist nicht die nach der Möglichkeit der Fremderfahrung durch die Eigenerfahrung, denn solches kann Husserl evident nachweisen, sondern nach den Möglichkeiten, die sich durch Intersubjektivität in ihrer Ableitung und Facette philosophisch durchdrungen ergeben.

Intersubjektivität setzt notwendigerweise eine gemeinsame Basis voraus. Husserl findet diese Basis im Spätwerk in der „Lebenswelt“ und im Frühwerk in seinem Ausspruch: „Zu den Sachen selbst!“ Hier wie dort ist eine gemeinsame Basis reflektierbar, die „Wechselkurse“ erlaubt, die Reflexionen gestattet und die Solipsismus und Non-Kommunikation – sowohl für den menschlichen Bereich wie auch für und mit der Dingwelt – ausschließt.

Gerade die Rückbezüglichkeit auf das erkennende Subjekt scheint genau das Gegenteil der Vorannahme zu bewirken, in dem Subjektivität letztlich den anderen erreicht und Phänomenologie als „objektive Tatsachenwissenschaft“ sich etablieren kann. Und doch ist es das Ich, das als bewusstseinstragendes Medium Evidenz feststellen und Präsenz bewirken muss.

2.9. Intersubjektivität ist reflexiv

Den Anderen wahrzunehmen und im intentionalen Akt einzuverleiben ist etwas, das notwendigerweise eine Verbindung voraus-

gen von vielen Ich werden. Viele Ich – ein Raum, eine Zeit, eine Dingwelt für alle“ (Hua XIII, 11).

setzt. Jene Verbindung ist die Möglichkeit der Kontaktierung im Sinne einer Übertragung und Gegenübertragung. Diese wiederum muss nicht nur *passiv* rezipierend, sondern kann auch *aktiv* manipulativ sein. Anders gesagt: Intersubjektivität ist reflexiv.

Die phänomenologische Methode liefert eine kongeniale These zur passiven Intersubjektivität und damit auch – im analogen Umkehrschluss – bei näherer Betrachtung eine Hypothese zur aktiven Manipulation.

Manipulation des Andern ist im höchsten Maße Fremdbestimmung. Fremderfahrung und Fremdbestimmung sind nur durch ihre Verlaufsrichtung voneinander geschieden.

Fremdbestimmung als Manipulation haftet auch einem magischen Akt an. Der theoretische Rahmen der Fremdbestimmung im *magischen Denken*, der *magischen Weltsicht* oder eben der *Magie* kann auch umgekehrt proportional zur Fremderfahrung beschrieben werden.

2.10. Diskursfeld Magie

Magie oder magisches Denken basiert von ihrem Selbstverständnis her auf der Voraussetzung und der Bedingung von Intersubjektivität und erteilt – wie die Phänomenologie auch – einer solipsistischen und nonkommunikativen Haltung *per definitionem* eine Absage. *Magie ist Kommunikation und Intersubjektivität.*

Sowohl Phänomenologie wie auch Magie implizieren eine – aktiv-manipulative oder passiv-rezeptive – Beeinflussung des Anderen, was hier synonym für Machtausübung oder Machtstruktur steht. Dies setzt Vorannahmen voraus, die immer wieder angedeutet aber nicht mittels eines auf absolutes Wissen aus seiendes philosophischen System erklärbar und transparent gemacht werden können. Mittels der Phänomenologie Husserls wird aber der begriffliche und philosophische Rahmen dargeboten.

Phänomenologie *funktioniert* als Medium der Begründung und der Aufklärung magischer Vorannahmen. Gründet sich Magie immer noch auf metaphysische Grundannahmen, so macht die Phänomenologie deutlich, inwieweit diese nichts anderes als transzendentale Notwendigkeiten sind, die weder geheimnisvoll noch ungewöhnlich in Funktionsweise, Absicht und Möglichkeit sich darbieten. Das wissenschaftliche Instrumentarium zur Durchdringung magischer Denkvorgänge und magischer Weltsicht als Magie ist phänomenologisch gegeben. Die auf dieser Basis beruhende wissenschaftliche Durchdringung der Magie ist eine hier durchzuführende.

3. Limesqualität und work in progress: Die Phänomenologie im Werk Edmund Husserls

> Wie, wenn wir hingingen und Anfänger würden, nun,
> da sich vieles verändert [...]
> Eine veränderte Welt. Ein neues
> Leben voll neuer Bedeutungen. Ich habe es
> augenblicklich etwas schwer, weil alles zu neu ist. Ich bin ein
> Anfänger in meinen eigenen Verhältnissen.
> Rainer Maria Rilke, *Die Aufzeichnungen des Malte Laurids Brigge*

Die Phänomenologie Edmund Husserls (1859–1938) ist wie kaum eine andere Philosophie prägend für die europäische Geistesgeschichte. Namen wie Martin Heidegger[1], Edith Stein[2], Jean Paul Sartre[3], Maurice Merleau-Ponty[4], Ludwig Landgrebe[5], Eugen Fink[6], Paul Ricoeur[7], Emmanuel Lévinas[8], Jacques

---

1 Martin Heidegger (1889–1976) war langjähriger Mitarbeiter Husserls und Nachfolger auf dessen Lehrstuhl. Sein Werk *Sein und Zeit* führte zum Bruch mit seinem Lehrer.

2 Edith Stein (1891–1942) promovierte 1917 bei Husserl mit ihrer Arbeit *Das Einfühlungsproblem in seiner historischen Entwicklung und in phänomenologischer Betrachtung*, Freiburg 1917, und war einige Jahre seine Assistentin. 1922 konvertierte sie zum Katholizismus. Sie kam 1942 in Auschwitz um.

3 Sartre studierte in den 30er-Jahren in Deutschland und lernte dort das Werk Husserls kennen.

4 Maurice Merleau-Ponty: *Phänomenologie der Wahrnehmung*, Berlin 1966. U.a.m.

5 Ludwig Landgrebe (1902–1991) war ab 1923 Assistent Husserls, enger Mitarbeiter und leitete das Husserl-Institut in Köln. Zu seinen Schülern zählte u.a. Hans Blumenberg.

6 Eugen Fink (1905–1975). In den 30er-Jahren Privatassistent Husserls bis zu dessen Tod.

7 Paul Ricoeur übersetzte *Ideen I* ins Französische. Dazu noch: Paul Ricoeur: *À l'école de la phénoménologie*, Paris 1987. U.a.m.

8 Emmanuel Lévinas: *Théorie de l'intuition dans la phénoménologie de Husserl*, Paris 1963. U.a.m.

Lacan[9] oder Jacques Derrida[10] sind mit der Phänomenologie und mit Husserls Werk verbunden.[11] In der jüngeren Vergangenheit haben sich so unterschiedliche Philosophen wie Theodor W. Adorno[12], Ortega Y. Gasset[13], Nikolas Luhmann[14], Karl Popper[15], Eric

9 Lacan bezieht neben Freud, Descartes und Hegel auch Husserl in seine Überlegungen mit ein.

10 Jacques Derrida: *Husserls Weg in die Geschichte am Leitfaden der Geometrie. Ein Kommentar zur Beilage III der „Krisis"*, München 1987.

11 Siehe dazu die Literaturliste. Dazu noch: Husserl hatte Einfluss auf den „Prager Strukturalismus" durch seine „Psychologismuskritik" und seine „phänomenologische Reduktion". Vgl. dazu: Elmar Holenstein: *Roman Jakobsons phänomenologischer Strukturalismus*, Frankfurt a. M. 1975. Vergleiche dazu auch: Jörn Albrecht: *Europäischer Strukturalismus*, Tübingen 2000. Die „Prager Schule", ein linguistischer an Saussure angelehnter Kreis, war überaus einflussreich. Über Roman Jakobson gelangen diese Ideen zu Claude Levi-Strauss, einer der Wegbereiter des französischen Strukturalismus. Die Verbindung Husserls mit Tschechien bzw. Prag war intensiv. Der tschechische Philosoph Jan Patocka promovierte bei Husserl – er studierte auch bei Heidegger – und festigte dessen Einfluss in seinem Heimatland, wo er zum führenden Vertreter der Phänomenologie wurde. Nicht vergessen werden darf Alexander Koyré, ein Husserlschüler, der Thomas S. Kuhn beeinflusst hat. Koyré war wiederum eng mit Alexandre Kojève befreundet und vertrat ihn mitunter bei dessen Vorlesungen über Hegel an der Sorbonne. Zu Kojèves Hörern zählten u. a. Georges Bataille, Maurice Merleau-Ponty, Jacques Lacan, Pierre Klossowski oder Jean-Paul Sartre, womit sich der Einfluss-Kreis schließt. Derrida war ebenfalls vom Prager Strukturalismus inspiriert. Husserls und Derridas Beziehung zur Tschechoslowakei weisen asymmetrische Gemeinsamkeiten auf. So wurde Husserl in den 30er-Jahren in der Tschechoslowakei Asyl geboten, während Derrida in den 80er-Jahren (1981) in der Tschechoslowakei interniert wurde. 1981 gründet Derrida mit Jean-Pierre Vernant und einigen Freunden die *Gesellschaft Jan Hus* zur Hilfe verfolgter tschechischer Intellektueller. Er wird in Prag verhaftet und kommt erst durch die Intervention François Mitterrands und der französischen Regierung frei.

12 Theodor W. Adorno: *Zur Metakritik der Erkenntnistheorie. Studien über Husserl und die phänomenologischen Antinomien*, Stuttgart 1956.

13 José Ortega y Gasset: *Schriften zur Phänomenologie*, Freiburg i. B. 1998.

14 Nikolas Luhmann: *Soziale Systeme*, Frankfurt a. M. 1984.

15 Karl R. Popper: *Objektive Erkenntnis. Ein volutionärer Entwurf*, Hamburg 1998. Ders.: *Die offene Gesellschaft und ihre Feinde*, Tübingen 1992.

Voegelin[16], Jean Gebser[17], Hermann Schmitz[18], Jürgen Habermas[19] oder Karen Gloy[20] mit Edmund Husserls Ideen auseinandergesetzt.[21] Boris Groys sieht Husserls Philosophie als einen auf Absolutheit ausgerichteten Entwurf einer auf absolutes Wissens hin angelegten Philosophie an, der weder widerlegt noch überholt sei.[22]

Es gibt Husserl-Institute in Freiburg[23], Köln[24], Leuven[25], Paris[26] und New York[27], die sich seiner Philosophie angenommen haben. Die veröffentlichten Werke unter dem Titel „Huserliana“ (Stand 2008) können mit 39 und mit mehr als 20.000 Buchseiten beziffert werden. Dazu kommen weitere Bände in der Reihe „Materialien“ und bisher zehn Bände Briefwechsel. Ein Ende ist nicht in Sicht. Noch liegen tausende Seiten stenographierter Aufzeichnungen in den Archiven, die nach und nach gesichtet und veröffentlicht werden sollen.

3.1. Einfluss der Phänomenologie

Husserls Einfluss auf die Philosophie des 20. und 21. Jahrhunderts ist latent aber nachhaltig. Seine Wortprägungen und Begrifflich-

---

16 Vgl. dazu: Alfred Schütz / Eric Voegelin: *Eine Freundschaft, die ein Leben ausgehalten – Briefwechsel 1938–1959*, Konstanz 2005.

17 Jean Gebser: *Ursprung und Gegenwart. Zweiter Teil.* Gesamtausgabe Band III. Schaffhausen 1978.

18 Hermann Schmitz: *Husserl und Heidegger*, Bonn 1996.

19 Jürgen Habermas: *Der philosophische Diskurs der Moderne*, Frankfurt a. M. 1988 und *Theorie des kommunikativen Handelns*, Frankfurt a. M. 1981.

20 Karen Gloy: *Von der Weisheit zur Wissenschaft. Eine Genealogie und Typologie der Wissensformen*, Freiburg 2007; *Philosophiegeschichte der Zeit*, München 2008.

21 Zwischen 1910 und 1930 wirkte der russische Husserl-Schüler Gustav Ŝpet in seiner Funktion des Vize-Präsidenten als Vermittler einer deutsch-russischen Philosophie. Sh.: www.ruhr-uni-bochum.de/philosophy/staff/haardt/index.htm

22 Vgl. dazu seine Vorlesung *Kritik des Wissenschaftsbildes* (Wintersemester 2002/03) auf: http://groys.hfg-karlsruhe.de/

23 www.husserlarchiv.uni-freiburg.de

24 www.husserl.uni-koeln.de/home/nachlass.html

25 www.hiw.kuleuven.ac.be/hiw/eng/husserl/Husserliana.php

26 www.umr8547.ens.fr/fonds-d‘Archives.html

27 www.newschool.edu/nssr/husserl/

keiten wie „Lebenswelt“, „intentionaler Akt“, „transzendentale Phänomenologie“, „eidetische Reduktion“ „transzendentales Ego“ sowie seine Kritik am Psychologismus, am Historismus, an der zeitgenössischen Philosophie – am Positivismus, Materialismus und dem naturwissenschaftlich geprägten Weltbild, ebenso an Descartes, Galilei, Hume, Kant und dem Neukantianismus –, haben wie selbstverständlich Einzug in einen allgemeinen Sprachgebrauch gefunden.

Husserl handelt zentrale Themenbereiche der Philosophie ab und fungiert als Anreger, Impulsgeber und ausführender Vordenker. Kurt Wuchterl widmet sich in seiner umfassenden Studie *Bausteine zu einer Geschichte der Philosophie des 20. Jahrhunderts* der philosophischen Entwicklung von „Husserl zu Heidegger“ und schreibt dazu:

> Mit der ausführlichen Darstellung der Philosophie Husserls sind die meisten zentralen Themen einer Philosophie des 20. Jahrhunderts angesprochen und in ihrer Problematik umrissen. Es wird sich zeigen, daß diese Themen teils schon in den Gedankengängen der Philosophie des auslaufenden 19. Jahrhunderts verborgen waren, teils aber erst in den nachfolgenden Schulen ausführlich diskutiert wurden. Die Wissenschaftsproblematik war Zentralthema der analytischen Philosophie, die Lebensweltproblematik beherrschte die Lebensphilosophie und die Idee der transzendentalen Begründung stand im Mittelpunkt des Neukantianismus (Wuchterl, *Bausteine* … 63).

Eingang in einen breiten öffentlichen Diskurs wie ihn beispielsweise Martin Heidegger, Jürgen Habermas oder Peter Sloterdijk gefunden haben, hat Husserl nicht. Es fehlt die augenscheinliche und medienwirksame Präsenz.[28] Ihn als graue Eminenz oder lediglich als Nestor der Phänomenologie anzusehen, greift dagegen

28 In *Metzler-Lexikon jüdischer Philosophen. Philosophisches Denken des Judentums von der Antike bis zur Gegenwart.* Hg. von Andreas B. Kilcher und Otfried Fraisse unter Mitarbeit von Yossef Schwartz, Stuttgart 2003, gibt es keinen eigenen Eintrag zu Husserl.

eindeutig zu kurz. Als Philosoph blieb er zeitlebens ein *Anfänger* und auch seine Philosophie ist nicht abgeschlossen. Im Gegenteil: Seine Ideen und Denkansätze sind – wenn auch nicht für ein breites Publikum – immer noch zeitgemäß und weiterhin in der Lage, impulsgebend zu sein und zu bleiben.[29]

3.2. Ein meditierend-mäandernder Schreibstil

Die Beschäftigung mit Husserls Werk[30] gestaltet sich als schwierig. Sein Nachlass war zum überwiegenden Teil nicht für die Öffentlichkeit bestimmt. Das prägt ihren Stil. Dazu Julia V. Iribarne:

> Da Husserl seine Gedanken stenografisch notierte, ist auf diese Weise sein im einsamen Dialog mit sich selbst beschrittener Gedankenweg dokumentiert, und die Probleme werden in statu nascendi sichtbar. Es handelt sich dabei um Texte unterschiedlichen Umfangs, manchmal begegnen schlichte Notizen, ein andermal liegen lange Ausarbeitungen eines Themas vor. Normalerweise repräsentiert ein Text einen Arbeitstag, dessen Er-

---

29 Vgl. zum Begriff *Lebenswelt* folgende unrepräsentative und kontroverse Auswahl an Literatur von 1981–2007. Hans Blumenberg: „Lebenswelt und Technisierung unter Aspekten der Phänomenologie“, in: *Wirklichkeiten in denen wir leben*, Stuttgart 1981 [1961]; Ferdinand Fellmann: *Gelebte Philosophie in Deutschland. Denkformen der Lebensweltphänomenologie und der kritischen Theorie*, Freiburg 1983; Bernhard Waldenfels: *In den Netzen der Lebenswelt*, Frankfurt a. M. 1985; Richard Grathoff: *Milieu und Lebenswelt. Einführung in die phänomenologische Soziologie und die sozialphänomenologische Forschung*, Frankfurt a. M. 1989. Manfred Sommer: *Lebenswelt und Zeitbewußtsein*, Frankfurt a. M. 1990; Joachim Bröcher: *Lebenswelt und Didaktik. Unterricht mit verhaltensauffälligen Jugendlichen auf der Basis ihrer (alltags-)ästhetischen Produktionen*, Heidelberg 1997; 263–270; Christian Bermes: „Lebenswelt (1836–1936). Von der Mikroskopie des Lebens Zur Inszenierung des Erlebens“, in: *Archiv für Begriffsgeschichte* 44, 2002, 175–197; Albrecht Geck: „Kirchengeschichte und Lebenswelt“, in: Michael Wermke u. a. (Hg.), *Religion in der Sekundarstufe II. Ein Kompendium*, Göttingen 2006; Guenther Witzany: *From Biosphere to Semiosphere to Social Lifeworlds. Biology as an Understanding Social Science*, New York 2007.

30 Der Suhrkamp-Verlag hat für 2008 eine kommentierte Ausgabe von *Cartesianische Meditationen* angekündigt.

> gebnisse in drei bis zwölf stenografierten Seiten ihren Niederschlag fanden. Da Husserl unermüdlich Ansätze neu und klarer zu formulieren suchte, finden sich in den Manuskripten häufige Wiederholungen. In der Regel ergeben sie sich aus dem Bestreben nach tieferer Durchdringung eines Themas, entweder um dieses zu bereichern oder um sich der Evidenz des Gedachten zu vergewissern. Husserls wiederholte Behandlungen desselben Themas in verschiedenen Forschungsperioden lassen Unterschiede, Perspektivenwechsel hervortreten, so daß es sich bei dem, was als Wiederholung erscheint, in Wirklichkeit um eine inhaltlich belangvolle Variation handeln mag. Treffend faßt Kern zusammen: „Was Husserl so meditierend schrieb, war weniger das, was er wußte, als vielmehr, was er nicht wußte. Er schrieb nicht, um sich Einsichten und Ideen zu notieren, sondern versuchte, denkendschreibend Einsichten zu gewinnen (Iribarne, 17 f).

Der meditierend-mäandernde Schreibstil, die Wiederholungen, das immer wieder Neubegreifen eines Themas – das leicht abgewandelt Bekanntes enthält –, die ausweichenden und ausufernden Exkurse, die methodologisch ungenügende Durcharbeitung, die begriffliche Unschärfe bzw. Variierung von Begrifflichkeiten (von *eidetischer Reduktion* bis *Epoché* – von *Akt* bis *Phänomen*), sowie seine immer wieder sich verzettelnden, argumentativ besorgten Abschweifungen, tragen alles in allem nicht zur Vereinfachung der Lektüre bei. Husserl ist sich dieser Schwierigkeiten bewusst und sieht sie immanent im Gegenstand der phänomenologischen Betrachtungsweise liegend. So beschreibt er in seiner Schrift *Krisis* zwar vordergründig sein methodisches Vorgehen in Bezug auf das Begreifen von geschichtlichen Abläufen, eigentlich aber, wie nebenbei, enthüllt er programmatisch *seine* Art des Philosophierens:

> Wir stehen also in einer Art Zirkel. Das Verständnis der Anfänge ist voll nur zu gewinnen von der gegebenen Wissenschaft in ihrer heutigen Gestalt aus, in der Rückschau auf ihre Entwicklung. Aber ohne ein Verständnis der Anfänge ist diese Entwick-

> lung als Sinnesentwicklung stumm. Es bleibt uns nichts anderes übrig: wir müssen im „Zickzack“ vor- und zurückgehen; im Wechselspiel muß eins dem andern helfen. Relative Klärung auf der einen Seite bringt einige Erhellung auf der anderen, die nun ihrerseits auf die Gegenseite zurückstrahlt (Hua VI, 59).

Der argumentative, Erkenntnis befördernde „Zickzackkurs“ ist ein, so vermittelt es uns Husserl, denknotwendiger immanenter Prozess der Phänomenologie.

In der Tat: Will man phänomenologisch zu philosophieren beginnen, fehlen die vertrauten Begrifflichkeiten, fehlt ein eindeutiges Objekt, ein eindeutiger Gegenstand und es bleibt ein am Phänomen ausgerichtetes Ertasten und Erschaffen von Begrifflichkeiten und Apperzeptionen, die im „intentionalen Akt“ münden, von dem man erst einmal nicht genau sagen kann, was er ist und ob er ist.

Die gewohnte Subjekt-Objekt-Dichotomie wird zugunsten von aneinander gereihten „Momentaufnahmen“ (*flashs*) im Sinne einer Wesenschau, die im nächsten Moment aber auch etwas ganz anderes enthüllen kann, aufgegeben. Es bleibt ein betrachtendes Bewusstsein im Akt der Wahrnehmung *hin* zu einem Gegenstand der Wahrnehmung, das sich notwendigerweise ergibt, weil nach dem Grundsatz operiert wird, dass jedes Bewusstsein „Bewusstsein von etwas ist“.

Eindeutig falsch ist es, ein solches Vorgehen „subjektivistisch“ oder „ichbezogen“ zu nennen. Vielmehr erfordert ein solches Vorgehen eine radikale Wende in der philosophischen Betrachtungsweise. Deshalb plädiert Husserl nachhaltig für einen Neuanfang des Philosophierens, beginnend beim Philosophen.

3.3. Radikaler Zweifel

Anknüpfend an Descartes‘ „radikalen Zweifel“ fordert Husserl ein solches Anfangen auch und gerade von einem Philosophen ein:

> In dieser Situation ist es für ihn und jeden, der ernstlich Philosoph werden will, unvermeidlich, mit einer Art radikaler skep-

> tischer Epoché anzufangen, die das Universum aller seiner bisherigen Überzeugungen in Frage stellt, vorweg jeden Urteilsgebrauch von denselben verwehrt, jede Stellungnahme zu ihrer Gültigkeit oder Ungültigkeit. Einmal in seinem Leben muß jeder Philosoph so verfahren, und hat er es nicht getan, so muß er, auch wenn er nun schon „seine Philosophie" hat, so verfahren (Hua VI, 77).

Der Anspruch, einmal im Leben „alles" in Frage zu stellen, um als Philosoph ein Anfänger zu werden, prägt sein letztes Werk *Die Krisis der europäischen Wissenschaften und die transzendentale Phänomenologie* und kann doch als Urgrund seiner Philosophie genannt werden.

In diesem Zitat werden neben der angesprochenen, grundsätzlich zu nennenden Einstellung als Phänomenologe bzw. als Philosoph zentrale Begriffe genannt, die für das Verständnis der Husserlschen Philosophie prägend sind. So beruft sich Husserl auf Descartes und sieht sich in seiner Nachfolge. Zurückgehend auf dessen radikalen Zweifel, der zum *cogito ergo sum* führte, schlägt Husserl aber einen anderen, jedoch in dieser Erkenntnis implizierten Weg ein. Descartes gelangt zu seiner Unterscheidung von *res cogitans* und *res extensa*, seinen auf mathematisch- naturwissenschaftlicher Grundlage beruhenden Dualismus zwischen Seele und Körper. Husserl gelangt zum „apodiktischen Ich" als „transzendentales Subjekt".

Im Gegensatz zur Ansicht Wolfgang Röds[31] will Husserl Descartes nicht zum Vorläufer (s)einer Transzendentalphilosophie

31 „Auf den ‚transzendentalphilosophischen' Charakter der Cartesianischen ersten Philosophie und ihres ersten Prinzips hat in unserem Jahrhundert zuerst Husserl nachdrücklich hingewiesen, der in Descartes' Meditationen einen Markstein der Entwicklung der Philosophie erblicken zu können meinte, sofern von ihnen ‚die durch die ganze Neuzeit hindurchgehende Tendenz zur Neugestaltung aller Philosophie in eine Transzendentalphilosophie stammen soll. Indem Husserl Descartes zum Vorläufer jener Art von Transzendentalphilosophie zu machen suchte, die er selbst vertrat, unterstellte er ihm allerdings einen Subjektivismus, der Descartes fremd war." Röd: *Descartes: Die Genese des Cartesianischen Rationalismus*, 98.

machen und ihm nur bedingt Subjektivismus unterstellen. Husserl betont aber, dass Descartes jene Möglichkeit von einem apodiktischen Ich aus zu philosophieren, nicht erfasst habe.[32] Im Rückgang auf Descartes zeigt er, dass dieser noch radikaler hätte fragen können, indem er eben nicht vom *cogito* auf eine objektive Welt schließt, sondern im *cogito* den objektiven Grund der Welt findet.[33]

3.4. In und mit der Welt

Durch die „apodiktische Begründung" des Wissens, eines Wissens also, das seine Richtigkeit zweifellos in sich trägt, lösen wir uns von einer Welt, die auf Voraussetzungen, Annahmen und Vorentscheidungen beruht. Zwar finden wir die Welt als eine gegebene vor, aber sie selber ist uns mittelbar und von uns abgeleitet. Die Philosophie fragt nach einem absoluten Bezugspunkt, einem nicht mehr hinterfragbaren IST. Diesen kann sie aber nicht in der „Welt" finden, denn Welt ist notwendigerweise unvollständig. Wir sind in der Welt und alles Sein ist von Welt durchdrungen, es ist aber nicht die Welt selber auf die wir als sicheren Erkenntnisgrund bauen dürfen, sondern das „Sein der Welt":

32 Vgl. dazu: Hua VI, 98. Näheres dazu in dem Kapitel über die *Krisis*.

33 Vgl. dazu: „Halten wir fest: Es ist für Husserl, der nie von der Anknüpfung an Descartes gelassen hat, kennzeichnend, wie Descartes Rückgang auf die Selbstgewissheit des Ich und die *clara et distincta perceptio* in sein Blickfeld getreten sind. Die Auszeichnung des *cogito sum* spielt dabei nicht die allein entscheidende Rolle, sondern es kommt auf die Bewusstseinsmodi an, die aufgrund ihrer unabtrennbaren Zugehörigkeit zum cogito in seiner Zeitlichkeit, an der Gewissheit des *cogito* teilhaben. Indem das der Fall ist, lässt sich ersehen, worin das Sein des *sum* liegt. In den *cogitata* der verzeitlichten *cogitationes* des *cogito* wird das Eigene des *cogito* nicht auf ein bewusstseinsexternes, ihm gegenüber transzendentes Ansich hin überschreiten. Aller Sinn von Ansichsein bildet sich im Zusammenhang von *cogito, cogitatio* und *cogitatum.* Descartes gilt das als Unzulänglichkeit im Hinblick auf das, was er sucht: eine möglichst gewisse wissenschaftliche Welterkenntnis. Um zu ihr zu gelangen bedarf er Gottes und der Mathematik. Für Husserl dagegen ist ein solches Vorgehen ohne Leistungswert" (Janssen, 184).

> Denn jedes Seiende, jeder Gegenstand und Sachverhalt führt bereits den Horizont der Welt mit sich, hat implizit die Existenz der Welt zur Voraussetzung. Das Wissen hat die Grundverfassung, Wissen von innerweltlichen Dingen zu sein. Das Sein der Welt ist demnach die fundamentale Voraussetzung, die gewöhnlich gar nicht erörtert und geprüft wird, wenn die Philosophie ein an sich erstes Fundament für ihr Denkgebäude sucht (Fink, 213).

Descartes hat durch seinen radikalen Zweifel alles Seiende ausgeschaltet und im *cogito* das erkennende und unzweifelbare Ich gefunden. Husserl erkennt diese Leistung an, macht aber deutlich, dass Descartes in seinem Zweifel den Welthorizont voraussetzt, will sagen: dieser Zweifel basiert auf der Grundannahme eines Weltseins. Das aus der Welt gelöste *ego cogito* ist demnach immer noch mit der Welt verhaftet, somit innerweltlich und damit nicht als apodiktisches Ich aufzufassen.

> Weil Descartes das aus der Verflechtung mit der Körperwelt herausgelöste „Ich" immer noch als ein menschliches und als ein innerweltliches Ich aufgefaßt habe, habe eben sein Rückgang auf das *ego cogito* nicht das weltvorgängige, transzendentale Bewußtsein erreicht – und habe damit die wahre Ursprungsdimension verfehlt. Und sofern Descartes nur das meditierende Ich festhält und es sogar als eine *res*, eine *res cogitans* bestimme, verschließe er sich gegen die Frage, was denn die Mit-Existenz von fremdem Bewußtsein, die Mit-Existenz des *alter ego* letztlich bedeute (Fink, 214).

Husserl hinterfragt den Grund dieses Ich und praktiziert eine Art Ausschaltung oder Rücknahme von Welt mit dem Ergebnis „der Gewinnung des weltvorgängigen reinen Bewusstseins". Die so gewonnene Subjektivität ist eine „transzendentale Subjektivität". Sie erschließt sich ihm als „Monaden-All" und zwar nicht in der Summe vieler Subjekte, sondern im „Mitdasein anderer Mitmenschen" (Fink, 214). Das Entscheidende ist, dass die „objektive

Welt“ mittels Epoché eingeklammert wird, und man damit einen neuen Grund von Welt erhält:

> Nicht von der Objektivität der vorausgesetzten Welt aus versteht er die Vielheit von Menschen, sondern er deutet die „Objektivität“ der Welt als Sinnkorrelat einer intersubjektiv vergemeinschafteten Sinngebung (Fink, 214).

Objektivität ist für Husserl die Emanation der intersubjektiven Sinngebung, die sich aufgrund des radikalen Zweifels ergibt, der wiederum auf ein apodiktisches Ich verweist. All das ist als transzendentale Leistung eines phänomenologischen Bewusstseins zu verstehen, das nicht mehr als „innerweltlich“ angesehen werden darf.

3.5. Epoché

Husserl entwickelt nun ein Vorgehen, das methodologisch prägend für die Phänomenologie wird und welches als Einklammerung, Abschattung, transzendentale Reduktion, phänomenologische Reduktion oder auch Epoché bezeichnet wird.[34] Prinzipiell bedeutet Epoché, sich seines Urteils im Akt des Erkennens zu enthalten, es einzuklammern oder auszuschalten in der Absicht, den Blick auf die Phänomene zu gewinnen. Hierbei wird deutlich, dass jedes Wahrnehmen ein Bewusstseinsakt ist im Sinne eines „intentionalen Aktes“, der im Moment der Bewusstwerdung Subjekt und Objekt einschmelzt und zu einer („intentionalen“) Momentaufnahme amalgamisiert.

3.6. In-Bezug-Setzen

Jeder Erkenntnisakt muss dann weiter verfolgt werden, zu einer erneuten Erkenntnis bzw. einem weiteren, darauf aufbauenden

34 Die durch die zeitliche Prägung der Begriffe sich notwendigerweise ergebende Unschärfe – im Moment der Phänomen-Wahrnehmung ist es nicht mehr im Zeitlichen präsent, sondern transzendental –, muss man erst einmal billigend in Kauf nehmen.

Bewusstseinsakt. Die Folge davon ist, dass nicht mehr von *einem* Objekt und nicht mehr von *einem* Subjekt in dem Sinne gesprochen werden kann, sondern von „Phänomenen". Die Welt wird im Prozess des Bewusstseins „In-Bezug gesetzt" und hat auch nur in diesem Bezug zum erkennenden und diese Welt erlebenden und an ihr teilhabenden Subjekt Bestand. Die Phänomenologie wendet sich diesem Bewusstseinserleben (Bewusstseins-Akt) zu und erforscht es (ihn). Die Außenwelt wird dabei nicht geleugnet – Umwelt oder Außenwelt wird als gegeben vorausgesetzt, sonst würde kein solches Erleben und dessen Veränderung zustande kommen – wohl aber die Subjekt-Objekt-Dichotomie. Solches gibt es in der Evidenz der Anschauung nicht. Dazu der Philosoph Werner Marx[35]:

> Husserl zeigt, daß weder das Bewußtsein noch die Gegenständlichkeit für sich isolierte Bereiche sind, so daß sich nicht die Frage stellt, wie es denn zu denken sei, daß die Gegenstände in unser Bewußtsein gelangen. Bewußtsein ist, wie Husserl sagt, stets Bewußtsein von etwas, es ist immer nur in eins mit seinem Gegenstand. Diese Grundstruktur des Bewußtseins, daß es immer schon seinen Gegenstand „in sich trägt", indem es auf ihn gerichtet ist, ihn intendiert, bezeichnet Husserl mit einem Terminus, der der mittelalterlichen Scholastik entlehnt ist, als Intentionalität. [...] Für den Phänomenologen können die Gegenstände nur in der Weise Thema werden, wie sie in den auf sie gerichteten, intentionalen Bewußtseinsakten gegeben sind: Thema sind die Gegenstände im Wie ihres Gegebenseins für das Bewußtsein. Der Gegenstand im Wie seines Gegebenseins oder im Wie seines Erscheinens, wie Husserl auch sagt, ist das Phänomen [...] Jeder Gegenstandsbereich steht in einer unverbrüchlichen Korrelation mit einem ihn erfassenden Bewußtseinsakt. [...] Über ideale Entitäten vermag das sinnliche Wahrnehmen nichts auszumachen, da es nur auf seinen

35 Werner Marx war Direktor des Freiburger Husserl-Archivs und hatte ab 1964 den Lehrstuhl inne, den auch Martin Heidegger bestallte.

> Gegenstandsbereich, die reale Welt, bezogen sein kann; und über die reale Welt kann hinwiederum nichts in eidetischer Anschauung ausgesagt werden, da diese Aktart wesenhaft auf ihren Gegenstandsbereich verwiesen ist (Marx, 14).

Bewusstsein ist als Bewusstseinsakt bezogen auf ein „Etwas". Dieses Etwas existiert aber *nur* im Sinne eines „intentionalen Bewusstseins" in Bezug auf das erkennende Subjekt. Subjektiv ist das Erkennen in dem Moment, wenn ihm ein vermeinter Gegenstand als bewusstes Erleben zugehört. Paul Janssen formuliert dazu:

> Husserls entscheidende Antwort auf diese Frage, deren Explikation und Vertiefung in dieser Darstellung immer wieder ansteht, lautet: Das Subjektive ist von der Art, dass ihm ein gegenständlich Vermeintes, Bewusstes, Erlebtes unabtrennbar zugehört. Nimmt man einen Baum wahr, so gehört das Baum-Wahrgenommene dem Wahrnehmungserlebnis zu. Dem Wahrnehmen eignet sein gegenständlicher Wahrnehmungssinn: das Wahrgenommene als solches. Entsprechendes lässt sich für viele Erlebnistypen aufzeigen. Im Erinnern wird etwas erinnert, im Denken etwas gedacht, im Wünschen etwas gewünscht usw. In dieser Kennzeichnung des Erlebens liegt, wohlgemerkt, noch keinerlei Behauptung über das Sein dessen, was vermeint, bewusst, erlebt ist, vor. Sie bezieht sich zunächst nur auf eine Eigenart des Vermeinens, Bewussthabens, Erlebens. Kurz gesagt: Das Bewusstsein ist Bewusstsein-von-etwas. Es ist von intentionaler Art. Der Gedanke der Intentionalität bildet fortan den Grundpfeiler der Husserlschen Phänomenologie. Von gleicher Wichtigkeit ist es, zu sehen, dass die Hinsicht, unter der Husserl die Frage nach dem Subjektiven stellt, von Anfang an die des Erkennens und seiner objektiven Leistung ist (Janssen, 31).

Da ein Objekt – der Baum – als solches nicht bewusst werden kann, sondern immer nur Bewusstsein-von-etwas sein kann – das Baum-Wahrgenommene –, ist der für die phänomenologische Betrachtungsweise entscheidende Gedanke der der Intention – das Wahrnehmungserlebnis. In einem weiteren Schritt wird dieses intentionale Erleben in Bezug zum transzendentalen Ich (als *ego cogito*) gesetzt. Das bedeutet, dass die Gegenstände oder Objekte der Phänomenologie sich eben nicht als solche, vom Erkennen und damit vom Bewusstsein eines erkennenden Subjekts unabhängig darbieten – also streng genommen keine Objekte sind –, sondern nur in Bezug auf das Subjekt aufgefasst und erkannt werden können. Die Welt als solche wird nicht geleugnet, spielt aber für eine phänomenologische Betrachtungsweise keine Rolle, weil sie „als solche" nicht erkannt werden kann.[36] Erkannt werden kann lediglich das *Sein* der Welt im intentionalen Akt der Erkenntnis. Die Forderung und Folgerung daraus lautet, dass es eine notwendige Zusammengehörigkeit zwischen dem Subjekt und seinem Erkenntnis-Gegenstand der bewussten Erkenntnis gibt. Paul Janssen schreibt:

> Die Rede von der Korrelativität ist noch zu unbestimmt, um die Eigenart des transzendentalen Gedankens zu verdeutlichen. Ihr muss sich der Nachweis zugesellen, dass in keiner anderen Weise sinnvoll vom Sein des welthaft Gegenständlichen gesprochen werden kann als im Rückbezug auf das subjektive Erleben. Nur in ihm und unabtrennbar von ihm soll sich zeigen können, was die Welt ist und was ihr Dasein besagt. Seinssinn und Seinsgeltung der Welt sind in ihm beschlossen. [...] Aus dieser These folgt die Aufgabe, welche die Phänomenologie sich stellt: die intentionalen Leistungen des Subjekts zu analysieren, in denen sich gegenständlicher Seinssinn und gegenständliche Seinsgeltung der Welt bilden (Janssen, 34).

In gewisser Weise befindet sich „die" Welt im Subjekt als *Akt* und es ist Aufgabe einer phänomenologischen Betrachtungsweise dieses Akt-Sein zu erforschen, womit auch der „objektive" Bezug im Sinne einer wissenschaftlichen Objektivität gewährleistet ist.

36 Als Limesgestalt ist Welt aber zwingend notwendig gegeben.

Vermöge des intentionalen Bezugs der Bewußtseinserlebnisse auf einen „Gegenstand" kann „jede Art von intentionalem Bezug – ob erkennend oder leer behauptend, ob auf immanente oder transzendente Gegenstände gerichtet – zu phänomenologisch evidenter Gegebenheit gebracht werden" (Bernet et. al., 53). Jeder intentionale Akt ist als solcher Erkenntnisgeber. Aufgabe der transzendentalen Phänomenologie ist es nach Husserl: „Diese Zusammenhänge zwischen wahrhaftem Sein und Erkennen klarzulegen und so überhaupt die Korrelationen zwischen Akt, Bedeutung, Gegenstand zu erforschen ..." (Hua XXIV, 427). Es geht darum – und im Grunde kann es nur darum gehen –, jene immanenten Bewusstseinsakte („Erkenntniserlebnis") zu erforschen.[37] Wie noch zu zeigen sein wird, steht die sogenannte Objekt-Welt auf subjektivem Grunde – und nur dieser Subjekt-Grund ist metaphysisch frei und objektiv gegeben.[38]

3.7. Evidenter Aufweis

Inwiefern entspricht das eben erwähnte Bild des Baumes *dem* Baum? Welchen Blick hat ein Gärtner auf den Baum? Welchen ein Physiker, der die Atomstruktur betrachten könnte; oder ein Kind, das in den Zweigen klettern möchte? Wären diese und weitere Blickwinkel unterschiedlicher Gesichtspunkte auf den Baum fo-

---

37 Vgl. dazu: „Nur die phänomenologische Erkenntnistheorie als rein schauende Erforschung der intentionalen Bewußtseinsakte ist in der Lage, die Beziehung von Immanenz und Transzendenz, ‚die Einheit von Erkenntnis und Erkenntnisobjekt, die das Wort Triftigkeit andeutet' (Hua II, 37), zu erforschen, ohne das Gebiet evidenter Gegebenheit zu überschreiten. Der Forderung nach voraussetzungsloser, evidenter Erforschung der Erkenntnis genügt die Phänomenologie dadurch, daß sie sich auf die Betrachtung der Erkenntniserlebnisse beschränkt und diese zudem von jeder transzendierenden Apperzeption befreit" (Bernet et. al., 52f).

38 Im Grunde geht es um folgendes: „Erforschung des letzten Sinnes der Geltung der Erkenntnis durch Rückgang auf die ... transzendental-phänomenologischen Ursprünge, nämlich transzendental-phänomenologische Erforschung der Konstitution des ... Objektiven: die Ursprünge der Objektivität in der transzendentalen Subjektivität, des relativen Seins der Objekte aus dem Absoluten" (Hua VII, 382).

kussiert, würden sie dann, wenn es gelänge sie alle zu integrieren, den Baum abbilden, sozusagen die vollkommene Evidenz im Sinne des Einklangs zwischen Erkennendem und Erkanntem?

Das erklärte Ziel der Phänomenologie ist der evidente Aufweis zwischen Welt und Vorstellung als Einheit von transzendentaler Subjektivität und rationaler Struktur von Welt mit der bewusst gemachten Vorannahme einer Welt, die in Raum und Zeit existiert sowie eines Ich, das sowohl Teil dieser Welt, ist als auch erkennendes Subjekt. Durch die rationale, reflektierende Einklammerung (Epoché) der Welt wird diese als Phänomen wahrnehmbar. Dabei ist die Welt als Phänomen nicht selbst wiederum „Welt", sondern Phänomen. Diese Phänomene und deren phänomenale Struktur zu erkennen, darum geht es.

All das ist kein psychologischer Akt oder Psychologismus, denn dies führt notwendigerweise, weil jeder etwas anders sieht als der andere, zu Relativismus und nicht zu der angestrebten, objektiven Erforschung der Welt im Sinne transzendentaler Phänomenologie als Methodologie einer auf Absolutheit abzielenden Evidenz.

Auch die Naturalisierung des Geistes, d. h. etwas wird dadurch erklärt, indem es auf etwas anderes zurückgeführt wird, ist Reduktionismus und nicht Begründung oder objektive Bestimmung. Die bestehende Vorannahme einer solchen Vorgehensweise, dass man die Welt als Dingwelt ansieht, verfällt wiederum in die bereits überwunden geglaubte Dichotomie zwischen Subjekt und Objekt. Die „Welt" ist keine „Vorstellung", sondern real gegeben und logisch erfassbar. „Zu den Sachen selbst" ist *der* Slogan phänomenologischer Weltsicht.

Für Husserl ist Logik alles andere als Denkbeliebigkeit. Logik ist eben die Erforschung erfahrungsunabhängiger, transzendentaler Gesetzmäßigkeiten. Möglich wäre es ja, dass sich die Denkstrukturen des Gehirns verändern könnten, aber die Logik als „Transzendentales" muss von solchen Veränderungen immer ausgenommen sein. Dazu Husserl: „Was kümmern sich die Sachen an sich um unsere Denkbewegungen und um die sie regelnden logischen Gesetze?" (Hua II, 3).

3.8. Bewusstsein als Akt

Bewusstsein kann nicht verdinglicht werden, sondern muss als Akt-Bewusstsein erfasst sein. Eine Rückführung auf das Gehirn und deren Struktur ist dabei nichts weiter als eine Variante jener Dinglichkeit, die sich beim Reduktionismus findet und geht damit an der „Sache“ vorbei.

Solche Überlegungen führen nur in ein Bodenloses und nicht zu übergeordneten – und damit „objektiven“ – logischen, rationalen, philosophisch erfahrbaren Gesetzmäßigkeiten. Sie führen nicht zu der von Husserl entdeckten und vertretenen Forderung, dass das Bewusstsein selbst als Bewusstsein und als phänomenologischer Akt sozusagen entdeckt werden kann und muss. Erst dies garantiert die notwendige Distanz zum Seinsgegenstand. Mehr noch: die Phänomenologie entlarvt die metaphysischen Voraussetzungen jener methodischen Zugänge und legt sie offen. Uwe C. Steiner schreibt in seiner Einleitung „Husserl-Philosophie jetzt“:

> Was das Bewußtsein ist, erfährt man gerade nicht, wenn man es auf die Psyche, auf die Mechanik der Vorstellungsverkettungen oder auf das Gehirn „zurückführt“. [...] Die so dezidiert als Anti-Metaphysiker auftretenden Psychologisten und Empiristen sind in Wahrheit Metaphysiker par excellence. Statt die Sache selbst zu erfassen, unterlegen sie der Wirklichkeit eine Konstruktion, die sie selbst nicht durchschauen. Husserls große und heute unbedingt wiederzuentdeckende Leistung besteht demgegenüber in der Einsicht, daß mentale Phänomene am Bewußtsein selbst zugänglich sind. Die Phänomene [...] sind selbst die Lehre. Hinter sie zurückzugehen produziert Widersinn. Anders als Goethe aber, der sich auf anachronistisch verlorenem Posten der Newtonschen Naturwissenschaft gegenüber wußte, macht Husserl das Phänomen selbst zum Gegenstand einer Wissenschaft, die strenger sein will als ihr Gegner. Denn wenn es darum geht, die Sache selbst und damit „den Geist als Geist“ (Hua VI, 346) zu untersuchen, hat man sich

aller Konstruktionen und Mutmaßungen zu enthalten und schlicht das zu vergegenwärtigen, was sich in der Erfahrung selbst darbietet (Steiner, 31).

Der in Goethes „Maximen und Reflexionen“ zu findende Satz „Man suche nur nichts hinter den Phänomenen; sie selbst sind die Lehre“[39] ist programmatisch für die bewusste Ein-Dimensionalität der phänomenologischen Weltbetrachtung, die auch den transzendentalen Akt der Erkenntnis zu dieser einen Dimension zählt. Es geht nicht „hinter“ die Phänomene zurück!

Die naive Einstellung von Naturwissenschaft, das Dasein der Welt als gegeben vorauszusetzen und unreflektiert hinzunehmen, ist für Edmund Husserl zutiefst problematisch. Die positivistische Einstellung, dass die Welt einfach da ist und als Objekt- und Dingwelt untersucht werden kann, kann Husserl nicht hinnehmen.[40]

Ebensowenig kann Husserl eine rein subjektive oder subjektivistische Perspektive akzeptieren. Absolute Gültigkeit gäbe es so nicht; objektive Einsichten im Sinne „zeitloser“ Erkenntnis wären nicht möglich und würden zu einem fortdauernden und damit kontraproduktiven Skeptizismus führen.[41]

---

39 J. W. v. Goethe: *Sprüche in Prosa*, 165.

40 Vgl. dazu: „Alle Naturwissenschaft ist ihren Ausgangspunkten nach naiv. Die Natur, die sie erforschen will, ist für sie einfach da. Selbstverständlich sind Dinge, sind als ruhende, sich bewegende, sich verändernde im unendlichen Raum, und als zeitliche Dinge in der unendlichen Zeit. Wir nehmen sie wahr, wir beschreiben sie in schlichten Erfahrungsurteilen. Diese selbstverständlichen Gegebenheiten in objektiv gültiger, streng wissenschaftlicher Weise zu erkennen, das ist das Ziel der Naturwissenschaft. Ähnliches gilt von der Natur im erweiterten, psychophysischen Sinne, bzw. den sie erforschenden Wissenschaften, also insbesondere der Psychologie“ (Husserl, *Philosophie als strenge Wissenschaft*, 18).

41 „Man sieht leicht, daß der Historizismus konsequent durchgeführt in den extremen skeptischen Subjektivismus übergeht. Die Ideen Wahrheit, Theorie, Wissenschaft würden dann, wie alle Ideen, ihre absolute Gültigkeit verlieren.“ (Husserl, *Philosophie als strenge Wissenschaft*, 51).

Husserl erteilt eine Absage an Philosophiesysteme und Weltentwürfe und macht deutlich, dass Probleme und Sachen im Vordergrund philosophischer Überlegungen zu stehen haben:

> „Nicht von den Philosophien sondern von den Sachen und Problemen muß der Antrieb zur Forschung ausgehen. Philosophie ist aber ihrem Wesen nach Wissenschaft von den wahren Anfängen, von den Ursprüngen ... (Husserl, *Philosophie als strenge Wissenschaft*, 71).

3.9. Objektivität von Welt

Was also bleibt? Vordergründig eine subjekt-orientierte Sicht, die auf einem objektiven Wissenschaftsideal gründet. Die Korrelation zwischen Ding und Bewusstsein ist damit gegeben, dass sie für mich gegeben ist und dass – denknotwendige Voraussetzung – im Subjekt eine Voraussetzung von Weltsein sich finden lässt im Sinne einer Korrelation von Gegenstand und Subjekt. Husserl zeigt, dass das Objekthafte letztlich unverständlich bleiben wird, wenn es nicht intentional begriffen werden kann. Nur so ist ein Objekt als Gegenstand wissenschaftlich erforschbar. Und das geschieht eben „nur" im Subjekt.[42]

Was wir als Welt bezeichnen würden im Sinne einer gegenständlichen Objekt-Wirklichkeit oder Objektivität sowie Welt insgesamt „hat in der transzendental-phänomenologischen Betrachtung nur den Sinn intentionalen Korrelatseins der wechselseitig intentional ineinander implizierten Subjekte, bzw. eine andere, nicht auf unsere Subjektivität und Intersubjektivität bezogene

42 „Wie Kant stellt Husserl die ‚transzendentalen Fragen', sucht er in der Subjektivität, bzw. in der Korrelation zwischen Subjektivität und Objektivem die letzte Bestimmung des Sinnes der Objektivität, die durch Erkenntnis erkannt wird" (Hu VII, 386). Es handelt sich für ihn, wie schon für Kant, um die ‚transzendentale Subjektivierung, die sich mit der echten Objektivität nicht nur verträgt, vielmehr ihre apriorische Kehrseite ist'. Das ‚Apriori der Subjektivität' oder das ‚phänomenologische Apriori der Konstitution' gilt ihm als ‚das letztverständliche und alles andere erst verständlich machende'" (Bernet et. al., 68).

Welt hat für uns überhaupt keinen Sinn, Objektivität ist selbst Korrelatleistung des vergemeinschafteten transzendentalen Bewußtseins" (Bernet et. al., 72).

Husserl schreibt: „Mein Beruf als Phänomenologe ist das Studium der reinen Subjektivität" (Hua VIII, 431), dann ist damit gemeint, dass der Zugang zur Welt über die „phänomenologische Reduktion" (im Sinne der Epoché) gebildet wird und dies geht nur über das „Subjekt".[43] Das vermeintlich Subjektive daran ist aber tatsächlich das Objektive.

Der Anspruch, den die Phänomenologie stellt – nicht nur „Philosophie als absolute Erkenntnis" zu sein, sondern Wissenschaft im Sinne einer objektiven Wissenschaft –, ist für Husserl ein Rückgriff auf das ursprüngliche Programm von Philosophie.

Im Bewusstsein, dass die phänomenologische Methode *work in progress* ist, oder anders gesagt: ihre Limesqualität noch nicht erreicht hat (oder eben nie erreichen wird), gelangt Husserl in seinem letzten Werk *Die Krisis der europäischen Wissenschaften* zu grundlegenden Einsichten, die ob ihrer Schärfe heute noch bestehen können und müssen. Er arbeitet über die Philosophie als Wissenschaft und über die Ursache der Krise in der Wissenschaftswelt, für die auch bislang keine erkennbare Abhilfe gefunden ist. Grund genug, sich Husserls Gedanken gezielt wieder zuzuwenden.

---

43 „Das ist das Eigentümliche der Phänomenologie, daß sie in der Reflexion universal und radikal ist und keine natürliche Gegebenheit in schlichter Weise hinnimmt, vielmehr jede zurückführt auf das Bewußtsein, auf das Universum wirklichen und möglichen Bewußtseins, in dem dieses natürliche Sein Bewußtes ist, Vermeintes, evtl. ‚als wahr Ausgewiesenes' usw., und jede nicht in gefährlicher Vereinzelung, sondern jede in eins mit jeder anderen wirklichen und möglichen – in der Einheit eines radikalen Entschlusses, kein natürliches Dasein als gegeben anzunehmen, sondern das Universum des Bewußtseins, und nur dieses, zum Thema zu machen, natürliches Dasein dann aber nur haben und betrachten zu wollen als das in diesem Bewußtsein Erfahrene, in welcher Art sonst Vermeinte, Gedachte etc" (Hua VIII, 430).

4. Die Vermessung der Lebenswelt: Krisis und Phänomenologie

„Ich habe etwas ganz Wunderbares gesehen.
Nein. Ich kann es Dir nicht sagen. Nein!"
Husserl zu seiner Frau am 21. April 1938

Die Phänomenologie Edmund Husserls, die Jacques Derrida ob ihrer Weite schätzt,[1] bildet ihr Gegengewicht zu einer auf Tatsachen aufgebauten, an Objekten und Objektivismus orientierten Wissenschaft, dessen Fortschrittlichkeit und deren Errungenschaften zwar außer Frage stehen, aber auch die damit einhergehende Vermeidung von Seins- und Sinnfragen. In seinem letzten Werk *Die Krisis der europäischen Wissenschaften und die transzendentale Phänomenologie* merkt Husserl folgendes an:

> Die Ausschließlichkeit, in welcher sich in der zweiten Hälfte des 19. Jahrhunderts die ganze Weltanschauung des modernen Menschen von den positiven Wissenschaften bestimmen und von der ihr verdankten ‚prosperity' blenden ließ, bedeutete ein gleichgültiges Sichabkehren von den Fragen, die für ein echtes Menschentum die entscheidenden sind. Bloße Tat-

---

1 „Was Husserl mit dem Vergleich zwischen exakter und morphologischer Wissenschaft herausstreichen will, und was wir uns merken müssen, ist die prinzipielle, essentielle, strukturelle Unmöglichkeit, eine strukturale Phänomenologie abzuschließen. Die unendliche Offenheit des Erlebens – Husserls Analyse kennzeichnet sie mehrfach durch Bezugnahme auf eine Idee im kantischen Sinne, Einbruch des Unendlichen ins Bewußtsein – macht es möglich, den Zeitstrom (des Erlebens), wie auch den Gegenstand und die Welt, vorgreifend und trotz irreduzibler Unvollendung, zu vereinheitlichen. Die eigentümliche Präsenz dieser Idee ist es auch, die jede Grenzannäherung und die Erzeugung jeder Exaktheit ermöglicht" (Derrida, *Die Schrift und die Differenz*, 248 f).

sachenwissenschaften machten bloße Tatsachenmenschen" (Hua VI, 3 f).

Der so bezeichnete Tatsachenmensch lebt in einer vor- oder auch nichtbegründeten, philosophisch nicht weiter fragwürdigen Welt. Pointiert merkt Husserl dazu an: „in unserer Lebensnot ... hat diese Wissenschaft uns nichts zu sagen" (Hua VI, 4).

Die grundlegenden Menschheitsfragen werden ausgeklammert und die sich dadurch ergebenden Strukturen oder Bezüge kommen ohne Reflexion im Sinne eines methodologischen bzw. ontologischen Nachdenkens aus.[2]

4.1. Mathematisierung der Welt

Der Ursprung eines solchen Denkens liege laut Husserl in der Renaissance, genauer bei Descartes und Galileo, deren methodische Überlegungen aufgegriffen und weiter ausgebaut wurden und zur Geometrisierung bzw. Mathematisierung der Welt führten. Der sich daraus ergebende Objektivitätsanspruch („Objektivismus") ist nach Husserl im doppelten Sinne Ausdruck einer Krise der Wissenschaft, denn zum einen wird der Bezug auf das Subjekt als Subjektivismus abgewertet und zu eliminieren gesucht; und zum anderen fehlt der Mathematisierung als Ideal einer wissenschaftlichen Seinswelt die transzendentale Perspektive, die zu einem Wissenschaftsverständnis hinreichend und zwingend gehört. So wird der „Lebenswelt" – ein zentraler Begriff Husserls, auf den wir noch eingehen – durch eine „geometrische[n] und naturwissenschaftliche[n] Mathematisierung ... ein wohlpassendes Ideenkleid an[gepaßt], das der sogenannten objektiv wissenschaftlichen Wahrheiten". Dadurch möchten wir uns in die

2 „Man operiert mit Buchstaben, Verbindungs- und Beziehungszeichen (+, x, = usw.) und nach *Spielregeln* ihrer Zusammenordnung, in der Tat im Wesentlichen nicht anders wie im Karten- oder Schachspiel. Das *ursprüngliche* Denken, das diesem technischen Verfahren eigentlich Sinn und den regelrechten Ergebnissen Wahrheit gibt [...], ist hier ausgeschaltet ..." (Hua VI, 46).

Lage der „Voraussicht" der „Weltgeschehnisse" versetzen.[3] Die Verwechslung von Methode mit Sein ist offensichtlich, auch die mangelnde Durchdringung der Voraussetzungen der methodologischen Implikationen.[4] So steht der Vorwurf Husserls im Raume, die methodische Ableitung aus der Reflexion seiner Voraussetzungen zu verkennen und die Frage der Existenz und des menschlichen Soseins zu ignorieren.

Der Siegeszug der exakten Wissenschaften ging für Husserl einher mit dem Verlust der „Lebensbedeutsamkeit" (Hua VI, 3). Oder anders gesagt: „In unserer Lebensnot ... hat diese Wissenschaft uns nichts zu sagen. Gerade diese Fragen schließt sie prinzipiell aus ...: die Fragen nach Sinn oder Sinnlosigkeit dieses ganzen menschlichen Daseins" (Hua VI, 4). Von daher ist der Begriff „Krisis" zu verstehen, als eine Sinnkrise in Bezug auf den selbstgewählten Anspruch von Wissenschaft als Methode von Erklärung, Beschreibung und Durchdringung von Welt und als Aus-

---

3 „In der geometrischen und naturwissenschaftlichen Mathematisierung messen wir so der Lebenswelt – der in unserem konkreten Weltleben uns ständig als wirklich gegebenen Welt – in der offenen Unendlichkeit möglicher Erfahrungen ein wohlpassendes Ideenkleid an, das der sogenannten objektiv-wissenschaftlichen Wahrheiten, d. i. wir konstruieren in einer (wie wir hoffen) wirklich und bis ins Einzelne durchzuführenden und sich ständig bewährenden Methode zunächst bestimmte Zahlen-Induzierungen für die wirklichen und möglichen sinnlichen Füllen der konkret-anschaulichen Gestalten der Lebenswelt, und eben damit gewinnen wir Möglichkeiten einer Voraussicht der konkreten, noch nicht oder nicht mehr als wirklich gegebenen, und zwar der lebensweltlich-anschaulichen Weltgeschehnisse; einer Voraussicht, welche die Leistungen der alltäglichen Voraussicht unendlich übersteigt (Hua VI, 51).

4 „Das Ideenkleid ‚Mathematik und mathematische Naturwissenschaft', oder dafür das Kleid der Symbole, der symbolisch-mathematischen Theorien, befaßt alles, was wie den Wissenschaftlern so den Gebildeten als die ‚objektiv wirkliche und wahre' Natur die Lebenswelt vertritt, sie verkleidet. Das Ideenkleid macht es, daß wir für wahres Sein nehmen, was eine Methode ist – dazu da, um die innerhalb des lebensweltlich wirklich Erfahrenen und Erfahrbaren ursprünglich allein möglichen rohen Voraussichten durch „wissenschaftliche" im Progressus in infinitum zu verbessern: die Ideenverkleidung macht es, daß der eigentliche Sinn der Methode, der Formeln, der ‚Theorien' unverständlich blieb und bei der naiven Entstehung der Methode niemals verstanden wurde" (Hua VI, 52).

druck eines unzureichenden und unbefriedigenden Objektivismus, dem Husserl eine andere, völlig neue Perspektive entgegensetzt.[5]

4.2. Entstehung der *Krisis*

Husserl wurde am 7. Mai 1935 zu einem Vortrag nach Wien eingeladen mit dem Titel „Die Philosophie in der Krisis der europäischen Menschheit". Auf Einladung des „Cercle Philosophique de Prague pour les recherches sur l'entendement humain" hielt er im November weitere Vorträge über dasselbe Thema. Die Vorträge bildeten die Grundlage der Krisis-Schrift, an der er bis 1937 arbeitete und die Fragment geblieben ist.[6]

Am 15. Januar 1936 wurde Husserl die Lehrerlaubnis entzogen und er muss aus der philosophischen Gesellschaft „Philosophia" in Belgrad austreten. Aufgrund des Reiseverbots durch das damalige NS-Regime konnte Husserl an dem Kongress des selben Jahres in Prag nicht teilnehmen, publizierte aber den geplanten Vortrag in zwei Teilen in der Belgrader Emigrantenzeitschrift *Philosophia*. Geplant ist, dass die Schrift eine Einleitung in die Phänomenologie werden soll, bestehend aus vier Teilen:

1. eine geschichtsphilosophische Klärung der Herkunft des neuzeitlichen Gegensatzes von naturwissenschaftlichem Objektivismus und transzendentalem Subjektivismus; 2. die Entwicklung der phänomenologischen Reduktion aus dem Problem der Lebenswelt; 3. eine Kritik der neuzeitlichen Psychologie und 4. eine Aufklärung des Sinns der positiven Wissenschaften.

Edmund Husserl hat nur den ersten Programmpunkt veröffentlichen und Manuskripte zum zweiten und dritten Punkt verfassen können, bevor er im August 1937 die Arbeit infolge einer Erkrankung, die schließlich zu seinem Tode führte, abbrechen musste.

---

5 Husserl spricht ausdrücklich von einer Krisis *der* Wissenschaft bzw. *der* Wissenschaften und nicht des Wissenschaftlers oder des wissenschaftlichen Betriebs usw.

6 Zur Entstehung grundsätzlich Hua VI und Hua XXIX jeweils das Vorwort von Walter Biemel bzw. Reinhold N. Smid.

4.3. Renaissance und Wissenschaft

Husserl, der hier bewusst eine geschichtliche und damit diachrone Perspektive in sein Denken und Philosophieren einbezieht, verlegt den Ursprung der *Krisis* der Wissenschaft in die Renaissance.

Die Krise sei als grundlegende Krise der Wahrnehmung aufzufassen und fällt zu Ungunsten des Subjekts aus.[7] Wahrnehmung gilt als subjektiv mit der damit implizierten Bedeutung von unzuverlässig. Galilei fasst die Sinneseindrücke als „bloß“ subjektiv auf, eine Auffassung, die später „von Hobbes konsequent gefaßt wurde als Lehre von der Subjektivität der gesamten konkreten Phänomene der sinnlich anschaulichen Natur und Welt überhaupt“ (Hua VI, 54). Das wird der Grundstein für die bis heute prägend und problematisch sich auswirkende Subjekt-Objekt-Dichotomie. Mathematik wurde als alleiniges Grundlagenmuster anerkannt, um die Welt und ihre Gesetzmäßigkeiten beschreiben, erklären und darstellen zu können, gemäß der damaligen, ebenfalls bis heute Gültigkeit habenden Erkenntnis: „Die Natur ist in ihrem ‚wahren Sein an sich‘ mathematisch“ (Hua VI, 54). Die Folge davon ist, dass Phänomene im Sinne von Bewusstseinsakten oder Erscheinungen nur rein subjektiver Natur sein können. Daraus folgt, dass alles, was sich in diesem Sinne erschließen lässt, subjektiv ist, somit nicht objektiv und damit nicht wissenschaftlich, weil nicht mathematisch fassbar. Aber:

> Die Phänomene sind nur in den Subjekten; sie sind in ihnen nur als kausale Folgen der in der wahren Natur stattfindenden Vorgänge, die ihrerseits nur in mathematischen Eigen-

7 „Mit Galileis mathematisierender Umdeutung der Natur setzen sich auch über die Natur hinausreichende, verkehrte Konsequenzen fest, die von ihr aus so naheliegend waren, daß sie alle weiteren Entwicklungen der Weltbetrachtung bis zum heutigen Tage beherrschen konnten. Ich meine Galileis berühmte Lehre von der bloßen Subjektivität der spezifisch sinnlichen Qualitäten, die bald nachher von Hobbes konsequent gefaßt wurde als Lehre von der Subjektivität der gesamten konkreten Phänomene der sinnlich anschaulichen Natur und Welt überhaupt“ (Hua VI, 54).

> schaften existieren. Ist die anschauliche Welt unseres Lebens bloß subjektiv, so sind die gesamten Wahrheiten des vor- und außerwissenschaftlichen Lebens, welche sein tatsächliches Sein betreffen, entwertet. Nur insofern sind sie nicht bedeutungslos, als sie, obschon falsch, ein hinter dieser Welt möglicher Erfahrung liegendes, ein ihr transzendentes An-sich vage bekunden. Im Anschluß daran bringen wir uns noch eine weitere Konsequenz der neuen Sinnbildung näher: eine aus ihr als „Selbstverständlichkeit" erwachsene Selbstinterpretation der Physiker, welche bis vor kurzem die allherrschende war: Die Natur ist in ihrem „wahren Sein an sich" mathematisch (Hua VI, 54).

Wird dem mathematisch-physikalischen Ideal nicht entsprochen, handele es sich notwendigerweise um metaphysisches Wissen.

> Jeder von einem außermathematischen, außernaturwissenschaftlichen Forscherkreis herkommende Versuch, ihn zu solchen Besinnungen anzuleiten, wird als „Metaphysik" abgelehnt (Hua VI, 57).

Nach Husserl wird die Ansicht der Welt im Sinne einer Phänomeno*logie* entwertet. Andererseits ist nicht zu leugnen, dass sich Welt mit und im Subjekt oder dem subjektiven Erfassen manifestiert.

Die Apperzeption eines Gegenübers erfolgt zwingend durch das Subjekt. Eine Wahrnehmung ohne Subjekt, eine Vermittlung ohne Subjekt, eine wissenschaftliche Erkenntnis ohne Subjekt ist schlechthin undenkbar. Wie ist es aber möglich, diese grundlegende subjektive Perspektive so zu „objektivieren", dass sich eine frei von metaphysischen Gegebenheiten konstituierende Wissenschaft ergibt?

4.4. Philosophie in ihrem Ursprung

Husserl setzt in dieser Krisensituation auf eine Lösung, die auf den ersten Blick überrascht. Er plädiert für eine Rückbesinnung auf die Wurzeln der Philosophie, die, entgegen möglicher Auffassungen, immer schon eine strenge und vernünftig-rationale Wissenschaft war:

> Philosophie in ihrem antiken Ursprung wollte „Wissenschaft" sein, universale Erkenntnis vom Universum des Seienden, nicht vage und relative Alltagserkenntnis [...], sondern rationale Erkenntnis ... (Hua VI, 66).

Die in der Wissenschaft unreflektierte Voraussetzung von Natur und Welt als „einer abgekapselten, einer real und theoretisch in sich geschlossenen Körperwelt" ist nicht im Sinne jener Philosophie, die Husserl vorschwebt. Auch ist die Spaltung in „Natur und seelische Welt" keine dieser Philosophieauffassung eigene, sondern eine Folge der durch die Neuzeit sich ergebenden „naturwissenschaftlichen Rationalität".[8] Die Folge davon sind erkenntnistheoretische Probleme,[9] die wiederum auf einer naiv zu

8 „Überhaupt müssen wir uns jetzt klarmachen, daß die Auffassung der neuen Idee ‚Natur', als einer abgekapselten, einer real und theoretisch in sich geschlossenen Körperwelt, alsbald eine völlige Verwandlung der Idee der Welt überhaupt mit sich führt. Sie zerspaltet sich sozusagen in zwei Welten: Natur und seelische Welt, von der die letztere es freilich durch die Art ihrer Bezogenheit auf die Natur zu keiner selbständigen Weltlichkeit bringt. Die Alten hatten einzelne Untersuchungen und Theorien über Körper, aber keine geschlossene Körperwelt als Thema einer universalen Naturwissenschaft. Sie hatten auch Untersuchungen über die menschliche und tierische Seele, aber eine Psychologie neuzeitlichen Sinnes konnten sie nicht haben – eine Psychologie, die doch erst dadurch, daß sie eine universale Natur und Naturwissenschaft vor sich hatte, eine entsprechende Universalität anstreben konnte, nämlich auf einem ihr zugehörigen, ebenfalls in sich geschlossenen Felde. Die Zerspaltung und Sinnesverwandlung der Welt war die begreifliche Folge der zu Anfang der Neuzeit in der Tat ganz unvermeidlichen Vorbildlichkeit der naturwissenschaftlichen Methode oder, anders gesagt, der naturwissenschaftlichen Rationalität" (Hua VI, 61).

9 „So treten jetzt Welträtsel von einem früher nie geahnten Stil auf den Plan, und sie bedingen eine völlig neue Art des Philosophierens, das ‚erkenntnistheoretische', ‚vernunfttheoretische', und bald auch systematische Philosophien von einer völlig neuartigen Zielstellung und Methode. Diese größte aller Revolutionen bezeichnet sich als die *Umwendung des wissenschaftlichen Objektivismus*, des neuzeit-

nennenden Annahme eines „Objektivismus“ beruhen. Jener hinterfragt die Welt aber nicht, auf die er fußt, sondern nimmt sie als selbstverständlich gegeben hin.[10] Die als Seiendes zu klassifizierende Welt ist für ihn die einzig mögliche Welt, jedoch eine, die auf Vorgaben des apodiktischen Denkens basiert und damit die Welt „entdeckt“.[11]

Wir haben es grundsätzlich mit zwei Problemkreisen zu tun, einmal mit der Subjekt-Objekt-Problematik und zum anderen mit der Suche nach jener, der Wissenschaftswelt vorausgehenden, ihr zugrunde liegenden oder ihr nachfolgenden Welt, die als unreflektierte, kritiklose Vorannahme fungiert, als unhinterfragbarer Boden der Erkenntnis und die dann von Husserl „Lebenswelt“ genannt wird.

4.5. Transzendentalismus

Das Problem der „Subjektivität“ ist eng mit dem Problem des „Transzendentalismus“ verknüpft. Transzendental ist aber keine Metaphysik, sondern der durch das Denken abstrahierte und dem

lichen, aber auch desjenigen *aller früheren Philosophien der Jahrtausende, in einen transzendentalen Subjektivismus*“ (Hua VI, 69).

10 „Das Charakteristische des *Objektivismus* ist, daß er sich auf dem Boden der durch Erfahrung selbstverständlich vorgegebenen Welt bewegt und nach ihrer ‚objektiven Wahrheit‘ fragt, nach dem für sie unbedingt, für jeden Vernünftigen Gültigen, nach dem, was sie an sich ist. Das universal zu leisten, ist Sache der Episteme, der Ratio, bzw. der Philosophie. Damit werde das letztlich Seiende erreicht, hinter das zurückzufragen keinen vernünftigen Sinn mehr hätte“ (Hua VI, 70).

11 „Unser apodiktisches Denken ‚entdeckt‘ nur, nach Begriffen, Sätzen, Schlüssen, Beweisen etappenmäßig ins Unendliche fortschreitend, was im voraus, was an sich schon in Wahrheit ist. Die Konzeption dieser *Idee eines rationalen unendlichen Seinsalls mit einer systematisch es beherrschenden rationalen Wissenschaft* ist das unerhört Neue. Eine unendliche *Welt*, hier eine *Welt von Idealitäten*, ist konzipiert, als eine solche, deren Objekte nicht einzelweise, unvollkommen und wie zufällig unserer Erkenntnis zugänglich werden, sondern die eine rationale, systematisch einheitliche Methode erreicht – im unendlichen Fortschreiten schließlich *jedes* Objekt nach seinem vollen An-sich-Sein (Hua VI, 19).

Denken zugrundliegende, nachprüfbare, vernünftig und rational sich aus dem Denken begründende Verweis auf spezifische Muster, Strukturen, Kategorien oder im weitesten Sinne *patterns*. Um mit Kant zu sprechen, so ist transzendental ein auf die Bedingungen der Möglichkeit von Erfahrung abzielendes Bestreben. Damit geht es nicht um die Erfassung von Welt – ein solches Unterfangen setzt bereits Welt voraus und ist daher metaphysisch –, sondern um die grundlegende Möglichkeit von Erfassung von Welt in der Annahme von Welt. Husserl würdigt die „Transzendentalphilosophie“ Kants (Hua VI, 100), geht aber auch auf Descartes zurück, im Sinne eines radikalen „Rückfragens nach der letzten Quelle aller Erkenntnisbildungen“. Er gelangt dabei, einig mit Descartes, auf jenes, allen Zweifeln vorangehende *Ich* oder *ego*.[12] Dieses *ego* bildet den Kern der Husserlschen Subjektivität. Der Weg dorthin führt über Descartes und dessen Postulat der radikalen und absoluten – und damit zweifelsfreien – Begründung.[13]

---

12 „Ich möchte hier gleich bemerken: das Wort ‚*Transzendentalphilosophie*‘ ist seit Kant gebräuchlich geworden, und dies auch als allgemeiner Titel für universale Philosophien, deren Begriffe man dann am Typus der Kantischen orientiert. Ich selbst gebrauche das Wort ‚transzendental‘ *in einem weitesten Sinne* für das – von uns so ausführlich erörterte – originale Motiv, das durch *Descartes* in allen neuzeitlichen Philosophien das sinngebende ist und in ihnen allen sozusagen zu sich selbst kommen, die echte und reine Aufgabengestalt und systematische Auswirkung gewinnen will. Es ist das Motiv des Rückfragens nach der letzten Quelle aller Erkenntnisbildungen, des Sichbesinnens des Erkennenden auf sich selbst und sein erkennendes Leben, in welchem alle ihm geltenden wissenschaftlichen Gebilde zwecktätig geschehen, als Erwerbe aufbewahrt und frei verfügbar geworden sind und werden. Radikal sich auswirkend, ist es das Motiv einer rein aus dieser Quelle begründeten, also letztbegründeten Universalphilosophie. Diese Quelle hat den Titel *Ich-selbst* mit meinem gesamten wirklichen und vermöglichen Erkenntnisleben, schließlich meinem konkreten Leben überhaupt. Die ganze transzendentale Problematik kreist um das Verhältnis *dieses* meines Ich – des ‚*ego*‘ – zu dem, was zunächst selbstverständlich dafür gesetzt wird: meiner *Seele*, und dann wieder um das Verhältnis dieses Ich und meines Bewußtseinslebens zur *Welt*, deren ich bewußt bin, und deren wahres Sein ich in meinen eigenen Erkenntnisgebilden erkenne“ (Hua VI, 100 f).

13 Vgl. dazu: Hua VI, 77.

4.6. Urteilsenthaltung

Nach Husserl gelangt Descartes zu dieser Einsicht mittels „Epoché", der vollständigen Enthaltung des Urteils und des Sichzurücknehmens im Sinne der „Einklammerung", „Ausschaltung" oder „Urteilsenthaltung". Der methodische Vorgang ist mit dem kartesianischen Zweifel an allem was ist und erkannt werden kann vergleichbar, der auf eine radikale Lösung aus ist. Husserl fordert eine „Art radikaler skeptischer Epoché" ein, die dem Philosophen jenes Erlebnis an sich selbst, im Sinne einer allgemeinen Infragestellung von allem, nacherleben lässt mit der – zu erwartenden – Folge der apodiktischen Gewissheit des Ich.

Die Folge für die „objektive Erkenntnismöglichkeit" besteht darin, dass der Boden dieser Erkenntnis hinterfragt wird bzw. werden kann und damit die sinnliche Erfahrung als solche. Die vorherrschende Gewissheit des gewiss Vorhandenen wird durch den Zweifel zerstört zugunsten des Beginns einer „Erkenntniskritik" als „einer radikalen Kritik der objektiven Erkenntnis" (Hua VI, 79).[14]

---

14 „Philosophische Erkenntnis ist nach Descartes absolut begründete; sie muß auf einem Grunde unmittelbarer und apodiktischer Erkenntnis ruhen, die in ihrer Evidenz jeglichen erdenklichen Zweifel ausschließt. Jeder Schritt mittelbarer Erkenntnis muß ebensolche Evidenz erlangen können. Die Überschau über seine bisherigen Überzeugungen, seine erworbenen und übernommenen, zeigt ihm, daß sich überall Zweifel oder Zweifelsmöglichkeiten melden. In dieser Situation ist es für ihn und jeden, der ernstlich Philosoph werden will, unvermeidlich, mit einer Art radikaler skeptischer Epoché anzufangen, die das Universum aller seiner bisherigen Überzeugungen in Frage stellt, vorweg jeden Urteilsgebrauch von denselben verwehrt, jede Stellungnahme zu ihrer Gültigkeit oder Ungültigkeit. Einmal in seinem Leben muß jeder Philosoph so verfahren, und hat er es nicht getan, so muß er, auch wenn er nun schon ‚seine Philosophie' hat, so verfahren. Diese ist also vor der Epoché wie ein sonstiges Vorurteil zu behandeln. Diese ‚Cartesianische Epoché' ist in der Tat von einem bisher unerhörten Radikalismus, denn sie umfaßt ausdrücklich nicht nur die Geltung aller bisherigen Wissenschaften, selbst die apodiktische Evidenz beanspruchende Mathematik nicht ausgenommen, sondern sogar die Geltung der vor- und außerwissenschaftlichen Lebenswelt, also die stets in frageloser Selbstverständlichkeit vorgegebene Welt der sinnlichen Erfahrung, und alles von ihr genährten

In dem Zustand der Epoché gewinnt das Ich eine neue Sichtweise von Welt durch Zurücknahme von Weltvorverständnis unter Einbeziehung des Ich. In diesem Zustand des Zweifels, der selbst zwar radikal gefasst, aber nicht als universaler Zweifel aufgehoben werden kann – indem ich den Zweifel bezweifle, wäre die Intention des Zweifels ad absurdum geführt –, gelange ich zur Erkenntnis des apodiktischen „Ich bin“ als absolutem Ort des Zweifels.[15] Dieser „Ort des Zweifels“ – oder eben jene durch Epoché gewonnene Seinssphäre – geht als „absolut apodiktische Voraussetzung“ allem Seienden voran.[16]

4.7. Transzendentales Ich

Husserl setzt auf das Subjekt als Trägersubstanz von Erkenntnis, als Ort der *phainomena* und als Urgrund von Wissenschaft. Damit meint er nicht etwas Subjektives im Sinne eines „bloß“ subjektiven Wissens, sondern die Hinwendung zu den Phänomenen geschieht im Sinne eines „intentionalen Aktes“, der sich zum transzendentalen Subjektivismus erweitert und notwendigerweise und

Denklebens, des unwissenschaftlichen, schließlich auch des wissenschaftlichen. Zum ersten Male wird, können wir sagen, die unterste Stufe aller objektiven Erkenntnis, der Erkenntnisboden aller bisherigen Wissenschaften, aller Wissenschaften von „der“ Welt, ‚erkenntniskritisch‘ in Frage gestellt: nämlich die Erfahrung im gewöhnlichen Sinne, die ‚sinnliche‘ Erfahrung – und korrelativ die Welt selbst: als die in und aus dieser Erfahrung für uns Sinn und Sein habende, so wie sie ständig in fragloser Gewißheit für uns als schlicht vorhandene gilt, mit dem und dem Gehalt an einzelnen Realitäten, und sich nur in Einzelheiten gelegentlich als zweifelhaft oder als nichtiger Schein entwertet. Von da aus aber sind auch mit in Frage gestellt alle die Sinn- und Geltungsleistungen, welche in der Erfahrung fundiert sind. In der Tat liegt hier, wie wir schon erwähnt haben, der historische Anfang einer ‚Erkenntniskritik‘, und zwar als einer radikalen Kritik der objektiven Erkenntnis“ (Hua VI, 77 f).

15 Vgl. dazu: Hua VI, 77, 79 f. „Oder, was für Descartes gleich gilt: Ich, das Vollzugs-Ich der Epoché, bin das einzig absolut Zweifellose, jede Zweifelsmöglichkeit prinzipiell Ausschließende“ (Hua VI, 80).

16 „Durch die Epoché bin ich zu der jenigen Seinssphäre vorgedrungen, die prinzipiell allem erdenklichen für mich Seienden und seinen Seinssphären vorangeht, als ihre absolut apodiktische Voraussetzung“ (Hua VI, 79 f).

hinreichend im erkennenden Subjekt gebündelt wird. Der Blick lenkt sich weg von einem Subjekt-Objekt-Dualismus, hin zu den Phänomenen und damit zum Menschen als Subjekt und Betrachter von Welt im Sinne der Phänomenologie.[17]

Phänomenologie impliziert Subjektivität als transzendentale Subjektivität, die der objektiven Wissenschaft ein in Bezug auf das Erkenntnisvermögen gleichberechtigtes Pendant bietet.[18] Indem Edmund Husserl das Subjekt einführt, führt er das Subjekt gerade aus der Subjektivität heraus und zwar über den cartesianischen Zweifel und mittels Epoché oder transzendentaler Reduktion. Abgeleitet wird damit nicht nur ein grundlegender Zweifel an allem – selbst an der Mathematisierbarkeit und Objektivierung von Welt –, sondern auch die Gewinnung eines archimedischen Punktes der evidenten Bezugnahme im Sinne eines *ego cogito*.[19]

Der Rückbezug von Husserl auf Descartes öffnet den Blick auf eine andere, wissenschaftlichere Zugangsmöglichkeit und impliziert eine andere Folgerung aus der Gewinnung des *ego* aus dem apodiktischen Zweifel. Hier setzt Husserl ein und leitet die Erkenntnismöglichkeit auf eine unerwartet andere Bahn, eine, an die Descartes nicht gedacht hat,[20] und die die mathemati-

17 „Also nicht das Sein der Welt in seiner fraglosen Selbstverständlichkeit ist das an sich Erste, und nicht die bloße Frage ist zu stellen, was ihr objektiv zugehört; sondern das *an sich Erste ist die Subjektivität*, und zwar als die das Sein der Welt naiv vorgebende und dann rationalisierende oder, was gleich gilt: objektivierende“ (Hua VI, 70).

18 „Doch hier droht vorweg der Widersinn, da es zunächst als selbstverständlich erscheint, daß diese Subjektivität der Mensch ist, also die psychologische Subjektivität. Der gereifte Transzendentalismus protestiert gegen den psychologischen Idealismus und prätendiert, während er die objektive Wissenschaft *als Philosophie* bestreitet, eine *völlig neuartige Wissenschaftlichkeit*, als transzendentale, auf die Bahn zu bringen. Von einem Subjektivismus dieses transzendentalen Stiles hatte die vergangene Philosophie auch nicht eine Ahnung“ (Hua VI, 70 f).

19 Vgl. dazu Hua VI, 77 f.

20 „[...] es zeigen sich zwei Möglichkeiten, diese Gedanken zu fassen, sie auszubilden, wissenschaftliche Aufgaben zu stellen, von denen für Descartes nur die *eine* die vorweg selbstverständliche war. So ist der Sinn seiner Darstellungen faktisch (als der seine) eindeutig; aber leider stammt diese Eindeutigkeit daher, daß er den originalen Radikalismus seiner Gedanken nicht wirklich durchführt, daß er nicht

sche Grundlage der Wissenschaft in Frage stellt.[21] Husserl zeigt, dass die Descartsche Philosophie im *Ego*, im *Subjektiven* mündet. („So beginnt mit Descartes in der Tat ein völlig neuartiges Philosophieren, das seine letzten Begründungen im Subjektiven sucht.“[22]) Dann beginnt seine eigenartige Umdeutung des *ego cogitans* zum „apodiktischen Ich“:

> Descartes macht sich nicht klar, daß das *ego*, sein durch die Epoché entweltlichtes Ich, in dessen funktionierenden *cogitationes* die Welt allen Seinssinn hat, den sie je für ihn haben kann, unmöglich in der Welt als Thema auftreten kann, da alles Weltliche eben aus diesen Funktionen seinen Sinn schöpft, also auch das eigene seelische Sein, das Ich im gewöhnlichen Sinne. Erst recht war ihm natürlich unzugänglich die Erwägung, daß das *ego*, so wie es in der Epoché als für sich selbst seiend zur Entdeckung kommt, noch gar nicht ‚ein' Ich ist, das andere oder viele Mit-Iche außer sich haben kann. Es blieb ihm verborgen, daß alle solchen Unterscheidungen wie Ich und Du, Innen und Außen erst im absoluten ego sich „konstituieren“. So versteht es sich, warum Descartes in seiner Eiligkeit, den Objektivismus und die exakten Wissenschaften als metaphysisch-absolute Erkenntnis gewährende zu begründen, sich nicht die Aufgabe stellt, das reine *ego* – in der Epoché konsequent verbleibend – systematisch zu befragen nach dem, was ihm an Akten, an Vermögen eignet und was es in ihnen als intentionale

---

wirklich alle seine Vormeinungen, nicht wirklich in allem die Welt der Epoché unterwirft (‚einklammert'), daß er, auf sein Ziel verschossen, gerade das Bedeutsamste nicht herausholt, was er im ‚ego' der Epoché gewonnen hatte, um rein an diesem ein philosophisches ... zu entfalten. [...] Nämlich über *dieses* in der Epoché erst entdeckte *ego* sich verwundernd, fragt er zwar selbst, *was für ein Ich* das sei, ob etwa das Ich der Mensch, der sinnlich anschauliche Mensch des gemeinen Lebens sei. Nun schaltet er den Leib aus – wie die sinnliche Welt überhaupt verfällt auch dieser der Epoché – und so bestimmt sich für Descartes das ego als *mens sive animu sive intellectus*“ (Hua VI, 80f).

21 Vgl. dazu Hua VI, 83.

22 Vgl. dazu Hua VI, 83.

> Leistung zustande bringt. Da er nicht verweilt, kann sich ihm nicht die gewaltige Problematik erschließen: von der Welt als „Phänomen“ im *ego* systematisch zurückzufragen, in welchen wirklich aufweisbaren immanenten Leistungen des ego die Welt ihren Seinssinn erhalten hat. Eine Analytik des *ego* als der *mens* war offenbar für ihn Sache der künftigen objektiven Psychologie (Hua VI, 83 f).

Husserl deutet die Erkenntnis des unzweifelhaften Ich als Grundlage einer mathematisch objektivierten Welt dahingehend um, dass in diesem Ich sich jene „Welt der Phänomene“ konstituiert bzw. aus diesem Ich-Bewusstsein heraus ihren Ausgangspunkt nimmt. Mittels Epoché gelangt man zum transzendentalen Ich, jenem *ego* also, zu dem der Zweifel zurückführt. Dies kann notwendigerweise nicht in „der Welt des Zweifelbaren“ sein, sondern ist dieser gegenüber „transzendent“.

Husserl zeigte, dass Descartes ein Ziel verfolgte, wofür das *ego cogito* Mittel und Ziel sein sollte. Dabei übersah er, dass er damit seinen eigenen Anspruch auf Radikalität untergrub,[23] und sein *ego* nicht gleichzeitig Welt-immanent und -transzendent sein kann, eben weil Unterscheidungen zu anderen erst im – wie Husserls es nennt – „absoluten ego“ möglich sind.[24] Descartes vollzog im Sinne Husserls sehr wohl Epoché, indem er von allem abstrahierte und das aus dem Zweifel Geborene aus dem über den Zweifel erhabene *ego* herausschälen konnte. Aber er schloss aus dem *transzendentalen ego* auf eine Wissenschaft der Objektivität, anstatt, wie es sinnvoller, weil radikaler ebenfalls möglich gewesen wäre, auf ein *transzendentales ego*.

4.8. Transzendentales Ego

René Descartes entging es, die Welt der Phänomene an das *ego* rückzubinden und damit den Sinn von Welt neu und ohne meta-

23 Vgl. dazu Hua VI, 81.
24 Vgl. dazu Hua VI, 83f.

physische Vorannahme (sein Rückbezug auf „Gott“) erkennen zu können.[25] So bleibt Descartes, streng genommen, hinter seiner eigenen Erkenntnismöglichkeit zurück. Er ist aber für die Situation der Moderne grundsätzlich deshalb verantwortlich, weil er sein reflektiertes *ego* als psychologisiertes und nicht als transzendentales ansieht:

> Andererseits ist doch die ganze vermeinte Fundierung der neuen universalen Philosophie vom *ego* aus auch zu charakterisieren als eine „Erkenntnistheorie“, d. h. als eine Theorie dafür, wie das ego in der Intentionalität seiner Vernunft (durch Vernunftakte) objektive Erkenntnis zustandebringt. Das heißt allerdings bei Descartes: das *ego* metaphysisch transzendierende Erkenntnis (Hua VI, 85).

Die Absage an die Möglichkeit der Erkenntnis einer „objektiven Welt“ und die Absage an einen psychologisierenden Subjektivismus führt Husserl zum *ego cogito* als herausgebildetes und aus Descartes’ Erkenntnis abgeleitetes transzendentales Erkenntnisinstrument. Mit anderen Worten: „daß alle die Wahrheiten, die er als objektive gewinnt, und die objektive Welt selbst, die in seinen Formeln Substrat ist (sowohl als alltägliche Erfahrungswelt wie auch als höherstufige begriffliche Erkenntniswelt), sein eigenes, in ihm selbst gewordenes Lebensgebilde ist.“[26] In dem Sinne sind positivistische, objektivierende Wissenschaftsideale für Husserl letztlich unzulänglich, weil sie ihren subjektiven Sinn – nicht im psychologisierenden, sondern im Sinne des transzendentalen ego – verleugnen, denn es ist evident, „[...] daß die objektiv-wissenschaftliche Methode auf einem nie befragten, tief

25 „Da er [Descartes, w.f.] nicht verweilt, kann sich ihm nicht die gewaltige Problematik erschließen: von der Welt als ‚Phänomen‘ im *ego* systematisch zurückzufragen, in welchen wirklich aufweisbaren immanenten Leistungen des ego die Welt ihren Seinssinn erhalten hat. Eine Analytik des ego als der *mens* war offenbar für *ihn* Sache der künftigen objektiven Psychologie“ (Hua VI, 84).

26 Vgl. dazu: Hua VI, 99.

verborgenen subjektiven Grunde ruhe, dessen philosophische Erleuchtung erst den wahren Sinn der Leistungen positiver Wissenschaft und korrelativ den wahren Seinssinn der objektiven Welt herausstelle – eben als einen transzendental-subjektiven" (Hua VI, 103).

4.9. Absoluter Subjektivismus

Die apodiktische, transzendentale Setzung des erkennenden Ich führt bei Husserl zu der Grundlage des absoluten Subjektivismus, der die Welt der Phänomene begründet. Die notwendige Folgerung des „absoluten" Subjekts hin zum universalen Auftrag von Philosophie als Wissenschaft überhaupt, liegt auf der Hand: Philosophie will objektive Wissenschaft sein und kann es nach Husserl dadurch, dass sie jene absolute Subjektivität verwirklicht im Sinne einer nach Epoché sich konstituierenden Bewusstseinsphäre namens *ego* oder *Ich*. Das *transzendentale Ich* oder das *apodiktische ego* ist also nicht mit dem psychologisch fassbaren Ich zu verwechseln, wie es überhaupt grundsätzlich nicht um psychologische Erkenntnisse geht.

Husserl thematisiert die ableitbare Erkenntnisproblematik über Hume zu Kant bis zum Positivismus des 19. und dann auch 20. Jahrhunderts im Hinblick auf die Intentionalität von Erkenntnis als Erkenntnisakt (und in dem Sinne als Phänomen). Für Husserl war das kartesianische Ich noch psychologisch.[27] Dagegen bedingt der intentionale Charakter dieser Erkenntnisform als „cogitatio" ein „cogitatum": jeder Erkenntnis ist etwas zu Erkennendes beigeordnet – im Sinne des grundlegenden Satzes, dass jedes Bewusstsein Bewusstsein „von" etwas ist. Der Erkenntnisakt dieses „von etwas" ist „als intentionaler Akt" aber phänomenologisch.

Die Richtung, die Husserl einschlägt, verläuft diametral zu der bisher gewohnten, weil er radikal dem „ego" als transzendentale Grundlage aller Erkenntnis folgt. Die so gewonnene Richtung

27 Vgl. dazu Hua VI, 84.

ist durch die Subjektivität von Sinnes-Erkenntnis geprägt, jedoch erst dann, wenn aus dem *ego cogito* ein apodiktisches Ich eliminiert wurde.[28]

4.10. Andere Lösungsversuche

Auch der transzendentale Subjektivismus Immanuel Kants, als weiterer Lösungsversuch von objektiver Erkenntnis, führt nach Husserl zum grundsätzlichen Misstrauen am Subjekt dahingehend, dass zwischen der Erkenntnismöglichkeit des Subjekts und der objektiven Welt – den Vernunftwahrheiten auf der einen und der metaphysischen Objektivität auf der anderen – ein „Abgrund der Unverständlichkeit" (Hua VI, 96) liegt, der als (scheinbar) unüberbrückbarer Dualismus im Sinne eines ontologischen Risses zu verstehen ist. Die Versuche, diesen zu verdecken (Leibniz, Hume, Berkely, Kant), führen immer weiter zu einer Trennung und münden dann ein in Psychologismus oder Solipsismus.

Kann ich den ontologischen Riss nicht mehr zuschütten, muss ich ihn entweder ignorieren oder therapieren. Entweder sehe ich ihn als der Welt zugehörig an oder ich verlege ihn in das erkennende Subjekt. Gleichwohl gelange ich nur dann zu einer gewissen Zufriedenheit, wenn dieser Riss verschwunden oder zumindest nicht mehr zu sehen ist.

Der Objektivismus zeigt (oder gaukelt vor es zu tun), dass jener Graben überwunden werden könnte, würde man nur lange genug Erkenntnisse anhäufen oder sammeln oder noch genauere und präzisere Messungen vornehmen oder wenn man noch mehr Zeit hätte oder tiefer graben würde. All das sind nicht nur erfolgreiche Versuche der Ablenkung – sie sind erfolgreich, weil, und

28 „Andererseits ist doch die ganze vermeinte Fundierung der neuen universalen Philosophie vom *ego* aus auch zu charakterisieren als eine ‚Erkenntnistheorie', d. h. als eine Theorie dafür, wie das ego in der Intentionalität seiner Vernunft (durch Vernunftakte) *objektive* Erkenntnis zustandebringt. Das heißt allerdings bei Descartes: das *ego metaphysisch transzendierende Erkenntnis*" (Hua VI, 85).

das erkennt Husserl auch an, wir von dem Wohl des Objektivismus profitieren („prosperity") – sondern auch versuchte Ablenkungen im Bewusstsein des Zwiespaltes der Erkenntnis. Damit gelangt man aber zu keinem Ende und zu keiner auf Dauer befriedigenden Lösung, denn solche Erkenntnisse basieren letztlich auf metaphysischen Vorannahmen, die nicht weiter hinterfragt werden wollen oder können.

Der psychologische Aspekt der Integration des Risses führt zu einer Mischung aus Solipsismus – alles ist aus meiner Sicht zu sehen – und Skeptizismus – alles könnte auch ganz anders sein, aber wie? – und damit kann man sich zwischen Scylla und Charybdis entscheiden, ohne jedoch auf seiner Fahrt wesentlich weitergekommen zu sein.

Husserls Lösungsansatz greift radikal die Wurzel solcher Wissenschaftssicht an und folgt Descartes in dessen Zweifel, der bei Husserl zur Grundlage einer transzendentalen Subjektivität wird, aus dem heraus sich Welt objektiv konstituiert. Husserl hinterfragt radikaler und konsequenter mit der Folge der Begründung einer „objektiven Subjektivität"[29].

4.11. Letztbegründung von Wissenschaft

Nach Husserl versagt bei der Wissenschaft die Letztbegründung aus sich selbst heraus. Das ist aber notwendiges Kriterium von objektiver Wissenschaft. Auch fehle die theoretische Grundlage des Objektivismus und somit der mathematischen und geomet-

29 „Die *Naivität* der Rede von ‚Objektivität', die die erfahrende, erkennende, die wirklich konkret leistende Subjektivität ganz außer Frage läßt, die *Naivität* des Wissenschaftlers von der Natur, von der Welt überhaupt, der blind ist dafür, daß alle die Wahrheiten, die er als objektive gewinnt, und die objektive Welt selbst, die in seinen Formeln Substrat ist (sowohl als alltägliche Erfahrungswelt wie auch als höherstufige begriffliche Erkenntniswelt), sein eigenes, in ihm selbst gewordenes *Lebensgebilde* ist – ist natürlich nicht mehr möglich, sowie *das Leben* in den Blickpunkt rückt. [...] Das Welträtsel im tiefsten und letzten Sinne, das Rätsel einer Welt, deren Sein Sein aus subjektiver Leistung ist, und das in der Evidenz, daß eine andere überhaupt nicht denkbar sein kann [...]" (Hua VI, 99 f).

rischen – heute physikalischen und naturwissenschaftlichen – Erkenntnismöglichkeit. Um diesen Mangel zu beheben, plädiert Husserl für eine „transzendental-subjektive Methode“ und zur „Transzendentalphilosophie“ als systematischen Ansatz objektiver Wissenschaftsphilosophie.

Das konsequente Aufzeigen des Problems der Nichthinterfragung des objektiven Grundes von Wissenschaft führe nach Edmund Husserl nahtlos zu einer gewissen naiven Unreflektiertheit, auch weil „die objektiv-wissenschaftliche Methode auf einem nie befragten, tief verborgenen subjektiven Grunde ruhe, dessen philosophische Erleuchtung erst den wahren Sinn der Leistungen positiver Wissenschaft und korrelativ den wahren Seinssinn der objektiven Welt herausstelle – eben als einen transzendental-subjektiven“[30].

4.12. Lebenswelt

Die Gewinnung des transzendentalen Ich ist gleichbedeutend mit der Gewinnung einer neuen Perspektive von Welt, Husserl nennt sie „Lebenswelt“. Lebenswelt ist die der objektiv-wissenschaftlichen Welt vorausgehende und zugleich sie begründende.[31]

---

30 „Die Grundüberzeugung haben sie ja alle gemein, daß die objektiven Wissenschaften, so sehr sie sich, und insbesondere die exakten Wissenschaften, vermöge ihrer evidenten theoretischen und praktischen Leistungen als Stätten der einzig wahren Methode und als Schatzkammern letzter Wahrheiten einschätzen, überhaupt noch nicht ernstlich Wissenschaften, nicht Erkenntnisse aus letzter Begründung, d. i. letzter theoretischer Selbstverantwortung sind – also auch nicht Erkenntnisse dessen sind, was in letzter Wahrheit ist. Das leiste allein eine transzendental-subjektive Methode und, durchgeführt als System, die Transzendentalphilosophie“ (Hua VI, 103).

31 „Wir kommen in eine unbequeme Situation. Haben wir in aller notwendigen Sorgfalt kontrastiert, so haben wir eines und ein anderes: Lebenswelt und objektiv-wissenschaftliche Welt, allerdings in einer Beziehung. Das Wissen von der objektiv-wissenschaftlichen „gründet“ in der Evidenz der Lebenswelt. Sie ist dem wissenschaftlichen Arbeiter bzw. der Arbeitsgemeinschaft vorgegeben als Boden, aber, auf diesem bauend, ist doch das Gebäude ein neues, ein anderes“ (Hua VI, 133).

Die der Wissenschaftswelt vorgeschaltete Lebenswelt ist – notwendigerweise – *subjektiv*. Vermeintlich hat die Wissenschaftswelt diese und damit den Zustand der Subjektivität (scheinbar) überwunden, wodurch aber gleichzeitig deutlich wird, dass der „objektiven Welt" eine „subjektive" vorangeht. Die objektive Welt ist folglich subjektiv geprägt und ohne Subjektivität nicht verstehbar.

> Also nicht das Sein der Welt in seiner fraglosen Selbstverständlichkeit ist das an sich Erste, und nicht die bloße Frage ist zu stellen, was ihr objektiv zugehört; sondern das an sich Erste ist die Subjektivität, und zwar als die das Sein der Welt naiv vorgebende und dann rationalisierende oder, was gleich gilt: objektivierende[32] (Hua VI, 70 f).

Eine solche Auffassung von Subjektivität begründet nach Husserl eine „völlig neuartige Wissenschaftlichkeit" (Hua VI, 70). Husserl kann zeigen, dass „objektive" Wissenschaft ein „subjektives Gebilde" ist, denn ihre Grundlage ist jener apodiktische Zweifel, der zum transzendentalen Ego führt.[33]

Aber die Lebenswelt leistet noch mehr, indem in ihr Mensch und Wissenschaftler als Teile dieser Sphäre existent sind:

> Hören wir auf, in unser wissenschaftliches Denken versunken zu sein, werden wir dessen inne, daß wir Wissenschaftler doch

32 „Der Transzendentalismus dagegen sagt: der Seinssinn der vorgegebenen Lebenswelt ist subjektives Gebilde, ist Leistung des erfahrenden, des vorwissenschaftlichen Lebens. In ihm baut sich der Sinn und die Seinsgeltung der Welt auf, und jeweils der Welt, welche dem jeweilig Erfahrenden wirklich gilt. Was die ‚objektiv wahre' Welt anlangt, die der Wissenschaft, so ist sie Gebilde höherer Stufe, aufgrund des vorwissenschaftlichen Erfahrens und Denkens bzw. seiner Geltungsleistungen. Nur ein radikales Zurückfragen auf die Subjektivität, und zwar auf die letztlich alle Weltgeltung mit ihrem Inhalt und in allen vorwissenschaftlichen und wissenschaftlichen Weisen zustandebringende Subjektivität, sowie auf das Was und Wie der Vernunftleistungen kann die objektive Wahrheit verständlich machen und den letzten Seinssinn der Welt erreichen" (Hua VI, 70f).

33 Vgl. dazu Hua VI, 132.

> Menschen und als das Mitbestände der Lebenswelt sind, der immer für uns seienden, immerzu vorgegebenen, so rückt mit uns die ganze Wissenschaft in die – bloß „subjektiv-relative" Lebenswelt ein (Hua VI, 133).

Niemand kann sich der Lebenswelt entziehen – wenn man in ihr geborgen wurde ist man Teil von ihr. Wobei neben Menschen auch Objekte, menschliches Tun, Denken, Leben usw. einbezogen werden müssen.[34] „Die Lebenswelt ist [...] für uns, die in ihr wach Lebenden, immer schon da, im voraus für uns seiend, ‚Boden' für alle, ob theoretische oder außertheoretische Praxis" (Hua VI, 145). Wobei Husserl unter „seiend" nichts Objekthaftes versteht, „sondern seiend in einer Einzigartigkeit, für die der Plural sinnlos ist (Hua VI, 146).

Der Vorwurf, dass „Lebenswelt" eine mögliche Interpretation von Welt sei, eine unter vielen anderen, greift für Husserl zu kurz, weil mittels Epoché die Welt zum Phänomen geworden ist und damit als Teil der Lebenswelt wahrnehmbar.

> Im Vollzug dieser Epoché stehen wir offenbar noch weiter auf dem Boden der Welt; sie ist nun reduziert auf die vorwissenschaftlich uns geltende Lebenswelt, nur daß wir keinerlei Wissen, das aus den Wissenschaften herstammt als Prämissen verwenden [...] (Hua VI, 150).

4.13. Vorgegebene Welt

Die phänomenologische Methode bedingt eine andere Sicht auf Welt: die „Vorgegebenheit der Welt als solche", ein Kenntnisstand der mittels transzendentaler Reduktion bzw. Epoché erreicht wird. Das „Bewusstseinsleben" wird zum Medium und Ort von Welt, als Produkt von in rascher Folge wechselnden phäno-

34 „Unter den lebensweltlichen Objekten finden wir auch die Menschen, mit all ihrem menschlichen Tun und Treiben, Wirken und Leiden, in ihren jeweiligen sozialen Verbundenheiten gemeinsam im Welthorizont lebend und sich darin wissend" (Hua VI, 149).

menologischen Momentaufnahmen. „Subjektivität" ist demnach grundlegendes Sosein des Erkenntnisaktes.[35]

Jeder Erkenntnisakt ist eingebetet in einen „Bewusstseinsstrom" und immer ist das Ich auf ein Etwas (im Sinne eines Erkenntnisaktes) ausgerichtet. In diesem Erkenntniszustand ist der Bewusstseinsstrom des Ich ständig auf neue Objekte bezogen. Die sich im Ich manifestierenden Akte – die notwendigerweise zusammenhängen und mit Erinnerung verknüpft sind – sind das Eigentliche, um das es geht. Sie bilden den Wahrnehmungs- und Bewusstseinshorizont, sie sind das „objektiv" Fassbare. Die Lebenswelt ist hierbei Grundlage von Erkenntnis und gleichzeitig einer subjektivierten Sicht enthoben.[36] Eine durch transzendentale Reduktion erreichte Erkenntnisstufe involviert eine transzendentale Welt sowie transzendentale Subjektivität (ego cogito) im Sinne der „Selbstobjektivation der transzendentalen Subjektivität"[37].

---

35 „Wie kann nun das Vorgegebensein der Lebenswelt zu einem eigenen und universalen Thema werden? Offenbar nur durch eine *totale Änderung* der natürlichen Einstellung, eine Änderung, in der wir nicht mehr wie bisher als Menschen des natürlichen Daseins im ständigen Geltungsvollzug der vorgegebenen Welt leben, vielmehr uns dieses Vollzugs ständig enthalten. Nur so können wir das verwandelte und neuartige Thema ‚Vorgegebenheit der Welt als solcher' erreichen: Welt rein und ganz ausschließlich *als die* und *so wie* sie in unserem Bewußtseinsleben Sinn und Seinsgeltung hat und in immer neuen Gestalten gewinnt. So nur können wir studieren, was Welt als Bodengeltung natürlichen Lebens, in allen seinen Vorhaben und Gehaben, ist, und korrelativ, was natürliches Leben und seine Subjektivität *letztlich* ist, d. h. rein als die Subjektivität, die da als Geltung vollziehende fungiert. Das die Weltgeltung des natürlichen Weltlebens leistende Leben läßt sich nicht in der Einstellung des natürlichen Weltlebens studieren. Es bedarf also einer totalen Umstellung, einer *ganz einzigartigen universalen Epoché*" (Hua VI, 151).

36 „Das ist aber nun nicht eine ‚Auffassung', eine „Interpretation", die der Welt zuerteilt wird. Jede Auffassung von ..., jede Meinung über ‚die' Welt hat ihren Boden in der vorgegebenen Welt. Gerade dieses Bodens habe ich mich durch die Epoché enthoben, ich stehe *über* der Welt, die nun für mich in einem ganz eigenartigen Sinne zum *Phänomen* geworden ist" (Hua VI, 155).

37 „Wie konkreter verständlich zu machen, daß die in der Reduktion der Welt mitbeschlossene Reduktion der Menschheit auf das Phänomen ‚Menschheit' diese erkennen läßt als eine Selbstobjektivation der transzendentalen Subjektivität ..." (Hua VI, 155).

Die Teilung: Ich – Welt scheint real und „funktioniert“ als Demarkationslinie von Subjekt – Objekt; in einem solchen Bewusstseinzustand erscheint die Welt objekthaft (objektiv) – als vom Subjekt abgespalten und somit als Tatsachenwelt untersuch- und beschreibbar –, aber wie Husserl zeigt, geht eine solche Beschreibung von Welt nicht über die Beschreibung von vermeintlichen Tatsachen hinaus, die erkenntnismäßig keinen Mehrwert produzieren.

Andererseits beginnt durch die transzendentale Reduktion (Epoché) das transzendentale *ego* als Brennpunkt der Phänomene zu wirken und begründet die Lebenswelt als Hort der Phänomene sowie als Arbeitsfeld der Phänomenologie.[38] Dies hat zur Folge, dass eine Bezogenheit der Phänomene aufeinander und auf das erkennende Subjekt feststellbar bleibt, dass aber der Horizont der Erkenntnis (im Sinne der Bezüglichkeit von Transzendenz und Selbstgebung als *Limes* bezeichnet) sich immer wieder verschiebt, wobei die Untrennbarkeit der Eindrücke und Beschreibungen sozusagen Programm ist.

All diese Fäden laufen im Subjekt zusammen. Hier wird die für uns seiende Welt, die „nach Sosein und Sein unsere Welt ist, ganz und gar aus unserem intentionalen Leben ihren Seinssinn schöpft“, erschaffend lebendig.[39]

---

38 „Wir bewegen uns da in einem Strom immer neuer Erfahrungen, Urteile, Wertungen, Entschließungen. In jedem dieser Akte ist das Ich auf *Gegenstände* seiner Umwelt gerichtet, mit ihnen so oder so beschäftigt. [...] Also vermöge dieser ständig strömenden Horizonthaftigkeit setzt jede im natürlichen Weltleben schlicht vollzogene Geltung immer schon Geltungen voraus, unmittelbar oder mittelbar zurückreichend in den einen notwendigen Untergrund dunkler, aber gelegentlich verfügbarer, reaktivierbarer Geltungen, alle miteinander und mit den eigentlichen Akten einen einzigen untrennbaren Lebenszusammenhang ausmachend. Diese Überlegung ist für die Klärung der Vollzugsweise der universalen Epoché von Bedeutung. Wir sehen nämlich, daß sie nicht als eine in Einzelschritten verlaufende Vollzugshaltung zum Ziele führen kann“ (Hua VI, 152 f).

39 „Für den Philosophen aber liegt darin und liegt in dem Miteinander: ‚Subjektivität *in* der Welt als Objekt‘ und zugleich ‚*für* die Welt Bewußtseinssubjekt‘ eine notwendige theoretische Frage, nämlich zu verstehen, wie das möglich ist“ (Hua VI, 184).

Eines darf aber nie außer Acht gelassen werden: „Vermöge unserer jetzigen Methode der Epoché verwandelt sich alles Objektive in Subjektives" (Hua VI, 182).

4.14. Vermessung der Lebenswelt

Was ist damit gemeint, dass sich das Objektive in Subjektives wandelt? Jedenfalls kein Subjektivismus, kein psychologisches Problem also, sondern der Umstand, dass die Phänomene, notwendigerweise von jemandem wahrgenommen, bewusstseinsfähig gemacht werden müssen, was letztlich im apodiktischen Ich als Subjekt geschieht.

Der hier gemeinte Subjektivismus ist in der Epoché umfassend: „Aber ein allgemeiner Begriff des Subjektiven umfaßt in der Epoché alles, ob Ichpol und Universum der Ichpole, ob Erscheinungsmannigfaltigkeiten oder Gegenstandspole und Universum der Gegenstandspole" (Hua VI, 183). Die Welt und ihr Sosein ist als intentionaler Akt zu begreifen und erhält damit ihren „Seinssinn".[40]

Mittels Epoché wird ein Boden geschaffen, auf dem man erkennt und erkenntnistheoretisch bzw. ontologisch zu philosophieren – und zwar in einem „objektiven" Sinne – vermag. Die auf das transzendentale Ich sich beziehende Welt sprengt den engen Rahmen der Galileischen Naturwissenschaft und zeigt, dass die „wahre" Welt die *Lebenswelt* ist als eine die Natur substituierende Idee.[41]

Die Verwandlung von „Welt" in Lebenswelt und von „Tatsachen" in Phänomene bringt einen Erkenntnisraum hervor, der

40 Vgl. dazu: Hua VI, 184.

41 „Im Sinne der Galileischen Naturwissenschaft ist die mathematisch-physikalische Natur die objektiv-wahre; diese soll es sein, die sich in den bloß subjektiven Erscheinungen bekundet. Danach ist es klar, und wir haben früher schon darauf hingewiesen, daß die Natur der exakten Naturwissenschaft nicht die wirklich erfahrene Natur ist, die der Lebenswelt. Es ist eine aus Idealisierung entsprungene, der wirklich angeschauten Natur hypothetisch substituierte Idee" (Hua VI, 224).

wissenschaftlich exakt durchmessen und durchschritten werden kann.[42]

Die Vermessung der Lebenswelt gilt gleichermaßen für „Objekte“ wie für „Subjekte“, denn im Begreifen als phänomenologischem Akt ist keine notwendige Unterscheidung zwischen Mensch und Ding mehr gegeben. Über die Epoché des kartesischen *cogito* gelangt Husserl zu dem Bereich, den er „Lebenswelt“ nennt und der der Wissenschaft gleichermaßen zugrundeliegt wie vorausgeht.

Lebenswelt wird im Sinne eines positivistischen Gegebenseins als Boden und Grund von Wissenschaft und deren Forschungsmöglichkeiten, die sich notwendigerweise im Seienden abspielen, vorausgesetzt.

Die sich in und durch die Lebenswelt konstituierende Subjektivität ist damit der Ur-Grund aus dem heraus phänomenologisch gearbeitet werden kann. Die sich ergebenden intentionalen Akte (Phänomene) sind notwendigerweise „objektiv“ und die „Reduktion auf das absolute ego als das letztlich einzige Funktionszentrum aller Konstitution [...] bestimmt hinfort die ganze Methode der transzendentalen Phänomenologie.“ Und weiter:

> Vorweg ist die Welt, die immerfort in Seinsgewißheit und Selbstbewährung vorgegebene und zweifellose. Habe ich sie auch nicht als Boden „vorausgesetzt“, so ist sie für mich, das Ich im cogito, doch aus ständiger Selbstbewährung in Gel-

42 „In der Epoché ist die Logik und jedes Apriori und jede philosophische Beweisführung altehrwürdigen Stiles kein schweres Geschütz sondern eine selbst der Epoché unterliegende Naivität, wie alle objektive Wissenschaftlichkeit. Andererseits ist es das Wesenseigentümliche der anfangenden Philosophie dieses phänomenologisch-transzendentalen Radikalismus, daß sie, wie vorhin schon gesagt, ungleich der objektiven Philosophie, statt einen Boden von Selbstverständlichkeiten im voraus bereit zu haben, einen Boden ähnlichen (wenn auch anderen) Sinnes prinzipiell ausschließt. Sie muß also zunächst bodenlos anfangen. Aber alsbald gewinnt sie die Möglichkeit, sich aus eigener Kraft selbst einen Boden zu schaffen, nämlich indem sie sich in originaler Selbstbesinnung der in ein Phänomen bzw. ein Universum von Phänomenen verwandelten naiven Welt bemächtigt“ (Hua VI, 185).

> tung, mit allem, was sie für mich ist, im einzelnen bald objektiv rechtmäßig, bald nicht, auch mit allen Wissenschaften, Künsten, mit allen sozialen, personalen Gestalten und Institutionen, soweit es eben die Welt ist, die mir die wirkliche ist. Einen stärkeren Realismus kann es also nicht geben, wenn dieses Wort nicht mehr besagt als: „ich bin dessen gewiß, ein Mensch zu sein, der in dieser Welt lebt usw., und ich zweifle daran nicht im mindesten". Aber es ist eben das große Problem, diese „Selbstverständlichkeit" zu verstehen. Die Methode erfordert nun, daß das *ego* von seinem konkreten Weltphänomen aus systematisch zurückfragt und dabei sich selbst, das transzendentale *ego*, in seiner Konkretion, in der Systematik seiner konstitutiven Schichten und seiner unsagbar verschlungenen Geltungsfundierungen kennen lernt. Das *ego* ist im Einsatz der Epoché apodiktisch gegeben, aber als „stumme Konkretion" gegeben. Sie muß zur Auslegung, zur Aussprache gebracht werden, und zwar in systematischer, vom Weltphänomen aus zurückfragender intentionaler „Analyse". In diesem systematischen Vorgehen gewinnt man zunächst die Korrelation der Welt und der transzendentalen, in der Menschheit objektivierten Subjektivität (Hua VI, 190 f).

Die „in der Menschheit objektivierte[n] Subjektivität" ist eine transzendentale und bedeutet Realität, Objektivität und Wissenschaftlichkeit zugleich.[43] Die Rückbindung an das Subjekt ist notwendig, hinreichend, existentiell und zugleich konstituierend, evident und „objektiv". Der phänomenale, intentionale Akt ist die Veräußerung (Objektivierung) des Subjekts und damit Gegenstand der Wissenschaft. Husserl fand damit nicht nur einen neuen und einzigartigen Zugang zur Realismusproblematik, sondern hat die Dichotomie von Subjekt und Objekt überwunden, denn not-

43 Ihr Grund, man kann es immer nur wiederholen, ist das apodiktische *Ich* oder *ego* und damit – phänomenologisch gesehen – das *Subjekt* im intentionalen Akt der Bewusstwerdung von Welt als Seiendem.

wendigerweise korreliert Welt als Seiendes im intentionalen Akt (als Phänomen) für das erkennende *ego* (als cogito).

4.15. Gemeinschaft der Wissenschaftler als Menschen

In diesem Zusammenhang weist Husserl auf die Gemeinschaft der Wissenschaftler als Menschen hin. Wenn die Phänomenologie den Menschen als transzendentales Subjekt begreift und damit die Menschen zu Phänomenen werden lässt, so sind *alle* Menschen in einer solchen Sichtweise mit eingeschlossen.[44]

> Ich bin nicht ein Ich, das immer noch sein Du und sein Wir und seine Allgemeinschaft von Mitsubjekten in natürlicher Geltung hat. Die ganze Menschheit und die ganze Scheidung und Ordnung der Personalpronomina ist in meiner Epoché zum Phänomen geworden, mitsamt dem Vorzug des Ich-Mensch unter anderen Menschen (Hua VI, 185 f).

Grundsätzlich ist das *Du* im Ich als „transzendentales Ich" zum *Ich* geworden. Diese bemerkenswerte Folgerung impliziert die Möglichkeit der Erkenntnis des Anderen ebenso wie die Verbundenheit mit dem Anderen. In dem Sinne ist Husserls Auffassung, dass die Menschheit „in meiner Epoché zum Phänomen geworden" sei (Hua VI, 185), in seiner Tragweite rätselhaft und kann erst im medialen Miteinander der gemeinsamen All-Matrix vollends begriffen werden.

44 „Ich bin nicht *ein* Ich, das immer noch sein Du und sein Wir und seine Allgemeinschaft von Mitsubjekten in natürlicher Geltung hat. Die ganze Menschheit und die ganze Scheidung und Ordnung der Personalpronomina ist in meiner Epoché zum Phänomen geworden, mitsamt dem Vorzug des Ich-Mensch unter anderen Menschen. [...] ich bin es, ich, der Epoché-Übende, ich, der die Welt, die mir jetzt nach Sein und Sosein geltende Welt, mit allen ihren Menschen, deren ich so völlig gewiß bin, als Phänomen befrage; also ich, der ich über allem natürlichen Dasein, das für mich Sinn hat, stehe und der Ichpol bin des jeweils transzendentalen Lebens, worin zunächst Welt rein als Welt für mich Sinn hat: Ich, der ich, in voller Konkretion genommen, all das umfasse" (Hua VI, 188).

Hier geht nicht mehr um ein Ich und ein Du, sondern um ein Meta-Ich, das alle Iche enthält. Die Intersubjektivität wird durch die transzendentale Perspektive erreicht, genauer, „in der ich wiederum auftrete, aber nun als ‚ein' transzendentales Ich unter den Anderen, und dabei ‚wir alle' als transzendental-fungierende" (Hua VI, 185). Das *Wir* wäre also die Ansammlung der in der phänomenalen Welt (Lebenswelt) sich begreifenden *Iche*.[45]

4.16. All-Verbundenheit

Solche Gedankengänge greift Husserl gegen Ende der Schrift noch einmal auf und präzisiert sie:

> In der Zeit, in der ich transzendentaler oder reiner Phänomenologe bin, bin ich ausschließlich im transzendentalen Selbstbewußtsein und bin ausschließlich als transzendentales ego nach allem darin intentional Implizierten mein Thema. Hier gibt es nichts von Objektivität schlechthin, hier gibt es Objektivität, Dinge, Welt und Weltwissenschaften (also alle positiven Wissenschaften und Philosophien inbegriffen) nur als meine, des transzendentalen ego Phänomene. Alle Seinsgeltungen, die ich vollziehen darf und vollziehen will als transzendentaler Forscher, beziehen sich auf mich selbst, aber eben damit auch auf die unter meinen originalen Intentionalitäten auftretenden wirklichen und möglichen „Einfühlungen", Fremdwahrnehmungen. „Die Anderen" werden vermöge der Reduktion aus für mich seienden Menschen zu für mich seienden alter-ego's, mit dem Seinssinn von intentionalen Implikaten meines originalen intentionalen Lebens. Es gilt dann auch umgekehrt: ich bin in ihnen mit all meinem originalen Leben, und sie ebenso alle ineinander, impliziert. Was ich da wissenschaftlich sage, sage ich von mir und

45 „Aber wenn ich an mir und *meinem* Weltbewußtsein die reduzierende Epoché übe, sind damit auch die anderen Menschen – wie die Welt überhaupt – der Epoché verfallen, also für mich nur intentionale Phänomene" (Hua VI, 260).

> zu mir, aber damit paradoxerweise auch zu allen Anderen, als in mir und ineinander transzendental implizierten (Hua VI, 261 f).

Es geht nicht darum, im Subjekt etwas zu finden, das sich objektiv fassen ließe; es geht auch nicht darum, von einer Inflation oder Aufblähung des Ich im psychologischen Sinne zu sprechen, sondern es geht allein um die durch die transzendentale Reduktion sich erweisende Schlussfolgerung, dass Ich und der Andere sich „transzendental implizierten“ (Hua VI, 261).

Die Notwendigkeit einer solchen Folgerung beruht auf dem Umstand der Kommunikation, ohne die weder Verständigung noch Wissenschaft möglich wäre. Die zwingend notwendige Herleitung der Verbundenheit mit allen anderen Menschen durch transzendentale Reduktion und Epoché besagt, dass eine geahnte All-Verbundenheit phänomenologische Realität geworden ist. Edmund Husserls Nicht-Psychologisierung bereitet nicht den Boden für Spekulationen, sondern für Folgerungen. Trennung vollzieht sich (scheinbar) auf der Seite der Dingwelt, nicht aber in der Lebenswelt.[46] Es gibt Phänomene und Aspekte, die sich am Phänomen zeigen, aber beide sind in der Lebenswelt geborgen.

Eine weitere Folgerung Husserls ist, dass „die anderen Menschen – wie die Welt überhaupt – der Epoché verfallen, also für mich nur intentionale Phänomene“ sind oder werden (Hua VI, 260). Er schließt damit die Psychologie wieder ein, die im „apodiktischen ego“ sozusagen ihre Erfüllung findet, als „transzen-

46 „In der wirklich sich selbst verstehenden universalen Epoché zeigt es sich, daß es für die Seelen in ihrer Eigenwesentlichkeit überhaupt keine Trennung des Außereinander gibt. Was in der natürlich-mundanen Einstellung des Weltlebens vor der Epoché ein Außereinander ist, durch Lokalisation der Seelen an den Leibern, das verwandelt sich in der Epoché in ein reines intentionales Ineinander. Damit verwandelt sich die Welt, die schlicht seiende, und in ihr die seiende Natur, in das allgemeinschaftliche Phänomen ‚Welt‘, ‚Welt für alle wirklichen und möglichen Subjekte‘, von denen keines sich der intentionalen Implikation entziehen kann, der gemäß es in den Horizont eines jeden Subjekts vorweg hineingehört (Hua VI, 259).

dentale Psychologie". Das *apodiktische ego* ist damit jener gewonnene Grund, auf dem die Betrachtung der Phänomene als psychologische wie auch als Mit-Welt möglich wird, denn:

> Alle Seelen bilden eine einzige durch die Phänomenologie systematisch zu entfaltende Einheit der Intentionalität in wechselseitiger Implikation der Lebensströme der einzelnen Subjekte; was in der naiven Positivität oder Objektivität ein Außereinander ist, ist von Innen gesehen ein intentionales Ineinander (Hua VI, 260).

Damit wird Psychologie in die phänomenologische Art der Betrachtung einbezogen: „Psychologie in sich selbst ist identisch mit Transzendentalphilosophie als Wissenschaft von der transzendentalen Subjektivität" (Hua VI, 261 f). Psychologie verliert ihr psychologisierendes und Objektivität erheischendes Moment und gewinnt die (reine) wissenschaftliche Perspektive durch den Vorgang der transzendentalen Reduktion.[47]

4.17. Zusammenfassung

Die von Husserl diagnostizierte *Krisis* der Wissenschaft ist Ausdruck einer einseitigen Orientierung an den objektiven Wissenschaften wie Mathematik oder Physik sowie den „positiven Geisteswissenschaften". Ihr gemeinsames Merkmal ist die Ausklammerung des seins- oder lebensweltlichen Grundes. Husserls Philosophie, die sich durchgängig synchron orientierte, wird in seinem Werk *Krisis* um die Dimension Geschichte als Hinwendung zur geschichtlichen Lebenswelt als vor-wissenschaftlicher Geltungsbereich und Fundament der Phänomene erweitert.

Wie bereits erwähnt, verlegt Husserl den Ursprung der Krise in die Renaissance. Damals wurde die philosophische Daseinsform der theoretischen Philosophie, die sich auf eine universale Welt- und Menschenerkenntnis in absoluter Vorurteilslosigkeit

47 Vgl. dazu Hua VI, 261 f.

bezog, aufgegeben. Das antike Ideal einer universellen Wissenschaft des absoluten Wissens – ein Ideal, das Husserl vertritt –, mit dem die Probleme der Zeitlichkeit und der Ewigkeit zu lösen sein sollen, tritt in den Hintergrund. Die von den Griechen weitervererbte philosophisch-teleologische Vernunft wird aufgegeben. Die Folge ist ein einseitiger Positivismus, der letzte (absolute) Fragen nach dem Sinn des Seins und nach der Einheit des Seins als metaphysisch ausklammert und sich allein auf (vermeintliche) Tatsachenprobleme beschränkt.

Bezugnehmend auf Descartes' Wissenschafts-Konzept wird Sein rationalisiert und als vollständig beherrschbar ausgewiesen. Die Welt wird in ihrem An-sich-Sein als völlig zugänglich dargestellt. Die Natur und die Ideen Platons verschmelzen zur mathematischen Beherrschbarkeit, womit die Ideenwelt hinfällig wird.

Die Mathematisierung der Welt misst der „Lebenswelt" ein „mathematisches Kleid" an und Welt oder Natur werden durch Symbole vertreten, ein Prozess, der bei Galileo beginnt. Der Bezug zur Anschauung geht ebenso verloren wie die Reflexion über Ursprung und philosophischen Sinn der gebrauchten Methodologie. Versuche, eine technisierte Wissenschaftswelt auf ein Sinnesfundament zu stellen, wird als metaphysisch abgelehnt.

Der Dualismus von Körper- und Geisteswelt ist für die fortschreitende Spezialisierung der Wissenschaften verantwortlich, die bei Hume in Skeptizismus umschlägt. Kants Versuch der Abwendung vom Objektivismus und Hinwendung zum transzendentalen Subjektivismus stellt jedoch keine Lösungsmöglichkeit dar, weil Kant die „Lebenswelt" als subjektives Gebilde versteht und deren „objektiven" Grund, den der transzendentale Subjektivismus birgt, missversteht.

Nach Husserl unterliegt objektive Wissenschaft einem erkennenden, bewusstseinsfähigen Subjekt. Wissenschaftler sind Menschen, Menschen einer Gemeinschaft konkreter Menschen in einer konkreten Lebenswelt. Husserl setzt bewusst einen naiven Rückgang zum Leben und zum Konzept der Lebenswelt gegen wissenschaftliche Eindimensionalität. Lebenswelt ist nicht nur vorwissenschaftlich, sondern auch subjektiv orientiert.[48] Die Subjektivität ist für Husserl *das* Fundament *jeder* transzendentalen Betrachtung, die in der natürlichen Lebenswelt verankert ist.

Die phänomenologische Frage nach dem Subjekt führt zu einer Doppelung: Subjekte, die intentionale Objekte konstituieren und gleichzeitig Subjekte als Objekte in der Welt. Folglich liegt dem Ich als Ich-Pol ein „Ur-Ich" als transzendentales Ich zugrunde.

> Dieser intersubjektive Ich-Pol ist die letzte Instanz aller Erklärung und enthält nichts Menschliches mehr, das ja in all seinen Formen wieder Phänomen dieses Pols wäre. Transzendentale Konstitution ist letztlich Leben eines absoluten Ich. Hinter das ego als transzendentalen Ich-Pol zurückfragen zu wollen, nennt Husserl einen Unsinn. Denn echtes Erklären bedeutet, etwas transzendental verständlich zu machen. Deshalb ist Phänomenologie kein Cartesianismus: Husserl geht über Descartes, der alles im ego cogito nur absichern und aus dem ego deduzieren wollte, weit hinaus. Er will nicht nur Objektivität sichern, sondern diese verstehen. Das letzte Verständnis glaubt er im Ur-Ich gefunden zu haben, das als intersubjektives allen Seinssinn als Korrelationsverhältnis verstehen läßt. Die Welt erscheint als Universum subjektiven Seinssinns (Wuchterl, 62).

Die Tatsachenwelt als Ding-, Subjekt- und Objektwelt mutiert durch die Methode der transzendentalen Reduktion und der Epoché zur Lebenswelt. Das Subjekt wird als transzendentales Sub-

48 „Dieses Subjektive ist nicht Gegenstand der Psychologie, die stets *objektive* Wissenschaft vom Subjektiven sein will. Aber es besteht ein Unterschied zwischen Objektivität und lebensweltlicher Subjektivität; erstere ist eine prinzipiell unanschauliche logische Substruktion, letztere dagegen ein Universum prinzipieller Anschaubarkeit, ein Reich ursprünglicher Evidenz. In diesem Sinne ist das Objektive nie als es selbst erfahrbar. Die objektiven Wissenschaften erweisen sich als eine besondere Praxis in der Lebenswelt und beziehen sich deshalb trotz aller Idealität auf menschliche und subjektive Gebilde. Ihr Wissen gründet in der Evidenz der Lebenswelt. Wissenschaftler sind konkrete Menschen einer konkreten Lebenswelt." (Wuchterl, 61).

jekt zum *ego cogito*, auf das die in der Lebenswelt sich befindlichen Phänomene bezogen sind.

Eine hinter die Wahrnehmung zurückgehende Erkenntnisleistung ist ebenso wenig notwendig wie die Annahme, dass sich hinter, neben oder unter den Phänomenen weitere Phänomene befinden. Viel eher werden durch Epoché oder/und Einklammerung jene Bereiche des Phänomenalen freigelegt, die vorher nicht erkannt und apperzipiert wurden. Diesem Bereich eine Existenz außerhalb zuzuschreiben würde bedeuten, eine Lebenswelt hinter der Lebenswelt anzunehmen. Vielmehr ist alles, was geborgen wurde und sich noch *ent*-bergen lässt, Teil der einen Lebenswelt, also Teil der Welt der Phänomene.

Der wissenschaftliche Anspruch besteht in einer strengen methodischen Anwendung mit genau erkennbarer Erkenntnisleistung unter Berücksichtigung der Bezogenheit auf das Phänomenale als Trägersubstanz. Anders gesagt: das Phänomen wird mittels Phänomenologie erfassbar und seine Facetten als Facetten erkennbar. Husserl schreibt:

> Die Phänomenologie befreit uns vom alten objektivistischen Ideal des wissenschaftlichen Systems, der theoretischen Form der mathematischen Naturwissenschaft, und befreit uns danach von der Idee einer Ontologie der Seele, die eine Analogie sein könnte der Physik. Nur die Blindheit für das Transzendentale, wie es allein durch phänomenologische Reduktion erfahrbar und erkennbar ist, macht das Wiederaufleben des Physikalismus in unserer Zeit möglich [...] (Hua VI, 268 f).

Ein weiterer Hinweis Husserls auf ein sich auf ein „objektivistisches Ideal" berufendes „wissenschaftliches System", das er im „Physikalismus" ausgeführt sieht und das sich auf einen positivistischen, die ontologischen Fragen nicht berührenden Szientismus verständigt hat.

Man mag den Anspruch auf Sinn naiv nennen und den dafür vorgebrachten Einwand der Nichtzuständigkeit von Wissenschaft zur Kenntnis nehmen, aber es bleibt der Fragenkomplex nach dem Seienden bestehen – Heidegger greift die Frage auf, indem er nach dem Sein fragt –, gleichgültig ob ich ihn ignoriere oder nicht. Dass Husserl das Transzendentale herausarbeitet, das sich im „apodiktischen Ich“ verwirklicht und in einer Phänomen-Welt – Erlebniswelt – manifestiert, mag auf den ersten Blick verwundern, weil eine solch übergroße Bedeutung des Ich beinahe ungehörig erscheint in Angesicht der es umgebenden Objektivität.

Aber durch die Exaktheit der phänomenologischen Methodik erhält jenes Ich seine objektive und intersubjektive Qualität und damit wird es zu dem Ideal, das ein zutiefst wissenschaftliches ist. Erst im Status Phänomen wird Welterkenntnis für Husserl möglich. Hinter diesen Anspruch gibt es kein zurück. Die Reduzierung auf eine Dingwelt widerlegt er durch den Verweis auf die Lebenswelt. Die Psychologisierung entschärft er, indem er das Transzendentale der Psychologie einverleibt und die Objektivierung entbirgt er durch Epoché.

Die Schrift Husserls, die im Jahre seines Todes nurmehr als Fragment vorlag, behandelt nicht nur die Frage nach Betrachter und Welt, nach Beobachter und Beobachtetem, nach Subjekt und Objekt, sondern gibt auch Lösungsansätze, deren Folgerungen immer noch nicht ausgeschöpft sind.[49]

Es würde zu weit führen, eine grundsätzliche Kritik an Wissenschaft vorzubringen, dafür ist *die* Wissenschaft zu komplex und vielschichtig geworden, aber es konnte gezeigt werden, dass sobald man sich auf eine neo-positivistische, deskriptive oder historisierend-szientistische Methodologie beruft, man sich mit Husserls Argumenten auseinandersetzen muss. Gemessen an der

49 Nehmen wir den Gang der Physikalisierung von Welt und ihrer philosophischen Durchdringung ernst, so sind wir den aus der Relativitätstheorie sich ergebenden Erkenntnissen und Ableitungen ebenso verpflichtet wie dem Unvollständigkeitstheorem Kurt Gödels oder der Heisenbergschen Unschärferelation. So ist es heute schwer einzusehen, warum man erkenntnistheoretisch hinter die 2. Kopenhagener Deutung zurückfallen muss, nur um (wieder) einem positivistisch objektiviertem Wissenschaftsideal anzuhängen bzw. dieses zu vertreten. Selbst wenn man jene Deutung der Klammerung von Subjekt und Objekt als zu hypothetisch ablehnen mag, bleibt doch die Frage nach dem Subjekt in der wissenschaftlichen Forschung.

Komplexität der „Lebenswelt“ und ihren substantiellen Fragen bleiben die eben genannten Methoden eher unbefriedigend. Unzulänglich bleibt eine objektivierende Wissenschaft nicht nur ihrem Sujet, sondern auch den sich ihr bietenden Möglichkeiten gegenüber. Eine freiwillige Selbstbeschränkung mutet hier eigenartig plump an.

Ein Wissenschaftsideal das per definitionem auf Absolutheit und Vollständigkeit abzielen muss, welches aber *allein* und *einseitig* operiert und objektiviert, ignoriert mehr oder weniger bewusst die sich aus der Wissenschaftsphilosophie ergebenden Möglichkeiten und setzt sich gleichzeitig der vorgetragenen Kritik der *Krisis*-Schrift aus. Eine solche Kritik bleibt auch 70 Jahre später bestehen, weil „Wissenschaft“ seitdem keine signifikanten Forschritte in der Beantwortung lebensweltlicher Fragen als evidente Produkte objektiver Forschung in Hinblick auf ihre Intersubjektivität und in Hinblick auf ihre Seinsrelevanz gemacht hat.

Trotz alledem ist ein Weiteres deutlich geworden und zwar der Hinweis auf die Lebenswelt als Urgrund menschlicher und weltlicher Verständigung. Lebenswelt ist Medium und Basis; eine intersubjektive Plattform von Kommunikation und Kommunion. Ein Umstand, der uns noch beschäftigen wird.

5. Das Subjekt in der objektiven Wissenschaft

> Objektiv redet man beständig nur von der Sache, subjektiv redet man vom Subjekt und der Subjektivität: und siehe da, gerade die Subjektivität ist die Sache. Es muß beständig festgehalten werden, daß das subjektive Problem nicht etwas ist, was zur Sache gehört, sondern die Sache ist die Subjektivität selbst.
>
> Sören Kierkegaard, *Philosophische Brosamen*

In dem Sinne wie eine Welt der Dinge, Objekte und Menschen vorausgesetzt wird, wird eine metaphysische Grundlage geschaffen, die auf der Annahme eines So-ist-es beruht. Das Nichtinfragestellen der objektiven Grundlage ist gerade der offenbare Hinweis auf deren metaphysische Bezogenheit, eine Bezogenheit, die weder reflektiert noch transparent gemacht wird, ja nicht einmal erkannt wird. Die unmittelbar vorausgesetzte Bezogenheit auf ein *Da* oder *Dort* ist bereits metaphysisch. Eine solche wissenschaftliche Auffassung entspricht nicht dem eigenen erhobenen Anspruch.

Beispielsweise sind für den Historismus die Geschichte, für den Naturalismus die Natur bzw. natürlich ablaufende Prozesse, für den Positivismus die Tatsachen und für einen Objektivismus die Objekte als gegenüber der Erkenntnis gegeben. Aber damit unterliegen diese Disziplinen der Vorannahme eines Gegebenen, auf das sie sich beziehen ohne es zu „kennen“. Der sich daraus ergebende, unbefriedigende Subjekt-Objekt-Dualismus führt zu jenem ontologischen Riss oder jener ontologischen Differenz, die die heutige Weltbetrachtung prägt, was ein Hinweis auf eine transzendente Vorannahme ist. Die „positiven“ Wissenschaften ignorieren gerade durch eine solche Setzung eines Gegenübers die eigene metaphysische Grundlage, reflektieren sie aber gleichzeitig bei anderen Erkenntnisauffassungen.

Die als gegeben hingenommene Unterscheidung zwischen Subjekt und Objekt sowie die wie selbstverständlich für richtig angenommene Folgerung einer „Objektivität", die sich als Eigenschaft eines Objekts der Erkenntnis begreift – als objektive Erkenntnis also –, stellt Husserl radikal infrage. Ein solch ideales Objekt kann für ihn nicht Gegenstand der Erkenntnis sein, weil es – und das ist das Entscheidende – nicht ohne Subjekt und nur in Bezug auf das erkennende Subjekt aufgefasst werden kann. Eine Trennung zu erkenntnistheoretischen Zwecken ist für ihn nicht möglich.

Husserl hinterfragt grundsätzlich die Subjekt-Objekt-Beziehung. Ausgehend von Überlegungen, die sich an Protagoras, Gorgias und David Hume anschließen, kommt er zu einer Subjektphilosophie, die im transzendentalen Subjekt kulminiert und damit zur transzendentalen Subjektivität als Ort des phänomenalen Bewusstseins.

5.1. Voraussetzung

Ist für eine objektive Wissenschaft die Welt als solche naiv vorgegeben und wird weder hinterfragt noch in Frage gestellt, so verfährt Husserl anders, indem er die Voraussetzung einer Welt, die natürlicher und objektiver Boden eines gerichteten Erkennens sein soll, hinterfragt. Damit unterscheidet er auch nicht mehr zwischen Subjekt und Objekt oder Physischem und Psychischem:

> Mit dem aus dem natürlichen Denken stammenden, vermeintlich so selbstverständlichen Gedanken, daß alles Gegebene entweder Physisches oder Psychisches ist, muß man eben brechen ... (Hua XXIV, 242).

Das Objekt wird zum phänomenologischen, intentionalen Akt des Bewusstseins. Das Bewusstsein ist aber kein psychologisiertes Bewusstsein, sondern das einer transzendentalen Subjektivität.[1]

1 „Als dergleichen Wesenslehre, die ausschließlich bezogen ist auf wesensmäßige Strukturen des erkennenden Bewußtseins und a

Diese wiederum ist nicht subjektivistisch, sondern mittels „Epoché“ oder „phänomenologischer Reduktion“[2] „objektiv“ im Sinne strenger Wissenschaftlichkeit.

Die bewusste und kontinuierliche Rücknahme einer auf Empirie bedachten Wahrnehmung führt durch die phänomenologische Methode dazu, „das empirisch-objektive Gewand abzuziehen, ... das ich mir immer wieder in einem – während des naiven Erfahrungslebens unbeachtet bleibenden – habituellen Apperzipieren angestalte“ (Hua VIII, 78). Bewusstsein ist dabei transzendental und nicht psychologisch; es ist nicht relativ, sondern „absolut“[3].

---

fortiori auf das Wesen jener intentionalen Korrelation von Gegebenheitsweisen und Bewußtseinsweisen, wird die Phänomenologie, als so verstandene reine Phänomenologie, auch hinreichend deutlich absetzbar von aller Psychologie. Denn mochte auch diese zwar sich der Phänomene des Bewußtseins deskriptiv annehmen, so konnte deren Ziel doch lediglich in Klassifizierung und Typisierung real vorkommender Bewußtseinsvorkommnisse, allenfalls in ihren kausalen Bedingtheiten und Verknüpfungen, bestehen. Reine Phänomenologie dagegen erstrebte zugleich weniger und mehr: weniger, indem sie nichts sein wollte als rein eidetische Beschreibung in getreuer Anmessung an ihre Sachen, nämlich die Wesensstrukturen erkennenden Bewußtseins; mehr jedoch, indem sie als rein eidetische Phänomenologie nicht das mindeste über Sein, Dasein, Realität präjudizierte, auch keine empirische Psychologie voraussetzte, sondern im Gegenteil auch deren eigene Voraussetzungen allererst noch zu klären anstrebte“ (Ströker, *Register*, 19).

2 „Was Husserl phänomenologische oder transzendentale Reduktion nennt, bildet also in seinen Augen ganz allgemein die unerläßliche Methode, die der Philosophierende für sich vollziehen muß, um die reine oder transzendentale Subjektivität, d. i. die der Phänomenologie als ‚Grundwissenschaft der Philosophie‘ eigene Forschungsdomäne, zu gewinnen“ (Bernet et. al., 59).

3 Vgl. dazu: „Als dergleichen Wesenslehre, die ausschließlich bezogen ist auf wesensmäßige Strukturen des erkennenden Bewußtseins und a fortiori auf das Wesen jener intentionalen Korrelation von Gegebenheitsweisen und Bewußtseinsweisen, wird die Phänomenologie, als so verstandene reine Phänomenologie, auch hinreichend deutlich absetzbar von aller Psychologie. Denn mochte auch diese zwar sich der Phänomene des Bewußtseins deskriptiv annehmen, so konnte deren Ziel doch lediglich in Klassifizierung und Typisierung real vorkommender Bewußtseinsvorkommnisse, allenfalls in ihren kausalen Bedingtheiten und Verknüpfungen, bestehen. Reine Phänomenologie dagegen erstrebte zugleich weniger und mehr: weniger, indem sie nichts sein wollte als rein eidetische Beschreibung in getreuer Anmessung an ihre Sachen, nämlich die Wesensstrukturen erkennenden Bewußtseins; mehr jedoch, indem sie als rein eideti-

Mittels „phänomenologischer Reduktion“[4] erreicht Husserl einen neuen erkenntnistheoretischen Zugang zur Wirklichkeit, der durch und durch wissenschaftlich ist: „Husserls ganzes philosophisches Werk bewegt sich im magnetischen Feld des Begriffs der Wissenschaft“ (Bernet et. al., 11). Und weiter heißt es:

> Schuf die phänomenologische Reduktion den Zugang zu den „Phänomenen“ wirklicher und dann auch möglicher innerer Erfahrung, so verschafft die in ihr fundierte Methode der „eidetischen Reduktion“ den Zugang zu den invarianten Wesensgestalten der rein seelischen Gesamtsphäre (Husserl, *Encyclopaedia Britannica*, 204).

Husserls Ziel, über das Wesen (Eidos) hin zum Phänomen die Phänomenologie als Wissenschaft zu etablieren mit einem klaren, intersubjektiven, kommunizierbaren und falsifizierbaren methodologischen Zugang zur Welt als Seiendes, führte zur Phänomenologie als „objektive Wissenschaft“[5].

5.2. Encyclopaedia Britannica

Die Einbeziehung von historischen Aspekten – auch und gerade in der Auseinandersetzung mit Wilhelm Dilthey – führt Husserl

---

sche Phänomenologie nicht das mindeste über Sein, Dasein, Realität präjudizierte, auch keine empirische Psychologie voraussetzte, sondern im Gegenteil auch deren eigene Voraussetzungen allererst noch zu klären anstrebte“ (Ströker, Register, 19).

4 „Der entscheidende Gedanke für die phänomenologische Reduktion beruht nun darauf, daß es über die in den Logischen Untersuchungen geleistete reflektive Blickwendung auf die Bewußtseinsakte als solche hinaus einer methodisch reinen Fassung des in der Reflexion zum Gegenstand der Forschung gemachten Bewußtseins selbst bedurfte“ (Bernet et. al, 59).

5 Wesentlich ist, dass die Aussage aus den *Logischen Untersuchungen* nach wie vor gültig ist: „Soll die Besinnung auf den Sinn der Erkenntnis kein bloßes Meinen ergeben, sondern, was hier strenge Forderung ist, einsichtiges Wissen, so muß es sich als reine Wesensintuition auf dem exemplarischen Grunde gegebener Denk- und Erkenntniserlebnisse vollziehen“ (Hua XVIII, 25).

ab den späten 20er-Jahren zu einer thematisierbaren historischen Einordenbarkeit der Phänomenologie in Bezug auf Vorbilder und Vordenker wie Descartes, Hume und Kant. Husserl thematisiert dies in seinem Artikel für die *Encyclopaedia Britannica* so:

> Die phänomenologische Philosophie sieht sich in ihrer ganzen Methode als reine Auswirkung der methodischen Intentionen an, die schon die griechische Philosophie seit ihren Anfängen bewegen; vor allem aber der noch lebendigen Intentionen, die von Descartes in den beiden Linien des Rationalismus und Empirismus über Kant und den deutschen Idealismus in unsere verworrene Gegenwart hineinreichen. Reine Auswirkung methodischer Intentionen besagt wirkliche Methode, die die Probleme in die Bahnen konkret handanlegender und erledigender Arbeit bringt. Diese Bahn ist in der Weise echter Wissenschaft eine unendliche. Demnach fordert die Phänomenologie vom Phänomenologen, für sich dem Ideal eines philosophischen Systems zu entsagen und doch als bescheidener Arbeiter in Gemeinschaft mit anderen für eine philosophia perennis zu leben (Husserl, *Encyclopaedia Britannica*, 269 ff).

Bemerkenswert ist hier der Gedanke der *philosophia perennis*, der Husserl und die Phänomenologie in eine philosophische Kette einbindet, deren Limescharakter sich zwar ins Unendliche verschiebt, deren Gemeinschaftsaspekt aber hervorzuheben ist. Zeichnet es doch gerade Phänomenologie als Methode aus, eine Gemeinschaft der Phänomenologen zu bilden, aber jeder dieser Gemeinschaft Angehörende bildet einen eigenständigen phänomenologischen Bereich, sprich: eine eigene Persönlichkeit. Zu verwunderlich wäre es sonst, würde der Großteil der eingangs erwähnten, sich durchaus kontrovers verhaltenden Philosophen und Philosophien, sich nicht weitestgehend unter dem Mantel der Phänomenologie geborgen wissen.

5.3. Subjektphilosophie

Husserls Interesse am Wissenschaftsaspekt verschiebt sich im Laufe seiner Werke ebenfalls von einer philosophisch abstrakten, der Logik und der Mathematik sich verpflichteten Theorie hin zu einer auf Erfahrung und Lebenspraxis basierenden Theoriebildung. Grundlage ist jedoch immer das Festhalten am Programm einer universalen Wissenschaft der Phänomenologie.

Idealerweise ist es das reine Bewusstsein, das den Grund der Welt freigibt und es kommt darauf an, eine solche Haltung der Wissenschaftseinstellung statt einer objektivierten zu bewahren. Deshalb ist es auch das „Wie“ des Bewusstseinsaktes des erkennenden Subjekts, das „Objektivität“ garantiert. Eine Objektorientierung in einem naiven erkenntnistheoretischen Sinne ist überwunden. Das ist das grundsätzlich und radikal Neue an Husserls Methode, die zu einer Verschiebung hin zur transzendentalen Seite der Weltbetrachtung als *objektiver* intentionaler Akt führt und damit, „daß der durch die phänomenologische Reduktion freigelegte transzendentale Boden der spezifisch philosophische Erfahrungsboden ist“[6]. In dem Sinne ist Husserl „Subjektphilosoph“. Er schreibt in *Ideen I*:

> Der tiefste Sinn der neuzeitlichen Philosophie ist der, daß ihr innerlich die Aufgabe zugewachsen ist, deren Triebkraft, sei es auch ungeklärt, sie immerfort in Bewegung setzt: nämlich, den radikalen Subjektivismus der skeptischen Tradition in einem höheren Sinn wahrzumachen (Hua VII, S. 61).

Der „radikale Subjektivismus“ wird auf dem bereits bekannten Wege der „phänomenologischen Reduktion“[7] erreicht, der in einen „transzendentalen Subjektivismus“ mündet. Letztlich führt dieser zur reinen „Wesensschau“ und begründet sich als solche.

---

6 Vgl. Hua V, *Nachwort zu meinen Ideen*, 147 f.

7 Es darf nicht vergessen werden, dass „phänomenologische Reduktion“, „eidetische Reduktion“ oder auch „Epoché“ ähnlich verwandt werden und sich ähnlich methodisch auswirken.

5.4. Bewusstsein und Sein

Husserl macht eine grundsätzliche Übereinstimmung zwischen Bewusstsein und Sein, zwischen Idee und Realität aus. Er erkennt, „daß alle möglichen apriorischen Disziplinen eine zusammenhängende ‚universitas', in der Vielheit eine innerste Einheit bilden, dass sie in einer apriorischen Urquellenwissenschaft alles möglichen Bewusstseins und Seins zusammenhängen – in einer ‚transzendentalen Phänomenologie', als deren wesensnotwendige Verzweigungen sie behandelt werden müssen" (Ms. K VI 4, 7 f). Das intentionale Bewusstsein führt zu der Annahme eines Zusammenhangs in der Erforschung des Wesens des Seins durch die „Eidetik des Bewusstseins".[8] Es ist der erfahrene Akt im Bewusstsein, der das Gegenständliche vergegenständlicht.

> Mit dieser Rückbeziehung aller wirklichen und möglichen Gegenständlichkeiten auf die entsprechenden erfahrenden Akte des Bewußtseins, auf das subjektive, *konstitutive Apriori* des Bewußtseins überhaupt, ist das Zentralthema der Husserlschen reinen Phänomenologie als Eidetik des Bewußtseins erreicht (Bernet et. al., 81).

Die Irritation, die Wesen oder Wesensschau oder eidetische Reduktion auslösen, wird dadurch entkräftigt, dass mit *Wesen* dasjenige gemeint ist, was sich als Phänomen im intentionalen Akt erfahren lässt und sich damit als transzendental Erfahrenes zeigt und bewusstseinsmäßig erfasst werden kann.[9] In *Krisis* schreibt

8 Ms. F IV 1, 62 a. Vergleiche dazu: „Das spezifisch Phänomenologische besteht in der Wesenserwägung, welche uns in das intentional allumspannende Bewußtsein hineinversetzt, welche also alles, was eidetische Betrachtung ergibt, in Beziehung setzt zum eidetischen Wesen des Bewußseins, in dem sich ... alles Sein ‚konstituiert'" (Hua V, 133).

9 Vgl. dazu: „Als Wesenswissenschaft vom Bewußtsein bildet die reine Phänomenologie in Husserls Augen auch die der empirischen Psychologie als eine Tatsachenwissenschaft vom Bewußtsein entsprechende rationale Disziplin, indem sie das in der Psychologie studierte Faktum des psychischen Lebens, des individuellen wie des verge-

Husserl: „Das Faktum ist hier als das seines Wesens und nur durch sein Wesen bestimmbar und in keiner Weise in analogem Sinne wie in der Objektivität durch eine induktive Empirie empirisch zu dokumentieren“ (Hua VI, 182). Er stellt fest, dass das induktive Vorgehen einer empirischen Methode, das sich auf Fakten und Objektives richtet, nicht das erreichen kann, was es beabsichtigt. Ein solches Vorgehen bleibt in der vermeintlichen Objektausrichtung gefangen, indem es die objektive Welt voraussetzt, die es dann selber wieder erforscht. Und trotzdem die Mathematik ein idealer Fall für die wesensphilosophische Betrachtung zu sein scheint, differenziert hier Husserl, der selber Mathematiker war, ehe er zur Philosophie wechselte. Für ihn ist es letztlich nicht der Wille oder die eigene Kreativität, die mathematische Gesetze schafft oder konstruiert oder formt, sondern sie liegen wesensmäßig dem Sein zugrunde und werden deshalb „entdeckt“. Die Kreativität – auch die eines Mathematikers – ist also eine nachgerichtete.

5.5. Daseiende Welt

Es muss grundsätzlich betont werden, dass trotz aller Kritik, um die es in der erkennenden Beziehung des Subjekts geht, der Aspekt der „Objektivität“ nicht verloren geht.[10] Zusammenfassend

meinschafteten, aus Wesensgründen des möglichen Bewußtseins überhaupt aufzuklären, d. h. die Rationalität der notwendigen, apriorischen Bewußtseinsgesetzlichkeiten auf die faktischen Vorkommnisse zur Anwendung zu bringen ermöglicht“ (Bernet et. al., 83).

10 „Die „Objektivität büßt nichts dadurch ein, daß es in erkennender Beziehung zum Subjekt gerät“ (Ströker, 20). Und: „Die Phänomenologie weiß von Gegenständen – seien sie real oder ideal existent, seien sie fiktiv oder nichtexistent – grundsätzlich nicht anders, als dass sie im Bewusstsein vorgestellt, gemeinte oder, terminologisch deutlicher, vermeinte Gegenstände sind. Wenn aber solches Vermeinen ein deskriptiver Charakterzug in jedem intentionalen Erlebnis ist, so muß sich der Sinn des Vermeinens „rein auf Grund des Erlebnisses selbst klären und feststellen lassen; ja auf andere Weise wäre dergleichen nicht möglich“ (Hua XIX/1, 25). Dazu noch Ströker: „Gegenstand bedeutet bei ihm nichts anderes als dasjenige, was als Subjekt in wahren oder falschen Aussagen auftritt oder was einen möglichen Bestand an Prädikabilien hat“ (Ströker, 34).

deutlich drückt dies Husserl im Artikel für die *Encyclopaedia Britannica*, den er zusammen mit seinem damaligen Assistenten Martin Heidegger verfasste, so aus:

> Das erfahrene „Äußere“ gehört nicht zur intentionalen Innerlichkeit, obschon doch die Erfahrung selbst dazu gehört als Erfahrung vom Äußeren. [...] D. h. er [der Phänomenologe, w. f.] muß im Vollzug der phänomenologischen Reflexion jeden Mitvollzug der im unreflektierten Bewußtsein betätigten objektiven Setzungen inhibieren und damit jedes urteilsmäßige Hereinziehen der für ihn geradehin „daseienden“ Welt. Die jeweilige Erfahrung von diesem Haus, von diesem Leib, von einer Welt überhaupt ist und bleibt aber ihrem eigenen Wesensgehalt nach, also unabtrennbar, Erfahrung ‚von diesem Haus‘, diesem Leib, dieser Welt, und so für jederlei Bewußtseinsweise, die objektiv gerichtet ist. [...] Die universale Epoché hinsichtlich der bewußt werdenden Welt (ihre „Einklammerung“) schaltet aus dem phänomenologischen Feld die für das betreffende Subjekt schlechthin seiende Welt aus, aber an ihre Stelle tritt die so und so bewußte (wahrgenommene, erinnerte, beurteilte, gedachte, gewertete etc.) Welt ‚als solche‘, die ‚Welt in Klammern‘ oder, was dasselbe, es tritt an die Stelle der Welt bzw. des einzelnen Weltlichen schlechthin der jeweilige Bewußtseinssinn in seinen verschiedenen Modis (Wahrnehmungssinn, Erinnerungssinn usw.) [...]“ (Husserl, *Encyclopaedia Britannica*, 201 f.).

Im Zuge seiner Wesensphilosophie hinterfragt Husserl die Grundlage von Wissenschaft und kommt zu dem Ergebnis, dass diese auf einer Grundlage ruht, die sie weder erkennt noch, die ihr bewusst ist. Husserl gelingt dies mit seinem Begriff der „Lebenswelt“, der als Grundlage jeglicher Erfahrung fungiert.[11] Ihm geht es also um

11 Ausführlich dazu im Kapitel über die *Krisis*. Hier genügt es festzuhalten, dass Lebenswelt jenen Ungrund aller reflektorischen Möglichkeiten darstellt. Die Nähe zum Heideggerschen „Sein“ ist mehrfach diagnostiziert worden.

Erkenntnismöglichkeit im Sinne einer prinzipiellen Einheit von Wissenschaft:

> Das Ideal: Es gibt nur eine einzige echte Wissenschaft im höchsten Wortsinn, mag man sie nun Philosophie nennen oder universale Wissenschaft. Sonderwissenschaften, das wird es natürlich immer geben, mit besonderen Gebieten, besonderen Methoden, einer besonderen theoretischen Technik, besondere persönliche Begabung voraussetzend. [...] Aber alle Wissenschaften werden nun Organe, wenn auch wesentlich einheitliche, lebendige Zweige an dem einen Baum der universalen Wissenschaft sein (Bernet u. a., 200).

Der Dualismus Natur und Geist ist es, der als Gegensatzpaar unbefriedigend stehenbleibt, ehe er nicht als subjektive Bezogenheit der Erkenntnis bzw. der Subjektbezogenheit der Phänomenologie auf die „Lebenswelt" bezogen gesehen werden kann.[12] Die in der Krisis angesprochene Enthaltung des Urteils – Epoché – führt zur Lebenswelt als grundlegendes und vorgegebenes Sein. Und auch die Lebenswelt ist auf das erkennende Subjekt bezogen zu denken:

> Ist auch mein eigentliches Interesse, nach der transzendentalen Reduktion auf mein reines ego, seine, dieses faktischen ego, Enthüllung, so kann die Enthüllung zu einer echt wissenschaftlichen nur werden unter Rekurs auf die ihr, das ist dem ego als einem ego überhaupt, zugrundeliegenden apodiktischen Prinzipien, auf die Wesensallgemeinheiten und Notwendigkeiten, mittels deren das Faktum auf seine rationalen Gründe, auf die seiner reinen Möglichkeiten zurückbezogen und dadurch verwissenschaftlicht (logifiziert) wird. So geht

12 „Husserl entwirft nun die Idee, die subjektiv-relative Lebenswelt als solche zum Thema einer neuartigen Wissenschaft zu machen, nicht nur zur Aufklärung des Geltungsfundamentes der objektiven Wissenschaften, sondern zur Erkenntnis des Sinnes weltlichen Seins und *Wahrheit* überhaupt" (Bernet et. al., 206).

„an sich" die Wissenschaft der reinen Möglichkeiten derjenigen von den Wirklichkeiten vorher und macht sie als Wissenschaft überhaupt erst möglich (Hua I, 106).

Es wird deutlich, inwiefern es Husserl nicht um eine abstrakte Idee eines Wesens geht, oder einer subjektiv gestimmten und subjektbezogenen Wissenschaftlichkeit, die eine gewisse Beliebigkeit und solipsistische Bezogenheit aufweist, sondern um objektive Wissenschaft als Erfassung des Seienden.[13] Dass für Husserl die Phänomenologie als die grundlegende Wissenschaft anzusehen ist, spiegelt seinen Absolutheitsentwurf, den er zeitlebens verfolgte.[14]

---

13 „Die Phänomenologie als Wissenschaft von allen erdenklichen transzendentalen Phänomenen ... ist eo ipso apriorische Wissenschaft von allem erdenklichen Seienden; aber dann nicht bloß von dem All des objektiv Seienden und nun gar in einer Einstellung natürlicher Positivität, sondern in voller Konkretion von dem Seienden überhaupt, als wie es seinen Seinssinn und seine Geltung aus der korrelativen intentionalen Konstitution schöpft. Das befaßt auch das Sein der transzendentalen Subjektivität selbst, deren erweisbares Wesen es ist, transzendental in sich und für sich konstituierte zu sein" (Husserl, *Encyclopaedia Britannica*, 218). Vgl. dazu noch: „Die transzendentale Phänomenologie als Wissenschaft reiner Möglichkeiten ist, indem sie das in einer transzendentalen Subjektivität und darin konstituierten Intersubjektivität beschlossene Apriori entfaltet, aufgrund der Bezogenheit alles erdenklichen Seins auf die transzendentale Subjektivität und Intersubjektivität letztlich ‚universale Ontologie' als Lehre vom möglichen Sein" (Bernet et. al., 209).

14 „In der Phänomenologie haben alle vernünftigen Probleme ihre Stelle, also auch die traditionell sich als in irgend einem besonderen Sinn als philosophisch bezeichnenden; aus den absoluten Quellen transzendentaler Erfahrung bzw. eidetischer Anschauung erhalten sie erst in der Phänomenologie ihre echte Formulierung und die gangbaren Wege ihrer Lösung. In ihrer universalen Selbstbezogenheit erkennt die Phänomenologie ihre eigene Funktion in einem möglichen transzendentalen Menschheitsleben. Sie erkennt die aus ihm herauszuschauenden absoluten Normen, aber auch seine ursprüngliche teleologisch-tendenziöse Struktur in Richtung auf die Enthüllung dieser Normen und ihre praktische bewußte Auswirkung. Sie erkennt sich dann als Funktion der universalen Selbstbesinnung der (transzendentalen) Menschheit im Dienste einer universalen Vernunftpraxis, das ist im Dienste des durch die Enthüllung frei werdenden Strebens in Richtung auf die im Unendlichen liegende universale Idee absoluter Vollkommenheit oder, was dasselbe, in

Die Phänomenologie beruht grundsätzlich auf Intersubjektivität und zwar im Sinne einer „transzendentalen Intersubjektivität“. Eben dadurch wird der Subjektivismus zu der bereits mehrfach angeklungenen Voraussetzung einer „objektiven“ Erkenntnisart:

> Der Subjektivismus kann nur durch den universalsten und konsequentesten Subjektivismus (den transzendentalen) überwunden werden. In dieser Gestalt ist er zugleich Objektivismus, sofern er das Recht jedweder durch einstimmige Erfahrung auszuweisenden Objektivität vertritt, aber freilich auch ihren vollen und echten Sinn zur Geltung bringt, an dem sich der vermeinte realistische Objektivismus in seinem Unverständnis der transzendentalen Konstitution versündigt (Husserl, *Encyclopaedia Britannica*, 269).[15]

Im „objektiven An-sich der empirischen Theorie“ sind metaphysische Annahmen verborgen, die angesprochen und aufgezeigt werden müssen.[16] Husserl leugnet metaphysische Fragen nicht, denn Phänomenologie macht vor den „höchsten und letzten“ Fragen nicht Halt (Hua I, 182). In gewissem Sinne ist die transzendentale Phänomenologie durchaus metaphysisch eingestimmt, prüft aber gleichzeitig die eigenen metaphysischen Voraussetzungen sowie die von Wissenschaft und Weltbetrachtung (Hua XVIII, 26).

Die Möglichkeit der Erfassung von Etwas als Erkenntnis und Bedingung ist transzendental zu nennen. Im Rückgriff auf das apodiktische Ich wird die Welt im Bewusstsein transzendental. Als intentionaler Akt ist dies aufweisbar und erforschbar und im

---

Richtung auf die – im Unendlichen liegende – Idee einer Menschheit, die in der Tat und durchaus in Wahrheit und Echtheit sein und leben würde (Husserl, *Encyclopaedia Britannica*, 221).

15 Vgl. noch grundsätzlich: Husserl, *Encyclopaedia Britannica*, 269 ff.

16 Husserl „wies darauf hin, daß auch im objektiven An-sich der empirischen Theorie in seiner Verabsolutierung noch eine falsche Metaphysik steckt“ (Bernet et. al., 206).

Sinne einer transzendentalen Phänomenologie Gegenstand wissenschaftlicher Untersuchung.[17]

Es gibt also Grundannahmen, die als sinnvoll vorausgesetzt werden müssen und als Medium der Erkenntnis dienen wie Raum und Zeit oder Kausalität oder die begründete und unbedingte Annahme, es mit einer Außenwelt und mit Mitmenschen im Sinne von anderen zu tun zu haben. Dadurch, dass die Phänomenologie über ein solches Reflexionspotential verfügt, hebt sie sich deutlich als Wissenschaft von anderen Wissenschaftsdisziplinen ab. Der Rückgriff Husserls auf den Ursprung der Philosophie als rationale Wissenschaft kann damit zukunftsweisend sein.

Der programmatische Schlachtruf der Phänomenologie „zu den Sachen selbst“ muss als programmatische, unvoreingenommene Haltung aufgefasst werden, die Wirklichkeit phänomenal wahrzunehmen:

> Am Prinzip aller Prinzipien: daß jede originär gegebene Anschauung eine Rechtsquelle der Erkenntnis sei, daß alles, was sich uns in der „Intuition“ originär, (sozusagen in seiner leibhaften Wirklichkeit) darbietet, einfach hinzunehmen sei, als was es sich gibt, aber auch nur in den Schranken, in denen es sich da gibt, kann uns keine erdenkliche Theorie irre machen (Hua III/1, 51).

Damit kristallisiert sich ein phänomenologisches Punkteprogramm heraus, dass erst auf dem zweiten Blick radikaler verfährt. Wenn „jede originär gegebene Anschauung eine Rechtsquelle der Erkenntnis“ sein kann, dann gilt es „alles“ zu prüfen oder zu sichten, und das meint absolut und ausnahmslos alles. Ebenso muss das, was sich „originär der „Intuition“ darbietet, erst einmal als solches erfasst und so hingenommen („stehen gelassen“) werden.

---

17 Transzendental ist also nicht transzendent in dem Sinne, dass es eine auf Annahme beruhende Erkenntnis sei, sondern kann und muss evident aufgewiesen werden können. Der bewusste Gegenstand ist transzendent, wird er erfasst, ist er transzendental. Man spricht hierbei auch von immanenter Transzendenz.

Ein vorschnelles Urteilen ist nicht Sache phänomenologischer Wissenschaft.

Die am intentionalen Akt sich abarbeitende Phänomenologe ist auf den ersten Blick subjektiv. Dann aber verfährt sie radikaler als diejenigen, die ihr „Subjektivismus" unterstellen. Eben solches muss präsent gehalten werden, gerade dann, wenn es um die weiteren Voraussetzungen phänomenologischer Methodologie geht.

6. Fremderfahrung und Icherfahrung: Ego – alter ego

Der Allraum ist gegeben
als Raum der gegebenen Körper.
Hua XIV, 538

Solange die Verbindung zwischen Ich und intentionalem Akt thematisiert wurde, war das Interesse der Phänomenologie am *Ich* als solchem eher gering.[1] Dennoch war es unvermeidlich, sich mit der Ich-Thematik auseinanderzusetzen.

Ausgangspunkt solcher phänomenologischen Betrachtungen ist das ego cogito, das Husserl in den Cartesianischen Meditationen als Bedingung sine qua non entwickelnd herleitet. Hierzu bietet es sich an, eine längere und grundlegende Passage daraus zu zitieren, um zu zeigen, inwieweit der Boden der Erkenntnis das eigene Ich ist und in welchem Umfang das Du hinzukommt. Husserl schreibt:

> Ich finde mich vor als Mensch in der Welt, und zugleich als sie erfahrend und sie, mich eingeschlossen, wissenschaftlich erkennend. Nun sage ich mir: Alles, was für mich ist, ist es dank meinem erkennenden Bewußtsein, es ist für mich Erfahrenes meines Erfahrens, Gedachtes meines Denkens, Theoretisiertes meines Theoretisierens, Eingesehenes meines Einsehens. [...] Die Ich-Rede dieses Anfangs ist und bleibt die natürliche Ich-Rede, sie hält sich und auch die ganze Problemführung weiterhin auf dem Boden der gegebenen Welt. Und so heißt es nun, und ganz verständlich: Alles, was für den Menschen, was für mich ist und gilt, tut das im eigenen Bewußtseinsleben, das in allem Bewußthaben einer Welt und in allem wissen-

---

1 „Indem Husserl sich konsequent in der Korrelation von Gegenstandserleben und (erlebtem) Gegenstand hält, stößt er auch auf das Ich, das Ego, das im Bezug auf seine Erlebnisse und die darin vermeinten Gegenstände lebt" (Janssen, 112).

schaftlichen Leisten bei sich selbst verbleibt. Alle Scheidungen, die ich mache zwischen echter und trügender Erfahrung, und in ihr zwischen Sein und Schein, verlaufen in meiner Bewußtseinssphäre selbst, ebenso wenn ich in höherer Stufe zwischen einsichtigem und nicht einsichtigem Denken, auch zwischen a priori Notwendigem und Widersinnigem, zwischenempirisch Richtigem und empirisch Falschem unterscheide. Evident wirklich, denknotwendig, widersinnig, denkmöglich, wahrscheinlich usw., all das sind in meinem Bewußtseinsbereich selbst auftretende Charaktere am jeweiligen intentionalen Gegenstand. Jede Begründung, jede Ausweisung von Wahrheit und Sein verläuft ganz und gar in mir, und ihr Ende ist ein Charakter im *cogitatum* meines *cogito* (Hua I, 115 f).[2]

---

2 Wir folgen hier Husserls Schrift *Cartesianische Meditationen* (Hua I) unter Berücksichtigung der neueren Forschung und in der Absicht, auf den eigentlichen Kern der Husserlschen Überlegungen zuzuarbeiten, der sich im „Monaden-All" offenbart. Zu erwähnen sind darüber hinaus die Arbeiten von Georg Römpp oder Klaus Wüstenberg, als notwendige und hilfreiche mit Einschränkung hier brauchbare Studien. Denn ob man das Verhältnis Descartes–Husserl kritisch beleuchtet mit dem Ergebnis, dass trotz allem beide sich gewisser Vorentscheidungen bedienen (Wüstenberg), oder ob und inwieweit die transzendentale Bezogenheit ausgebreitet und spezifiziert werden kann und sinnvollerweise auch muss (Römpp), spielt für unser Thema eine nachgeordnete Rolle. Gleichwohl muss darauf hingewiesen werden, dass es weitere Spezialuntersuchungen gibt, die das Verhältnis Ich, ego, alter-ego, Monade und Intersubjektivität spezifischer aufarbeiten, die wir aber aufgrund unserer thematischen Ausrichtung vernachlässigen müssen. Als Auswahl der letzten Jahre seien nur aufzählend erwähnt: Lina Rizzoli: *Erkenntnis und Reduktion. Die operative Entfaltung der phänomenologischen Reduktion im Denken Edmund Husserls*, Dordrecht 2008; Christian Wolf: *Wahrnehmung als mentale Repräsentation? Wahrnehmung in Edmund Husserls Phänomenologie und Thomas Metzingers naturalistischer Theorie mentaler Repräsentation*, Berlin 2008; Edda Kapsch: *Verstehen des Anderen. Fremdverstehen im Anschluss an Husserl, Gadamer und Derrida*, Berlin 2007; Shigeru Taguchi: *Das Problem des „Ur-Ich" bei Edmund Husserl. Die Frage nach der selbstverständlichen „Nähe" des Selbst*, Dordrecht 2006; Lanei M. Rodemeyer: *Intersubjective temporality. It's about time*, Dordrecht 2006; *Jacques English: Sur l'intentionnalité et ses modes*, Paris 2006; Bianca Maria D'Ippolito (Hg.): *Monadi e monadologie. Il mondo degli individui tra Bruno, Leibniz e Husserl. Atti del Convegno Internazionale di Studi*, (Salerno,

Die Kulmination von Bewußtseinserfahrung im Ich, das zum *ego* per transzendentaler Reduktion unter Beibehaltung der Welt wird, erweitert sich zum *ego cogitum* – zum Erkenntnisbereich des Ich. Ich und Welt sind keine verschiedenen Dinge in einem Raum, die lediglich zur Erkenntnis im Sinne einer Subjekt-Objekt-Korrelation funktionieren, sondern Ich und Welt sind unaufhebbar eingeschlossen.

Das Ich in der Welt und das Ich als Welterfahrendes sind ineinander greifende Prozesse. Der intentionale Akt ist ein der Welt zugehörender. Die Einklammerung von Welt mittels Epoché ist eine denknotwendige, methodologische Annahme und damit ist das Ich als *ego cogito* eine transzendentale Notwendigkeit. Die Husserlsche Philosophie will beschreiben, was zweifelsfrei vorliegt und das ist das Ich, das in der Welt eingebettet die Welt apperzipiert.[3]

10–12 giugno 2004) Rubbettino 2005; Ulrich Schmitz: *Das problematische Ich. Machs Egologie im Vergleich zu Husserl*, Würzburg 2004; André Simha: *La conscience du corps au sujet. Analyse de la notion. Etude de textes: Descartes, Locke, Nietzsche, Husserl*, Paris 2004; Bertrand Bouckaert: *L' idée de l'autre. La question de l'idéalité et de l'altérité chez Husserl des Logische Untersuchungen aux Ideen I*, Kluwer 2003; Gisbert Hoffmann: *Bewusstsein, Reflexion und Ich bei Husserl*, Freiburg 2001; Dan Zahavi: *Husserl und die transzendentale Intersubjektivität. Eine Antwort auf die sprachpragmatische Kritik*, Kluwer 1996; Jean-Luc Petit: *Solipsisme et intersubjectivité. Quinze leçons sur Husserl et Wittgenstein*, Paris 1996.

3 Gemäß dem kartesianischen Anspruch, dass an allem gezweifelt werden kann, nur nicht daran, dass gezweifelt wird, schält sich aus diesem Zweifel jenes Ich als apodiktische Basis heraus, auf die auch Husserl baut. Mittels Epoché gelangt Husserl dabei zum transzendentalen *ego* in dem alles Seiende sich konstituiert: „Es bedarf offenbar der bewußten Ausführung der phänomenologischen Reduktion, um dasjenige Ich und Bewußtseinsleben zu gewinnen, von dem transzendentale Fragen als Fragen der Möglichkeit transzendenter Erkenntnis zu stellen sind. Sowie man aber, statt flüchtig eine phänomenologische [epoché] zu vollziehen, vielmehr darangeht, in systematischer Selbstbesinnung, und als reines Ego, sein gesamtes Bewußtseinsfeld enthüllen zu wollen, erkennt man, daß alles für es Seiende sich in ihm selbst Konstituierendes ist, ferner daß jede Seinsart, darunter jede als in irgendeinem Sinne ‚transzendent' charakterisierte, ihre besondere Konstitution hat. Transzendenz in jeder Form ist ein innerhalb des Ego sich konstituierender Seinssinn. Jeder erdenkliche Sinn, jedes erdenkliche Sein, ob es immanent oder

6.1. Der Andere

Wesentlich ist es aufzuzeigen, inwiefern der Andere in einem solchen Unterfangen erfahrbar wird und inwiefern es sich dabei nicht um einen solipsistischen Akt handelt. Julia Iribarne gibt hierzu folgendes Punkteprogramm anhand Husserls *V. Meditation* an, der wir zunächst folgen werden:

> Husserl analysiert die Konstitution des weltlichen Anderen in folgenden Schritten: 1) das Erscheinen eines Körpers, der meinem ähnlich ist; 2) meine Erfahrung von meinem Leib; 3) die Paarung; 4) meine Als-ob-Erfahrung, Selbstentfremdung; 5) die analogisierende Apperzeption, die Wiederholungsstruktur und 6) die Möglichkeit der Verifikation (Iribarne, 75).

Über die bloße Wahrnehmung der Welt erfahre ich das Dasein des Anderen als anderen und zwar einerseits als „Weltobjekt" – eben weil er zur Welt gehört, so wie ich zur Welt gehöre – und zum anderen als Subjekt, das ebenfalls die Welt erfährt und so auch mich.[4]

---

transzendent heißt, fällt in den Bereich der transzendentalen Subjektivität als der Sinn und Sein konstituierenden. Das Universum wahren Seins fassen zu wollen als etwas, das außerhalb des Universums möglichen Bewußtseins, möglicher Erkenntnis, möglicher Evidenz steht, beides bloß äußerlich durch ein starres Gesetz aufeinander bezogen, ist unsinnig. Wesensmäßig gehört beides zusammen, und wesensmäßig Zusammengehöriges ist auch konkret eins, eins in der einzigen absoluten Konkretion der transzendentalen Subjektivität. Ist sie das Universum möglichen Sinnes, so ist ein Außerhalb dann eben Unsinn" (Hua I 116f). Vgl. dazu auch: Hua I, 122.

4 „Zunächst habe ich an dem erfahrenen Anderen, so wie er sich mir geradehin und in Vertiefung in seinen noematisch-ontischen Gehalt gibt (rein als Korrelat meines cogito, dessen nähere Struktur erst zu enthüllen ist), den transzendentalen „Leitfaden". In der Merkwürdigkeit und Vielfältigkeit dieses Gehaltes zeigt sich schon die Vielseitigkeit und Schwierigkeit der phänomenologischen Aufgabe an. Z. B. die Anderen erfahre ich, und als wirklich seiende, in wandelbaren, einstimmigen Erfahrungsmannigfaltigkeiten, und zwar einerseits als Weltobjekte; nicht als bloße Naturdinge (obschon nach einer Seite auch als das). Sie sind ja auch erfahren als in den ihnen je zugehörigen Naturleibern psychisch waltende. So mit Leibern eigenartig verflochten, als „psychophysische" Objekte, sind sie „in" der Welt.

In meiner Welt tritt ein anderer mir entgegen, zuerst als Leib, als fremder Leib oder als Leibkörper.

6.2. Die Primordialsphäre

Leib meint hier die Summe von Körper und Ich oder ist als der als leibhaftig erscheinende Andere zu verstehen. Das besondere daran ist, dass dieser Leib nicht wesentlich verschieden von meinem sein kann und mir ähnlich erscheint.

> Innerhalb dieser so gegliederten „Umwelt“ meines puren ego (die als eigentlich konstituierte von ihm konkret untrennbar ist) tritt nun als Motivationsfundament der Fremderfahrung der fremde Leibkörper – der Körper auf, der als fremder Leib aufgefasst wird (Hua, XV, 14).

Die Frage ist, wie Husserl diesen Prozess auffasst und wo er ihn verortet. Hierfür bedient er sich des Wahrnehmungsfeldes des Ichbereiches, den er als Primordialsphäre bezeichnet. Dazu Husserl:

> Nehmen wir nun an, es tritt ein anderer Mensch in unseren Wahrnehmungsbereich, so heißt das, primordial reduziert: Es tritt im Wahrnehmungsbereich meiner primordialen Natur ein Körper auf, der als primordialer natürlich bloß Bestimmungsstück meiner selbst („immanente Transzendenz“) ist. Da in dieser Natur und Welt mein Leib der einzige Körper ist, der als Leib (fungierendes Organ) ursprünglich konstituiert ist und konstituiert sein kann, so muß der Körper dort, der als Leib doch aufgefaßt ist, diesen Sinn von einer apperzeptiven Übertragung von meinem Leib her haben, und dann in einer Weise, die eine wirklich direkte und somit primordiale

Andrerseits erfahre ich sie zugleich als Subjekte für diese Welt, als diese Welt erfahrend, und diese selbe Welt, die ich selbst erfahre, und als dabei auch mich erfahrend, mich, als wie ich sie und darin die Anderen erfahre. So kann ich, nach dieser Richtung fortschreitend, noch vielerlei noematisch auslegen“ (Hua I, 122f).

> Ausweisung der Prädikate der spezifischen Leiblichkeit, eine Ausweisung durch eigentliche Wahrnehmung, ausschließt. Es ist von vornherein klar, daß nur eine innerhalb meiner Primordialsphäre jenen Körper dort mit meinem Körper verbindende Ähnlichkeit das Motivationsfundament für die „analogisierende“ Auffassung des ersteren als anderer Leib abgeben kann“ (Hua, I, 140).

Der Andere ist vergegenwärtigt. Er ist „Selbst-Da“ im Sinne der Appräsentation.[5] Der Andere ist in meiner Primordialsphäre „präsent“.[6]

Der Andere ist in mir anwesend mit der Folge für die Wahrnehmung, dass *ego* und *alter ego* zusammen ein Paar geben, was wiederum den Erkenntnisprozess des Anderen im Sinne der Analogiebildung (der Andere ist ähnlich wie ich; der andere Leib-

---

5 „Es verhielte sich ähnlich mit seinem Leib, wenn er nichts anderes wäre als der „Körper“, der rein in meinen wirklichen und möglichen Erfahrungen sich konstituierende Einheit ist, meiner primordialen Sphäre zugehörig als Gebilde ausschließlich meiner Sinnlichkeit. Eine gewisse Mittelbarkeit der Intentionalität muß hier vorliegen, und zwar von der jedenfalls beständig zugrundeliegenden Unterschicht der ‚primordialen Welt‘ auslaufend, die ein ‚Mit-da‘ vorstellig macht, das doch nicht selbst da ist, nie ein Selbst-da werden kann. Es handelt sich also um eine Art des Mitgegenwärtig-Machens, eine Art ‚Appräsentation‘“ (Hua I, 139).

6 „Der Andere, verstanden als fremdes Bewußtsein und das darin Bewußte, ist nicht in dieser Originalität gegeben: ‚Wäre das der Fall, wäre das Eigenwesentliche des Andern in direkter Weise zugänglich, so wäre es bloß Moment meines Eigenwesens, und schließlich er und ich selbst einerlei.‘ Was diesen durch die Originalität bestimmten Begriff der Primordinalität [sic!] besonders charakterisiert, ist dies, daß meine Erfahrungen vom Andern, die sog. Einfühlungen des Ich, mit in diese so bestimmte primordinale [sic!] Sphäre hineingehören, denn die Einfühlungen des Ich sind ja dessen eigene Erlebnisse und ihm, im Gegensatz zu fremden Erlebnissen, in der bestdenkbaren Originalität selbstgegeben. Die so bestimmte Primordinalsphäre [sic!] oder Eigenheitssphäre ist also keineswegs eine solipsistische Sphäre, denn sie umschließt auch die Erlebnisse des ego von den Andern; was ausgeschaltet ist, sind nur die intentionalen Korrelate (Noemata) dieser Erlebnisse“ (Bernet et. al., 146).

körper ist dem meinen ähnlich) ermöglicht.[7] Um es pointiert mit Husserl auszudrücken: „es konstituiert sich appräsentativ in meiner Monade eine andere“ (Hua, I, 144).

Der Nachweis, dass es sich tatsächlich wahrnehmbar um ein Anderes in der primordialen Sphäre handelt, ist die Basis der Entkräftung des Vorwurfs von Solipsismus und Phantasie bzw. Einbildung und die Bedingung von Intersubjektivität. Dass das *alter ego* sich im eigenen ego spiegelt ist für Husserl grundnotwendige Gegebenheit.[8]

Für Intersubjektivität ist eine dyadische Gemeinschaft denknotwendige Voraussetzung mit der Besonderheit, dass *ego* und *alter ego* jeweils ihre Eigenheit bewahren.

---

7 „Sollen wir nun das Eigentümliche derjenigen analogisierenden Auffassung bezeichnen, durch die ein Körper innerhalb meiner primordialen Sphäre als meinem eigenen Leib-Körper ähnlich ebenfalls als Leib aufgefaßt wird, so stoßen wir fürs erste darauf, daß hier das urstiftende Original immerfort lebendig gegenwärtig ist, also die Urstiftung selbst immerfort in lebendig wirkendem Gang bleibt; und zweitens auf die uns schon in ihrer Notwendigkeit bekannt gewordene Eigenheit, daß das vermöge jener Analogisierung Appräsentierte nie wirklich zur Präsenz kommen kann, also zu eigentlicher Wahrnehmung. Mit der ersteren Eigentümlichkeit hängt nahe zusammen, daß Ego und alter ego immerzu und notwendig in ursprünglicher ‚Paarung‘ gegeben sind“ (Hua I, 142).

8 In einem Zusatztext drückt dies Husserl so aus: „Es ist das Ich, das urtümliche des urtümlichen Lebens, das in sich impliziert hat sein eigenes Sein als ego gegenüber den alteri und so in sich impliziert hat das einfühlungsmässige Sein der Andern, nicht enthalten in seiner Eigenheit (sie sind ja die von dem eigenen Ich verschiedenen Ich, jedes in seiner Eigenheit), aber enthalten in seinem absoluten Sein als Ich der urtümlichen Gegenwart. Wenn es zunächst in der Phänomenologie heisst, ego cogito, als Ausdruck des Ich, worauf die Reduktion führt, so ist das ein aequivocum, ein Anfang mit einer absolut notwendigen Äquivokation. Denn erst später kann sichtlich werden, dass das Ich des urtümlichen Strömens das absolute Ich ist, das in sich das Ich als eigenes Ich trägt und die anderen Ich trägt als intentionale Modifikationen des eigenen – ähnlich wie vergangene Ich intentionale Modifikationen des gegenwärtigen Eigen-Ich sind. Das absolute Ich, das in nie zerbrechlicher Ständigkeit vor allem Seienden ist und alles Seiende in sich trägt, in seiner „Konkretion“ vor allen Konkretionen, das alles und jedes erdenkliche Seiende in sich tragende, ist das erste ‚ego‘ der Reduktion – ein ego, das fälschlich darum so heisst, weil für es ein alter ego keinen Sinn gibt“ (Hua XV, 586).

> Ich apperzipiere den Anderen doch nicht einfach als Duplikat meiner selbst, also mit meiner oder einer gleichen Originalsphäre, darunter mit den räumlichen Erscheinungsweisen, die mir von meinem Hier aus eigen sind, sondern, näher besehen, mit solchen, wie ich sie selbst in Gleichheit haben würde, wenn ich dorthin ginge und dort wäre. Ferner, der Andere ist appräsentativ apperzipiert als „Ich" einer primordialen Welt bzw. einer Monade, in der sein Leib im Modus des absoluten Hier, eben als Funktionszentrum für sein Walten ursprünglich konstituiert und erfahren ist. Also indiziert in dieser Appräsentation der in meiner monadischen Sphäre auftretende Körper im Modus Dort, der als fremder Leibkörper, als Leib des alter ego apperzipiert ist, „denselben" Körper im Modus Hier, als den, den der Andere in seiner monadischen Sphäre erfahre. Das aber konkret mit der ganzen konstitutiven Intentionalität, die diese Gegebenheitsweise in ihm leistet (Hua, I, 146).

Zuerst wird der Andere als anders wahrgenommen und in seiner Andersheit – durchaus auch Fremdheit – belassen. Dennoch ist der Andere präsent in der eigenen Ich-Monade. Das „Dort" wird zum „Hier". Der fremde „Leibkörper" wird apperzipiert und dadurch, dass ich ebenfalls über einen Leibkörper verfüge wie der Andere auch, wird mittels Ähnlichkeit ein analoger Schluss durchgeführt dahingehend, dass von „demselben" Körper hier wie dort gesprochen werden kann.

6. 3. Die Ähnlichkeit des Leibes

Die Ähnlichkeit des Leibes löst die Annahme der Möglichkeit der Verständigung aus, was mittels analoger „Paarung" möglich wird, die eine ähnliche Erscheinung des Anderen in mir impliziert, eine „verähnlichende Apperzeption".[9] Dabei passiert folgendes:

---

9 „Der meiner primordialen Umwelt angehörige Körper (des nachmals Anderen) ist für mich Körper im Modus Dort. Seine Erscheinungswei-

Am Anfang erscheint in meinem Wahrnehmungsfeld ein Körper, der dem meinen ähnlich ist. Das erste Moment der Erfahrung stellt die assoziative Paarung zweier Leiber dar. Diese Paarungserfahrung befördert ein wechselseitiges Sichwecken, das die Modalität, Paar zu sein, auszeichnet. Darauf gründet sich das zweite Moment der analogisierenden Apperzeption. In dem Maße, in dem das durch seinen Leib sich darstellende Verhalten des Anderen dem meinen analog erscheint, enthüllt sich mir der Körper-dort als ein mit einem darin waltenden Ich ausgestatteter psychischer Körper. Mein Körper erscheint mir unausweichlich ‚hier', aber ich kann ihn mir so vorstellen, ‚als ob er dort wäre', und sogar, als ob er sich in einem zweiten Dort befände, je nach dem Abstand der den Ortsveränderungen meines eigenen Leibes entsprechenden Positionen des Nullpunktes meiner Orientierung. Auf diese Weise erfasse ich den Anderen dort und die auf ihn bezogene räumliche Welt, so wie sie mir selbst erscheinen würde, wenn ich mich dorthin begäbe und mich von dort aus an meine Welt wenden würde. ‚Als ob ich dort wäre': So erfasse ich den Anderen als denjenigen, der mich an meinem vorigen Hier als den für ihn Anderen sieht. Diese Erfahrung kann sich de jure unendlich multiplizieren, und wir begreifen auf diese Weise ein monadisches Universum, eine monadische Gemeinschaft, die aus Ich-Polen besteht, die auf eine und dieselbe Welt sich richten" (Iribarne, 181).

---

se paart sich nicht in direkter Assoziation mit der Erscheinungsweise, die mein Leib jeweils wirklich hat (im Modus Hier), sondern sie weckt reproduktiv eine andere unmittelbar ähnliche der zum konstitutiven System meines Leibes als Körpers im Raum gehörigen Erscheinungen. Sie erinnert an mein körperliches Aussehen, „wenn ich dort wäre". Auch dabei, obschon die Weckung nicht zu einer Erinnerungs-Anschauung wird, vollzieht sich Paarung. In sie tritt nicht nur die zunächst geweckte Erscheinungsweise meines Körpers, sondern er selbst als synthetische Einheit dieser und seiner mannigfaltigen anderen vertrauten Erscheinungsweisen. So wird die verähnlichende Apperzeption möglich und begründet, durch welche der äußere Körper dort von dem mir eigenen analogisch den Sinn Leib erhält; in weiterer Folge den Sinn Leib einer anderen „Welt" nach Analogie meiner primordialen" (Hua I, 147).

Die Anolgisierung des Anderen in und durch die Paarung[10] zeigt und beweist im Ich die Existenz eines alter ego.[11] Husserl erreicht ein solches Bewusstsein durch eine „doppelte Reduktion“ und durch „Einfühlung“[12].

10 Der Aspekt der „Paarung“ wird von Husserl so erklärt: „Jede durch assoziative Paarung erwachsende Fernüberschiebung ist zugleich Verschmelzung und in ihr, soweit nicht Unverträglichkeiten eingreifen, Verähnlichung, Angleichung des Sinnes des einen an den des anderen“ (Hua I, 142).

11 Vgl. dazu: Iribarne, 65f.

12 „Die Einfühlung erweist sich dann als eine vergegenwärtigende Leistung, die, wird auf sie die doppelte Reduktion angewandt, ein vergegenwärtigendes und ein vergegenwärtigtes Bewußtsein aufweist. In der Einfühlung ist mein gegenwärtiges Bewußtsein Bewußtsein von einem anderen Ich, das für mich ein solches ist, weil es seinerseits in mir ein alter ego sieht und weil jeder von uns eine ‚Welt‘ als Welt für jedermann intendiert, die wiederum uns beide und jeden Anderen zur Bedingung ihrer Möglichkeit hat. Ich treffe auf den Anderen als ein konstituiertes Ich, das auf die Welt gerichtet ist, in der ich selbst als ein alter für ihn konstituiert erscheine. [...] Eine noch höhere Konstitutionsstufe wird dort erreicht, wo wir uns wechselseitig als konkrete Ich-Menschen mit eigenen Gewohnheiten in kommunikativer Beziehung zu den anderen sozialen Subjekten enthüllen. Diese Schicht betrifft die Urgeschichte des reflexiven Ich: die triebhafte Intentionalität des Urkindes und des Säuglings und den Anfang meiner transzendentalen Geburt“ (Iribarne, 180). Vgl. dazu noch: „Husserl unterscheidet in den nachgelassenen Schriften z. B. zwischen eigentlicher und uneigentlicher Einfühlung: In der uneigentlichen Fremderfahrung ist nur das Körperliche des Andern wirklich anschaulich vorgestellt, während das Seelische bloß assoziativ leer mitgeweckt ist (leere Appräsentation). Diese uneigentliche Fremderfahrung ist die Grundlage einer naturwissenschaftlichen Betrachtung des Menschen und der Lebewesen überhaupt. Demgegenüber lebt das Subjekt in der eigentlichen Fremderfahrung, die Husserl auch als ‚absolut einfühlende Kenntnisnahme‘ bezeichnet, gleichsam im Andern, indem es sich anschaulich in die Motivationen seiner Situation hineinversetzt (erfüllte Appräsentation). Diese eigentliche Fremderfahrung ist Grundlage einer geisteswissenschaftlichen Betrachtung des Menschen! Auf der Grundlage dieser Analyse der Fremderfahrung oder Einfühlung erörtert Husserl im weiteren auch das Problem der Intersubjektivität der Welt wie auch die eigentlichen sozialen Akte, die Husserl als Akte des Sich-an-den-Andern-Wendens von der bloßen Einfühlung unterscheidet“ (Bernet et. al., 153).

6.4. Apperzeption

Die phänomenologische Reduktion, die ja zum transzendentalen Ich führt, wird nochmals angewandt und aus dem transzendentalen Ich das *alter ego* subtrahiert. Die Einfühlung wiederum ermöglicht die Apperzipierung des Anderen als mir ähnlichen Leibkörper, der sich dann mir (mittels Analogie) mitteilt.

In gewisser Weise stehen das Ich und der Andere in der Paarung – in diesem dyadischen Moment der paradoxen Einheit[13] – an einem Nullpunkt der Erkenntnis, indem Ich und Anderer sich aufheben. Die sich daraus ergebende reflexive Erinnerung an diesen dyadischen Einheits-Moment ist das wahrgenommene Sein, der wahrgenommene Andere und das antizipierte andere des Anderen.[14]

Husserl ist sich der Problematik dieses Prozesses bewusst. Denn wenn ich den Anderen wahrnehme, dann doch nur das wahrgenommene und erinnerte oder reflektierte Andere. Der Andere in seiner Andersheit ist aber eben nicht genau da und dann da, wenn ich mir seiner Andersheit bewusst werde. Dennoch erfahre Ich in einem Moment der Appräsentation – der Vergegenwärtigung des anderen in mir – den Anderen, wenn auch zeitlich nachgereicht und entweder nur per Limesqualität als einmal präsenter Akt vorstellbar, oder aber in einer intentionalen Monaden-Gemeinschaft möglich und erfahrbar.[15] Dazu nochmals Husserl:

---

13 Vgl. dazu: „Auch in dieser Schicht wird ein wechselseitiger intermonadischer Zusammenhang sichtbar, sofern die Fenster der Monaden durch deren ‚Urstreben' bezeichnet sind. Geschlechtstrieb und Mutter-Kind-Beziehung bilden diese instinktive Urintentionalität der Vergemeinschaftung. Wenn die Struktur dieser Ureinigung in der Doppelheit, die die Möglichkeit der Analogie von Mitgegenwart und Selbstgegenwart fundiert, die Geschichte ist, zeigt sich wieder die intersubjektive Zeitigung als Bezugsrahmen des ichlichen und des vorichlichen Strömens" (Iribarne, 192).

14 Als mathematische Gleichung würde man folgendes schreiben: (1) + (–1) = (0) Das Paradoxon der 0 ist aber nicht das Nichts, sondern das Alles des *Nicht* in der Reflexion der 1.

15 Vgl. dazu: „Der Andere ist Anderer, weil unbezweifelbar ist, daß er Erlebnisse hat, die nicht die meinigen sind. Wenn ich in meinem Bewußtsein seine Erlebnisse hätte, dann wären es meine und nicht die seinen, und er wäre ich. Wie kann ich den Anderen setzen, das

Eines und das andere schließt sich aus, es kann nicht zugleich sein. Indem aber der fremde Körper im Dort eine paarende Assoziation eingeht mit meinem Körper im Hier und, weil er wahrnehmungsgemäß gegeben ist, zum Kern einer Appräsentation wird, der Erfahrung eines mitdaseienden Ego, muß dieses nach dem ganzen sinngebenden Gang der Assoziation notwendig appräsentiert sein als jetzt mitdaseiendes Ego im Modus Dort („wie wenn ich dort wäre"). Mein eigenes Ego, das in ständiger Selbstwahrnehmung gegebene, ist aber jetzt aktuell mit dem Gehalt seines Hier. Es ist also ein Ego als anderes appräsentiert. Das primordiale Unverträgliche in der Koexistenz wird verträglich dadurch, daß mein primordiales Ego das für es andere Ego durch eine appräsentative Apperzeption konstituiert, die ihrer Eigenart gemäß nie Erfüllung durch Präsentation fordert und zuläßt (Hua, I, 148).

6. 5. Ichbegriff und Monade

Die ontologischen Implikationen reichen weit und Husserl stützt sich ein stückweit auf Leibnitz und dessen Monadentheorie. Dabei ignoriert er den metaphysischen und substantialistischen Aspekt der Monade und sieht in ihr lediglich eine transzendentale Implikation des *ego* als transzendentales Ich in seiner genetischen Werdenseinheit.[16]

Phänomen ‚Anderer' behaupten, wenn das einzige, das ich vor mir habe, sein Körper ist, den ich wahrnehme, und wenn dieser auf eine ähnliche Weise erscheint, in der ich den Baum oder das Haus wahrnehme? Ein qualitativer Abgrund trennt jene Wahrnehmung von dieser. Ich dürfte nicht mehr sagen als: ‚Ich sehe einen Körper, der dem ähnelt, den der Spiegel vor mir als den meinigen spiegelt.' Ich gehe jedoch darüber hinaus und stelle fest, daß jener Körper weder als einziger noch an sich so geartet ist, sondern daß es ein organischer Körper ist, ein ‚Leib', in dem eine Seele waltet, wie ich es in der Selbsterfahrung meines eigenen Leibes erfahre, der ebensowenig sich als ein nur im Spiegel reflektierter Körper darstellt; er erscheint vielmehr als ein Körper, der ganz der meinige ist" (Iribarne, 72 f).

16 „Vom Ich als identischem Pol und als Substrat von Habitualitäten unterscheiden wir das in voller Konkretion genommene Ego (das wir mit dem Leibniz'schen Worte *Monade* nennen wollen), indem wir

Husserl weitet den Ichbegriff zur Monade und legt damit den Grundstein zu einer „intermonadischen Welt“ bzw. einer „Monadengemeinschaft“.[17] Dabei ist der Andere nicht mehr nur Fremder oder Objekt, sondern erfahrbar, wahrnehmbar, als Einfühlungsmöglichkeit gegeben.

Der Andere ist kein Fremder, sondern ein Eigener oder besser: Mit-Eigener – in mir![18]

---

hinzunehmen, ohne was das Ich eben konkret nicht sein kann; nämlich das kann es nur sein in der strömenden Vielgestaltigkeit seines intentionalen Lebens und den darin vermeinten und evt. als seiend für es sich konstituierenden Gegenständen. Offenbar ist für diese der jeweilige Charakter bleibenden Seins und Soseins ein Korrelat der im Ichpol selbst sich konstituierenden Habitualität seiner Stellungnahme. Das ist so zu verstehen. Ich habe als Ego eine fortwährend fürmich-seiende Umwelt, in ihr Gegenstände als für mich seiende, nämlich schon in bleibender Gliederung für mich als bekannte oder nur antizipiert als kennenzulernende“ (Hua I, 102f). Vgl. dazu auch: „Für ihn [Husserl, w.f.] kann eine Monadologie nur das Resultat einer methodisch reflektierten Auslegung sein, die für die Letztbegründung einer solchen Monadologie aufzukommen hat“ (Iribarne, 181).

17 Vgl. dazu: Hua XV, 596 und auch Hua XIV, 359. Die teleologische Ausrichtung der Monade (Hua XV 595f, 611f) und ihre Stufenlehre (Hua XIV, 38; Hua XV, 194, 609f) interessiert uns hier weniger als das noch näher zu bestimmende „Monadenall“ (Hua XV, 609f und Hua XIV, 295).

18 „Daß die Anderen sich in mir als Andere konstituieren, ist die einzig denkbare Weise, wie sie als seiende und soseiende für mich Sinn und Geltung haben können; haben sie das aus Quellen einer beständigen Bewährung, so sind sie eben, wie ich aussagen muß, aber dann ausschließlich mit dem Sinn, in dem sie konstituiert sind: Monaden, für sich selbst genau so seiend, wie ich für mich bin; dann aber auch in Gemeinschaft, also (ich wiederhole betonend den schon früher gebrauchten Ausdruck) in Verbindung mit mir als konkretem Ego, als Monade. Zwar sind sie reell von der meinen getrennt, sofern keine reelle Verbindung von ihren Erlebnissen zu meinen Erlebnissen und so überhaupt von ihrem Eigenwesentlichen zu dem meinen überführt. Dem entspricht ja die „reale“ Trennung, die weltliche, meines psychophysischen Daseins von dem des Anderen, die sich als räumliche darstellt vermöge der Räumlichkeit der objektiven Leiber. Andererseits ist diese ursprüngliche Gemeinschaft nicht ein Nichts. Ist jede Monade reell eine absolut abgeschlossene Einheit, so ist das irreale intentionale Hineinreichen der anderen in meine Primordialität nicht irreal im Sinne eines Hineingeträumtseins, eines Vorstellig-Seins nach Art einer bloßen Phantasie. Seiendes ist mit Seiendem in intentionaler Gemeinschaft. Es ist eine prinzipiell eigenartige Verbundenheit, eine wirkliche Gemeinschaft, und eben die, die das Sein

Die Monade des Ich und die Monade des Anderen kulminieren notwendigerweise in einer Monadengemeinschaft. Edmund Husserl erkennt die Einzel-Monade aus einer Monadengemeinschaft. Eine solche Gemeinschaft aller Menschen – ein „Wechselseitig-füreinander-Sein" –, kann durchaus als reflexiv im Sinne einer gegenseitigen Beeinflussung und Apperzipierung gelten.

6.6. Menschengemeinschaft und Urmonade

Die „Menschengemeinschaft" ist Medium der Verständigung und Grund derselben. Als Mensch unter Menschen dringe ich in den anderen verstehend ein und bin in ihm „präsent", genauer in seinem „Eigenheitshorizont". Die Körper mögen nach wie vor getrennt sein, doch die Leib-Körper befinden sich in einem gemeinsamen „Wahrnehmungsfeld" der Paarung, in dem ich den Anderen erfahre wie er mich erfährt. Das Medium der gegenseitigen Wahrnehmung ist die „Urmonade":

> Von mir aus, konstitutiv der Urmonade, gewinne ich die für mich anderen Monaden bzw. die Anderen als psychophysische Subjekte. Darin liegt, ich gewinne sie nicht bloß als mir leiblich gegenüber und vermöge der assoziativen Paarung auf mein psychophysisches Dasein zurückbezogen [...] Vielmehr im Sinne einer Menschengemeinschaft und des Menschen, der schon als einzelner den Sinn eines Gemeinschaftsgliedes mit sich führt (was sich auf tierische Gesellschaftlichkeit überträgt), liegt ein Wechselseitig-füreinander-Sein, das eine objektivierende Gleichstellung meines Daseins und des aller Anderen mit sich bringt; also ich und jedermann als ein Mensch unter anderen Menschen. Dringe ich, mich in ihn einverstehend, in seinen Eigenheitshorizont tiefer ein, so werde ich bald darauf stoßen, daß, wie sein Körperleib in mei-

einer Welt, einer Menschen- und Sachenwelt, transzendental möglich macht" (Hua I, 156).

> nem, so mein Leib sich in seinem Wahrnehmungsfeld befindet und daß er im allgemeinen mich ohne weiteres so als für ihn Anderen erfährt, wie ich ihn als meinen Anderen erfahre. [...] Natürlich entspricht dieser Gemeinschaft in transzendentaler Konkretion eine entsprechende offene Monadengemeinschaft, die wir als transzendentale Intersubjektivität bezeichnen (Hua I, 157 f).

Die Urmonade respektive das „Urräumliche“ ist der Urgrund der Möglichkeit des Verständnisses des Anderen. Die Wahrnehmung erfolgt mittels des Leibes und zwar so, dass die Erfahrung präsent (gegenwärtig) wird. Alles weitere wird als Limespräsenz, bezogen auf einen unbestimmten Horizont hin, erkennbar bzw. eben nichterkennbar. Damit wird der eigene Leib zum Medium des Anderen. Über die Einfühlung wird das Andere als anderes präsentiert.[19] Damit wird der andere Leib als analog zum eigenen Leib betrachtet,[20]

19 „Das ‚Urräumliche‘ ist die räumliche Präsenz. Die Erscheinungsweise des Raums ist der orientierte Raum, was die Relativität deutlich werden läßt, mit der die Raumorte in der Erfahrung bestimmbar sind. Die Raumwelt ist in der Form der um meinen Leib orientierten Weltpräsenz gegeben; was nicht zu wirklicher Präsenz wird, ist unbestimmter offener Horizont. Der orientierte Raum räumlicher Präsenz bezeichnet den Kern in der Konstitution des homogenen Raums. Bei jeder Präsenz im objektiven Raum ist mein Leib ‚mit da‘, stets als aktualisiertes Zentrum, das der Verwirklichung des Raums und der Welt entspricht. Als Null-Objekt ist mein Leib Möglichkeitsbedingung der anderen Objekte“ (Iribarne, 107 f).

20 „Mein Körper ist Körper wie ein anderer. Wenn ich nun so jeder Bewegung zugleich den Sinn einer gleichartigen möglichen Eigenbewegung gebe, so wird die durch die Ähnlichkeit geweckte Beziehung zu mir, die in ihrem Sinn liegende Deckung, ohne weiteres zur Verlebendigung dieser Bedeutung Anlass geben“ (Hua XIV, 545). Vgl. dazu auf die Monade bezogen: Die monadische Gemeinschaft besteht also darin, daß jede Monade mit sich selbst und „mit jeder anderen in Gemeinschaft steht, sofern sie nicht nur für sich ist, sondern jede andere Monade für sie ist, und für die ist als eine Monade, für die sie selbst und jede andere Monade für sie ist“ (Hua XIV, 359). Vgl. dazu noch: „Jede Monade ist für sich selbst transzendent, weil sie sich selbst als horizonthaft, als mit einem Horizont eigener Vergangenheit und Zukunft, wahrnimmt. Sofern ihre Horizonte nie ganz verwirklicht werden können, ist sie selbst unvollkommen verwirklicht, und trotzdem ist sie in der Mannigfaltigkeit fließender Verwirklichungen

was wiederum seine Erkennbarkeit, seine Intentionalität und Erfahrbarkeit bedingt. Die Folge ist die „apperzeptive Paarung“ der verschiedenen Leibkörper.[21, 22]

6.7. Monadengemeinschaft

Bei all den Überlegungen darf nicht vergessen werden, dass wir uns nach wie vor in einer transzendentalen Sphäre des Bewusstseins befinden, die die Welt nicht aus-, sondern immer miteinschließt und zwar in Gemeinschaft mit anderen.[23] Damit ist die

als Einheit verwirklicht. Aus diesen Verwirklichungen resultiert die Bestimmung der Monade als transzendent. Ihre Unvollkommenheit entspringt aus den Beschränkungen der Selbsterinnerung und der Selbstvorerwartung. Offensichtlich führt Husserl hier den Sinn von immanenter Transzendenz ein, die weder das Ding noch den Anderen als ‚wirkliche Transzendenzen‘ meint (Hua XIV, 441 f). Mit diesem Hinweis will Husserl in diesem Kontext zeigen, daß der Andere uns aufgrund seiner Transzendenz nicht so fremd ist, da diese Transzendenz dem ego selbst eigen ist“ (Iribarne, 187 f).

21 „Das Ergebnis lautet also: Konstituieren die Kinästhesen den Urraum und die Körper im Raum, und zwar als unterschieden von dem Körper, der sich am Nullpunkt der Orientierung befindet, und liegt ihr Ort nahe oder fern, aber nicht am Nullpunkt der Orientierung, dann vollzieht sich die Konstitution einer Paarung, sobald ein Körper erscheint, der dem meinigen gleich ist. Beide sind dann als Paar, aber nicht als identisch konstituiert, weil zwischen beiden meine Distanzkinästhesen vermitteln. Der fremde Körper stellt sich darüber hinaus als sich selbst bewegend dar und weckt die Kinästhesen, die ich hätte, wenn ich dort wäre. Damit bestätigt der Vollzug der apperzeptiven Paarung, daß es sich um verschiedene Leiber handelt“ (Iribarne, 109 f).

22 Die weiteren sich ergebenden Aspekte der sozialen Interaktion, der Möglichkeit des Ich-Du-Verstehens und deren Beziehung müssen hier aber vernachlässigt werden zugunsten der grundsätzlichen phänomenologischen Möglichkeit der Intersubjektivität. Vgl. dazu: Iribarne, 115 bis 124. Dazu noch das Thema „Lebenswelt“ bei Schütz: *Strukturen der Lebenswelt.*

23 „Mein mir selbst apodiktisch gegebenes Ego, das einzige in absoluter Apodiktizität von mir als seiend zu setzende, kann a priori nur welterfahrendes Ego sein, indem es mit anderen seinesgleichen in Gemeinschaft ist, Glied einer von ihm aus orientiert gegebenen Monadengemeinschaft. Konsequentes Sich-Ausweisen der objektiven Erfahrungswelt impliziert konsequentes Sich-Ausweisen von anderen Monaden als seienden. Umgekehrt ist keine Monadenmehrheit

Monadengemeinschaft vor allen anderen durch Intersubjektivität ausgezeichnet und bezogen auf das erkennende Ich als „Urmonade". Dennoch gibt es nur eine einzige Monadengemeinschaft „die aller koexistierenden Monaden", wie eben nur eine objektive Zeit, einen objektiven Raum usw.[24]

Letztlich ist es der andere, der sich im ego findet und der im eigenen Ich – dem apodiktischen, transzendentalen Ich – erfahrbar gemacht wird: „Innerhalb der Positivität sagen wir und finden es selbstverständlich: in meiner eigenen Erfahrung erfahre ich nicht nur mich selbst, sondern in der besonderen Gestalt der Fremderfahrung den Anderen" (Hua I, 176).

---

für mich denkbar denn als eine explizite oder implizite vergemeinschaftete; darin liegt: eine objektive Welt in sich konstituierende und in ihr sich selbst – als animalische und im besonderen menschlichen Wesen – verräumlichende, verzeitlichende, realisierende" (Hua I, 165).

24 Andere Monadenwelten werden als Horizonte auf die Urmonade hin ausweisbar. Vgl. dazu: „A priori hat jede solche Monadengruppe freilich als Einheit einer Intersubjektivität, und einer möglicherweise jeder aktuellen Gemeinschaftsbeziehung mit der anderen entbehrenden, ihre möglicherweise ganz anders aussehende „Welt". Aber diese beiden Welten sind dann notwendig bloße „Umwelten" dieser Intersubjektivitäten und bloße Aspekte einer einzigen, ihnen gemeinsamen objektiven Welt. Denn die beiden Intersubjektivitäten stehen nicht in der Luft; als von mir erdachte stehen sie beide mit mir als der konstituierenden Urmonade für sie (bzw. mit mir in einer Möglichkeitsabwandlung meiner selbst) in notwendiger Gemeinschaft. Sie gehören also in Wahrheit in eine einzige, mich selbst mit umschließende Allgemeinschaft, die alle als koexistierend zu denkenden Monaden und Monadengruppen in eins faßt. Es kann also nur eine einzige Monadengemeinschaft, die aller koexistierenden Monaden, in Wirklichkeit geben, demnach nur eine einzige objektive Welt, nur eine einzige objektive Zeit, nur einen objektiven Raum, nur eine Natur, und es muß, wenn überhaupt in mir Strukturen angelegt sind, die das Mit-Sein der anderen Monaden implizieren, diese eine einzige Natur geben. Nur das ist möglich, daß verschiedene Monadengruppen und Welten so zueinander stehen, wie die den für uns unsichtigen Gestirnwelten eventuell zugehörigen zu uns selbst stehen, also mit Animalien, die jedes aktuellen Konnexes mit uns entbehren. Ihre Welten sind aber Umwelten mit offenen, nur faktisch, nur zufälligerweise für sie nicht erschließbaren Horizonten" (Hua I, 166f).

6.8. Eigenes und Fremdes

Eigenes ist mit Fremdem belegt, gemischt oder infiziert. Die eigene Monade ist mit anderen Monaden verbunden.[25] Das Eigene muss also ausgelegt sein und unterschieden werden, ehe das Fremde davon abstrahiert und damit bewusst gemacht werden kann. („Ich muß erst das Eigene als solches auslegen, um zu verstehen, daß im Eigenen auch Nichteigenes Seinssinn bekommt, und zwar als analogisch Appräsentiertes.“[26])

6.9. Welthorizont und Monaden-All

Doch worauf fußt und gründet das Ich? Edmund Husserl meint, dass das Ich immer schon „Welthorizont“[27] im Sinne eines „uran-

---

25 „Es handelt sich hier nicht um ‚ein Hineinwerfen von etwas in einen Topf‘ (ebd.). Der Einfluß der anderen Monade – z. B. durch mitgeteilte neue Gedanken – motiviert mich nur durch meine eigene Erfahrung, die sich in meinen subjektiven Zusammenhang einfügt. Nur auf diese Weise kann ich vom Anderen bestimmt werden. Der Andere hat nur in dem Maße Einfluss auf mich, wie sein Glaube, sein Befehl und sein Wunsch zu meinem eigenen Erlebnis werden. Entbehre ich der Motive, die diese Erlebnisse nachvollziehbar machen, vermag der Andere nicht nachhaltig auf mich einzuwirken. Was in mir geschieht, geschieht aufgrund meines eigenen Seins. ‚*Was ist dieses eigene Sein? Das Sein aus originaler Selbsterfahrung*, als Selbst, als Ich konstituiert‘ (Ebd.) Dabei entsteht also kein Paradox: Jede Monade ist nach Maßgabe ihrer Erlebnisse in sich geschlossen, und zugleich weiß sie sich doch in ‚kausaler‘ Beziehung mit den anderen Monaden“ (Iribarne, 188).

26 Hua I, 177. Vgl. dazu: „Nur dadurch erreicht man das fremde Subjekt, daß es mir durch seine vergegenwärtigte Gegenwart und durch seine vergegenwärtigte Vergangenheit in mir selbst entgegentritt“ (Iribarne, 187).

27 „Das Ich hat schon den „Welthorizont“ – den uranfänglichen Horizont, in dem der menschliche Welthorizont implizit geboren wird, so wie in dem Uranfang der Zeitigung der Zeitigungshorizont schon impliziert ist, als Zeitigung, in der immer wieder neue Zeitigung impliziert liegt, und so alles in allem an sich Früheren in seiner Stelle impliziert ist. Der Urhorizont, die Erbmasse ist in ihrem Ursinn Leerhorizont. Die erste Hyle, das erst Affizierende wird zum erst Erfassten, in erster Zuwendung ist es erstes Thema als erst Erfüllendes“ (Hua XV, 604).

fänglichen Horizontes“ habe. In diesem Horizontbewusstsein liegt auch das „Monadenall“ begründet als Absolutes in der Einheit:

> „Alles ist eins – das Absolute in seiner Einheit: Einheit einer absoluten Selbstzeitigung, das Absolute in seinen Zeitmodalitäten sich zeitigend in dem absoluten Strömen, der „strömend lebendigen“, der urtümlichen Gegenwart, der des Absoluten in seiner Einheit, All-Einheit!, welche alles, was irgend ist, in sich selbst zeitigt und gezeitigt hat. Darin die Stufen des Absoluten: das Absolute als absolutes „menschliches“ Monadenall. Das Absolute als Vernunft und in der Zeitigung der Vernunft: Entwicklung der vernunftmonadischen Allheit: Geschichte im prägnanten Sinn. Dieses Absolute trägt in sich gezeitigt das Absolute als „Unvernunft“, als System des vernunftlosen absoluten Seins, ohne die Vernünftiges „unmöglich ist“. Es sind Stufen des absoluten Systems des absolut gezeitigten Seins (Hua XV, 669).

6.10. Zusammenfassung

Die von Julia Iribarne zu Beginn dieses Kapitels aufgeführten Punkte wurden in ihrer Bedeutung für die Intersubjektivität aufgeschlossen. So ist das Erscheinen eines anderen, jedoch mir ähnlichen Körpers, die Grundvoraussetzung dafür, dass die eigene Leiblichkeit und dann in der Paarung der Andere bewusst zu werden vermag. Mittels analoger Folgerung, einer „Als-ob-Erfahrung“ nehme ich dabei den Fremden als zu meiner Primordialsphäre gehörend wahr, kann dies verifizieren, indem ich zwischen der apperzipierten Fremderfahrung und der Eigenerfahrung im Monaden-Ich unterscheide und damit das Fremde als *alter ego* ausmache. Die Folge ist jene Allgemeinschaft der Menschen-Iche, die als Monaden-All jene Grundlage der Intersubjektivität überhaupt bildet.

Der intentionale Akt gilt als fester Bezug des Ich zu den Gegenständen. Nach den *Logischen Untersuchungen* und spätestens ab 1910 wurde die Ichproblematik Ausgangspunkt und Anreger für eine intensive Beschäftigung damit und mit dessen Bereich, der Primordialsphäre.[28]

Deutlich wird, dass das Ich in einem eigenen monadischen Universum des „Selbsteigenen“ lebt und darin folgerichtig das „Miteigene“ des anderen entdeckt. Zunächst eine einzelne Monade, dann im Bewusstsein als Monade wird der Fremde als Mit-Eigener, der in einem analogen Akt der Paarung – eine Art der transzendentalen und innermonadischen Einigung zweier an sich getrennter Bereiche wie *ego* und *alter ego* – erkannt werden kann.

Hierbei fällt dem eigenen Leib eine zentrale Rolle zu. Er fungiert als Organ des intentionalen Erlebens (Janssen, 120), worin sich der Andere als anderer erkennen lässt und zwar im Akt der Einfühlung, dem Akt der Appräsentation. Der andere Leib ist dann kein fremder mehr, sondern in der Paarung ein analoger. Die „analogische Repräsentation des Leiblichen“ (Janssen, 122) ermöglicht es, dass das Ich aus seiner Egologie, seiner Monadologie mittels Epoché heraustritt und als transzendentales Ich die Erlebnisqualität des Fremden erfährt.

Es ist das Ich, das als *ego* und Monade in sich bereits die Welt des Anderen vorfindet, die es zu erkennen sucht, wobei die Grundlage dieses Erkennens letztlich die Annahme eines Monaden-Alls bildet. Im intentionalen Erleben und in Bezug auf die transzendentale Möglichkeit der Erfahrbarkeit eines Fremd-Ich beruht die Grundannahme der Phänomenologie, sich als objektive Wissenschaft zu begreifen. Neben dem Anspruch auf ob-

28 „Das Ich selbst ... lassen wir zunächst außer Betracht, und zwar das Ich in jedem Sinne‘ hatte Husserl bei der Einführung der transzendentalen Reduktion entschieden (Hua III, 61). Der besonderen Problematik des Ich sich sehr wohl bewußt, schien ihm ihr vorläufiger Aufschub dennoch gerechtfertigt. Zum einen glaubte Husserl seinem Ziel der Wesensanalyse des Bewußtseins am besten näher zu kommen, wenn er sich vorläufig in methodischer Ausschließlichkeit der Strukturanalyse der Erlebnisse zuwandte. Und hier sah Husserl richtig, daß so etwas wie Ich niemals Erlebnis werden kann. Zum anderen stand hier die schwierige Frage der Ich-Spaltung bevor, die sich mit der notwendig gewordenen Unterscheidung zwischen dem reinen transzendentalen Ich und dem empirischen Menschen-Ich ergeben mußte“ (Ströker, 126f).

jektive Wissenschaft und dem Kriterium der Evidenz ist es die Intersubjektivität, der die Phänomenologie grundsätzlich verpflichtet ist.

Der Fremde ist aber kein Objekt oder ein Ding, sondern, obgleich original, transzendental gegeben. Sein Ich ist *wie* mein Ich.[29] Fremderfahrung ist *Ich* und die *Paarung des Anderen* als anderer. Dabei *ist* dies in *einer* Gemeinschaft möglich, *einem* Monaden-All *einer* einigen Welt („Die transzendentalen Monaden sind durch ihre Selbstobjektivierung als leibliche Menschen-Iche miteinander in einer Welt vereint." Janssen, 127).

Die Frage nach dem *ego* und dem *alter ego* – im Sinne des Anderen, des Fremden – der Subjektivität und der Fremderfahrung – ein Kriterium der Objektivität schlechthin –, sowie die Frage nach dem *ego* als Ich und als Monade führt Husserl zur Erklärung einer Subjektgemeinschaft, einer Allgemeinschaft der Monaden. Mittels Einfühlung und „analogisierender Appräsentation" des Seinssinnes anderer in die eigene Primordialsphäre, wird die Wahrnehmung des Leibes als analog zum eigenen Leib bzw. die Erfahrung des „Mit-Eigenen" erfahren. Die sich notwendige Rückbeziehung auf ein „Ur-Ich" führt zum apodiktischen Ich als Basis einer gemeinsamen Mit-Welt von mir und anderen, einer einigen Welt mit mir und mit anderen.[30]

---

29 „Die Fremderfahrung stellt eine Funktionseinheit von physischer Präsentation, psychophysischem Paarungsvorgang und transzendentaler Appräsentation dar. Das analogisch Appräsentierte kann grundsätzlich nicht in meiner primordialen Sphäre original gegeben werden wie Gegenständliches, weil es dadurch seinen transzendental-konstitutiven Charakter verlöre. Es weist aufgrund seiner Seinsart die Möglichkeit der Selbstgebung von sich ab. Daher ist es den Bewusstseinsweisen gegenüber, in denen es zur Gegebenheit kommt, in anderer Weise transzendent als alles sonstige Seiende" (Janssen, 124).

30 „Wir in der Welt, die die unsere ist – unsere Lebensumwelt. Welt haben und personal in der Welt sein, mit der Welt beschäftigt sein. Welt haben, für mich ist Welt, sie ist für mich als Welt mit Anderen, für die selbst Welt, dieselbe Welt, ist. Ich und jeder andere ist beschäftigt, jeder mit dem Seinen, jeder in seinen Interessen als Interessen an dem und jenem Weltlichen, das gerade ihn interessiert. Vereinigtes Beschäftigtsein, vereinigte Personen, vereinigt in Interessen und Beschäftigungen" (Hua XV, 508).

Husserl hat mittels Epoché in der Ego-Sphäre ähnliches zuwege gebracht wie in seiner *Krisis*-Schrift in Bezug auf die Wissenschaft. Dort ist es die „Lebenswelt“ als Urgrund der Wissenschaft; hier die Gemeinschaft von *ego* und *alter ego* im transzendentalen Ur-Ich oder Monaden-All.

Für Husserl ist Intersubjektivität zweifelsfrei gegeben. Für ihn ist der andere erfahrbar. Für ihn ist der Fremde als Fremder nur bedingt ein solcher, weil der Fremde in seiner Fremdheit ein analoges Eigenes ist bzw. sein kann. Letztlich fallen *alter ego* und *ego* in Eins. Die phänomenologische Reduktion führt zu dieser Erkenntnis, notwendig und hinreichend.

7. Evidenz als Erkenntnisraum: Letztbegründung von Erkenntnis

> Your inside is out and your outside is in,
> Your outside is in and your inside is out.
> The Beatles

Für Husserl verschmelzen Erkenntnisraum und Erkenntnis, Erkenntnisgegenstand und Erkenntnissubjekt miteinander und ineinander. Je evidenter, desto objektiver die Erkenntnis. Evidenz meint die Idee des Zusammenfalls von Sosein und Sein. Methodologisch wird dies durch Epoché im Sinne einer Urteilsenthaltung angestrebt. Das Programm der Phänomenologie ist Letztbegründung von Erkenntnis und von wissenschaftlicher Erkenntnis im speziellen.

7.1. Subjektorientiertheit

Zweifelsfrei ist das Subjekt und evident ist, was dem Subjekt als Phänomen gegeben ist, wodurch Husserl von einer objektiviert gegebenen Welt absieht. Das Subjekt konstituiert im Subjekt korrelierende Objektphänomene. Evident meint aber ausschließlich evident in Bezug auf das Subjekt. Das Subjekt beschreibt die ihm evident erscheinenden Phänomene und es obliegt dem Subjekt, was es als Phänomen auffasst und als solches ausweist in der Erfassung des im Bewusstseinsprozess ablaufenden Aktes.

Bewusstseinstranszendentes zieht von vornherein Metaphysikverdacht auf sich und ist damit unwissenschaftlich. Wissenschaftliche Erkenntnis ist nach Husserl gegeben bei der Bezogenheit des Subjekts auf den Gegenstand der Erkenntnis im Sinne einer Evidenz mit der Grundannahme, dass beides – Subjekt und Erkenntnisakt – aufeinander bezogen sind. Die begründende Phänomenologie ist demnach eine evidente Phänomenologie mit dem Kerngedanken, dass „jede originär gebende Anschauung eine Rechtsquelle der Erkenntnis sei“:

> Am Prinzip aller Prinzipien: daß jede originär gebende Anschauung eine Rechtsquelle der Erkenntnis sei, daß alles, was sich uns in der „Intuition“ originär, (sozusagen in seiner leibhaften Wirklichkeit) darbietet, einfach hinzunehmen sei, als was es sich gibt, aber auch nur in den Schranken, in denen es sich da gibt [...] Jede Aussage, die nichts weiter tut, als solchen Gegebenheiten durch bloße Explikation und genau sich anmessende Bedeutungen Ausdruck zu verleihen, ist also wirklich [...] (Hua III, 51).

Bei genauerer Betrachtung wird deutlich, dass in den geltenden Wissenschaftsdisziplinen Aussagen über bewusstseinstranszendente Gegenstände gemacht werden. Doch über etwas, was dem Bewusstsein transzendent ist, kann nichts ausgesagt werden. Wenn also über ein Objekt gesprochen wird, dann kann dies notwendigerweise nur aus der Perspektive des erkennenden Subjekts geschehen, nur dieses ist mit dem Erkenntnisobjekt im Sinne des phänomenalen Aktes verbunden.

Der Blick auf die subjektive Komponente ist eine denknotwendige, denn diese ist unmittelbar gegeben. Für die Phänomenologie liegen dem Subjektbewusstsein „Gegenstände“ vor im Sinne von intentionalen Akten. Diese zu beschreiben und ihre Evidenz aufzuweisen ist „objektive Wissenschaft“.[1]

1 Für die Phänomenologie ist Welt, Dasein, Sein nicht einfach gegeben und kann auch nicht ohne weiteres vorausgesetzt werden. Wird Objektivität im Sinne einer Objektheit aufgefasst, so wird dabei nach Husserl unterschwellig zugestanden, dass das Objekt transzendent ist im Sinne einer Erkenntnisleistung. Objekte werden vorausgesetzt. Was aber vorausgesetzt wird ist notwendigerweise bewusstseinstranszendent und damit metaphysisch, was wiederum unwissenschaftlich ist. Anders gesagt: an einer zu erkennenden und gegebenen Objektwelt unabhängig vom erkennenden Subjekt festzuhalten meint, dass ein transzendenter Bereich – die Objektwelt – als gegeben hingenommen wird. Diese Gegebenheit fungiert als Rahmen der

7.2. Metaphysik und Transzendenz

Subjektunabhängige Gegenstände sind dem erkennenden Subjekt entzogen und damit sind sinnvolle Aussagen darüber nicht möglich. Es kann keine Erkenntnis ohne Subjekt geben:

> Denn an sich seiende, dem Subjekt verborgene Gegenstände können niemals als existent ausgewiesen werden und somit auch keine zweifelsfreie Erklärungsgrundlage für Erkenntnis überhaupt und für wissenschaftliche Erkenntnis im besonderen darstellen. Der Vorwurf gegen die traditionelle Philosophie ist also der, daß sie nicht frei von metaphysischen Vorentscheidungen ist, sondern unausweisbaren Behauptungen verhaftet bleibt. Das gleiche gilt übrigens auch für die Wissenschaften, insofern sie bewußtseinstranszendente Dinge an sich annehmen und also auch im „naturalistischen Objektivismus" befangen sind (Wüstenberg, 46).

Da Gegenstände (Objekte) im Sinne Husserls nichts weiter sind als konstituierte Bewusstseinsobjekte, so ist es die Aufgabe der Phänomenologie dieses zu begründen, im Sinne von „Wissenschaft von den letzten Gründen, aus denen alle objektive Begründung ihre wahre Kraft, die aus ihrer letzten Singebung, schöpft" (Hua VI, 149).

Werden metaphysische Annahmen ausgeschaltet, bleibt die Evidenz im Sinne der Aufweisung des Seienden als Daseiendes. Damit wird die Phänomenologie bar jeder Vormeinung und – im Idealfall – unmittelbar in ihrer Erkenntnisleistung. In dem Sinne ist Phänomenologie vorurteilsfreier Positivismus:

Voraussetzung objektiver Erkenntnis, was nichts anderes bedeutet als eine subjektunabhängige Erkenntnis. Dadurch, dass eine solche Objektwelt als notwendig vorausgesetzt wird, ist diese transzendent und damit ist eine solche Unternehmung metaphysisch, sprich: unwissenschaftlich.

> Während sie als echte Standpunktsphilosophen [...] von ungeklärten und unbegründeten Vormeinungen ausgehen, nehmen wir unseren Ausgang von dem, was vor allen Standpunkten liegt: von dem Gesamtbereich des anschaulich und noch vor allem theoretisierenden Denken selbst Gegebenen, von alledem, was man unmittelbar sehen und erfassen kann – wenn man sich eben nicht durch Vorurteile blenden und davon abhalten läßt, ganze Klassen von echten Gegebenheiten in Betrachtung zu ziehen. Sagt „Positivismus“ so viel wie absolut vorurteilsfreie Gründung aller Wissenschaften auf das „Positive“, d. i. originär zu Erfassende, dann sind wir echte Positivisten (Hua III, 45).

Im Prinzip kehrt Husserl die Erkenntnisleistung also um und verlagert sie in das erkennende Subjekt. Diese ist notwendigerweise und apodiktisch im Akt des Erkennens, dem Wahrnehmung, Überlegung, Intuition, Einfühlung usw. vorausgehen. Das Objekt ist nachgeordnet und wird im Bewusstseinsakt selber aufgelöst. Das Subjekt konstituiert die Gegenstände und nicht umgekehrt.[2] Notwendigerweise könnte daraus der Vorwurf des Subjektivismus, der Ichzentriertheit oder des Solipsismus abgeleitet werden.

7.3. Solipsismus

Der Einwand also, dass es der phänomenologischen Methode als transzendentalem Subjektivismus, die sich auf das erkennende Subjekt als apodiktisches Ich beschränkt, nicht gelingen würde, den Anderen als fremdes Subjekt tatsächlich zu erreichen, weil es

2 „Die natürliche, objektive Welt ist für mich nichts anderes als die in den jeweiligen intentionalen Akten cogito bewußt seiende und mir geltende Welt. Sie bezieht ihren Sinn und ihre Seinsgeltung allein aus den Erlebnissen des reinen Ego, und der Geltungssinn transzendiert jedes mögliche intentionale Erlebnis. Das reine Ego mit dem Strom reiner Erlebnisse erweist sich so als ein Ich, das ausschließlich reflexiv auf sein Bewußtsein ‚von‘ der Welt gerichtet ist, nicht aber auf eine transzendent daseiende Welt“ (Möckel 164 f).

die eigene Beschränktheit nicht überschreiten könne. Der Andere in seinem Sein bliebe fremd, weil er nicht eigen sein kann bzw. in der eigenen Sphäre *mitsein* kann.[3] Dagegen weist Dan Zahavi darauf hin, dass Phänomenologie Intersubjektivität nicht abstrakt, aus einer übergeordneten Perspektive sozusagen, sondern immer aus der Ich- und Du-Perspektive betrachtet. Intersubjektivität als Perspektive existiert nicht in einem luftleeren Raum, sondern ist notwendigerweise und hinreichend an Subjekte gebunden.[4]

Wäre Phänomenologie solipsistisch, könnte sie ersteinmal ihr eigenverantwortlich gesetztes Ziel nicht erfüllen. Die Absicht der Phänomenologie und Ausgangspunkt der Widerlegung eines solchen Vorwurfes ist aber gerade der Aspekt der Intersubjektivität. Intersubjektivität ist notwendige Voraussetzung der „objektiven Wissenschaft" Phänomenologie und eine Absage an den Solipsismus. Notwendigerweise ist die Rückführung auf das transzendentale Ich nicht als solus ipse zu verstehen, denn gerade im tran-

3 „Insofern die Aufgabe der Phänomenologie darin besteht, die Möglichkeitsbedingungen der Erscheinung zu untersuchen, und diese Untersuchung als Analyse des Verhältnisses zwischen dem Subjekt und dem ihm Gegebenen durchzuführen ist, d. h. als Analyse des Verhältnisses des konstituierenden Subjekts zum konstituierten Objekt, ist eine adäquate Erörterung des Anderen für die Phänomenologie schlechterdings nicht möglich. Von einem fremden Subjekt, dem Anderen zu sprechen, heißt von etwas zu sprechen, das zwangsläufig seine Gegebenheit überschreitet. Als fremdem Subjekt eignet dem Anderen eine Selbstgegebenheit, die mir immer unzugänglich bleiben wird: Diese entzieht sich auch einer phänomenologischen Untersuchung, und so bleibt die Phänomenologie, was ihren Ausgangspunkt nicht weniger als ihre Resultate angeht, im Solipsismus befangen" (Zahavi, 67); Vgl. zur Kritik weiter: Dan Zahavi: *Husserl und die transzendentale Intersubjektivität. Eine Antwort auf die sprachpragmatische Kritik*, Dordrecht 1996; H. B. Schmid: *Subjekt, System, Diskurs*, Dordrecht 2000.

4 „Es hat nur dann Sinn von Intersubjektivität zu sprechen, wenn eine (mögliche) Pluralität von Subjekten gegeben ist, und Intersubjektivität lässt sich deswegen auch nicht als der Individualität und Verschiedenartigkeit der Individuen voraus- oder gar zugrundeliegend ansehen. Man kann nicht die Subjektivität restlos als Sozialisierungsprodukt verstehen und gleichzeitig sinnvoll von Intersubjektivität sprechen – und es lässt sich ebensowenig sinnvoll von Intersubjektivität sprechen, ohne sich damit eben im Rahmen irgendeiner Form des Subjektivitätsdenkens zu bewegen" (Zahavi, 87f).

szendentalen Ich kulminieren alle anderen Iche im Sine einer Ichgemeinschaft. Eben weil Ich mich – als transzendentales Ich – mittels Epoché konstituiere, muss ich das auch einem anderen Subjekt zubilligen, so dass hier die Ausgangsbasis für das Monaden-All oder Ur-Ich liegt. Somit liegt eine Gemeinschaft transzendentaler Subjekte vor, die alle zum gleichen Schluss kommen würden: Einerseits ein transzendentales Subjekt – andererseits eine transzendentale Subjektgemeinde.

Die scheinbare Doppelung wird durch das Prinzip der Analogie bzw. Ähnlichkeit von meinem Ich und Leib zum anderen Ich und dessen Leib aufgelöst.[5] In den Worten Husserls: „Ich als Ur-Ich konstituiere meinen Horizont der transzendentalen Anderen als der Mitsubjekte der die Welt konstituierenden transzendentalen Intersubjektivität" (Hua VI, 187).

Das transzendentale Subjekt konstituiert den Anderen als alter ego – und damit die Erfahrung des Anderen – wobei der Andere als anderer notwendig und hinreichend ebenfalls ein transzendentales Subjekt ist:[6]

---

5 „‚Ich trage den Anderen in mir', lautet Husserls universale Behauptung. Die Phänomenologie der oberen Schichten analysiert lediglich auf höheren Konstitutionsstufen, was auf den sie fundierenden Stufen schon herausgestellt wurde. Die Enthüllung dieser letzten grundlegenden Ebene vervollständigt die Ausführungen der V. CM, welche, betrachtet man sie isoliert für sich, als unzureichend erachtet werden können. Hier, im letztfundierenden Bereich, wurde die Ureinigung in der Doppelheit freigelegt, auf der die Analogie von Mitgegenwart und Selbstgegenwart beruht. Nach unserer Einschätzung besteht die große Wende in Husserls Denken nicht in seiner Enthüllung lebensweltlicher Strukturen, welche nur die Folge der konsequenten Durchführung der genetischen Phänomenologie ist, sondern in der Aufklärung der Intersubjektivität: Die Anwendung der phänomenologischen Methodik ermöglichte die Lokalisierung der Intersubjektivität im transzendentalen Bereich. Obwohl Husserl selbst unzählige Anläufe zur Klärung ihrer Problematik unternahm, hat er uns mit seinen Analysen doch einen Textbestand hinterlassen, dem nach allem, was wir aufgewiesen haben, mit Fug und Recht der Status einer Theorie im Sinne eines einheitlichen Ganzen zugesprochen werden kann. Damit aber hat er eine solide Grundlage hinterlassen, auf der weitere Reflexionen aufbauen können" (Iribarne, 196).

6 Vgl. auch: „Kommen wir nun jemals zu einem anderen phänomenologischen Ich? Kann phänomenologische Reduktion überhaupt zur Idee mehrerer phänomenologischer Ich kommen? Auf dem bisherigen Wege natürlich nicht. Aber wir haben bisher auch nicht Rück-

> Ganz rechtmäßig heißt es also Fremdwahrnehmung, und in weiterer Folge Wahrnehmung der objektiven Welt, Wahrnehmung, daß der Andere auf dasselbe hinsieht wie ich usw., obschon diese Wahrnehmung ausschließlich innerhalb meiner eigenheitlichen Sphäre sich abspielt. Das schließt eben nicht aus, daß ihre Intentionalität meine Eigenheit transzendiert, daß also mein ego in sich ein anderes ego, und zwar als seiendes, konstituiert. Das, was ich wirklich sehe, ist nicht ein Zeichen und nicht ein bloßes Analogon, in irgend einem natürlichen Sinne ein Abbild, sondern der Andere; [...] (Hua I, 152f).

Welterfahrung als konstituierende besagt nicht bloß meine ganz private Erfahrung, sondern Gemeinschaftserfahrung, die Welt selbst ist sinngemäß die eine und selbe, zu der wir alle prinzipiell Erfahrungszugang haben, über die wir alle uns im „Austausch" unserer Erfahrungen, also in ihrer Vergemeinschaftung verständigen können, wie denn auch die „objektive" Ausweisung auf wechselseitiger Zustimmung und ihrer Kritik beruht (Hua XVII, 243).

Für die Entfaltung der Intersubjektivität bedarf es der Welt und der Subjekte im Sinne einer Vergemeinschaftung. Die Phänomenologie sieht sich in dieser ontologischen Notwendigkeit eingebunden einerseits das transzendentale Ich als apodiktisches Ich zu fordern, andererseits dieses Ich als Mit-Ich auf andere Iche bezogen anzuerkennen.[7] Der Vorwurf des Solipsismus ist damit in

sicht genommen auf die Einfühlung, die doch eine besondere Form der empirischen Erfahrung ist. In ihr erfährt das einfühlende Ich das Seelenleben, genauer, das Bewußtsein des anderen Ich. Es erfährt es, aber niemand wird sagen, es erlebt es und nimmt es in innerer Wahrnehmung, in Lockescher Reflexion, wahr so wie sein eigenes Bewußtsein" (Hua XIII/1, 187).

7 Dazu Husserl: „Ich kann auch sagen und erkennen: Jedes von mir erfahrbare fremde Ich, erfahrbar dadurch, daß in dem Naturreich meiner möglichen Erfahrung sich ein Ding als sein Leib geben kann und Einfühlungssubstrat werden kann, kann phänomenologische Reduktion üben, und sie würde für es prinzipiell dasselbe ergeben, was sie für mich ergeben hat" (Hua XIII/1, 227). – Eine andere Perspektive, die die Erfahrung des anderen als anderen ermöglicht wäre

Bezug auf den Anderen als erkennenden und erkannten Anderen hinfällig und man hat objektiven, wissenschaftlichen Boden unter sich.[8] Die wissenschaftlichen Kriterien von Intersubjektivität und Objektivität wären erfüllt. Zu klären bleibt, wie Evidenz als conditio sine qua non zu verstehen ist.

---

die des Leibes: „Der Leib ist also dadurch gekennzeichnet, in jeder Erfahrung als der absolute Nullpunkt gegenwärtig zu sein, als das indexikalische „Hier", auf das jeder erfahrene Gegenstand ausgerichtet ist. Als inkarniertes Subjekt bilde ich den Referenzpunkt, auf den sich alle meine perzeptuellen Gegenstände beziehen. Der Leib bildet das Zentrum, um das herum der egozentrische Raum sich entfaltet, indem dieser stets auf sein absolutes Hier bezogen bleibt, weshalb Husserl auch schreibt, dass eine jede Welterfahrung durch unsere Leiblichkeit vermittelt und ermöglicht ist" (Zahavi, 60). Mittels des Leibes – nicht des Körpers – erfahren wir also den anderen als analog zu uns selbst.

8 „Der Schein eines Solipsismus ist aufgelöst, obschon der Satz die fundamentale Geltung behält, daß alles, was für mich ist, seinen Seinssinn ausschließlich aus mir selbst, aus meiner Bewußtseinssphäre schöpfen kann. Dieser Idealismus ergab sich als eine Monadologie, die bei allen absichtlichen Anklängen an Leibnizens Metaphysik ihren Gehalt rein aus der phänomenologischen Auslegung der in der transzendentalen Reduktion freigelegten transzendentalen Erfahrung schöpft, also aus der ursprünglichsten Evidenz, in der alle erdenklichen Evidenzen gründen müssen – oder aus dem ursprünglichsten Recht, aus dem alle Rechte und insbesondere Erkenntnisrechte je schöpfen können. Phänomenologische Auslegung ist also wirklich nichts dergleichen wie metaphysische Konstruktion und nicht, weder offen noch versteckt, ein Theoretisieren mit übernommenen Voraussetzungen oder Hilfsgedanken aus der historischen metaphysischen Tradition. Sie steht zu all dem in schärfstem Gegensatz durch ihr Verfahren im Rahmen reiner ‚Intuition', oder vielmehr der reinen Sinnesauslegung durch erfüllende Selbstgebung. Insbesondere tut sie hinsichtlich der objektiven Welt der Realitäten (wie auch jeder der mannigfaltigen idealen objektiven Welten, die Felder rein apriorischer Wissenschaft sind) nichts anderes – das kann nicht oft genug eingeschärft werden – als den Sinn auslegen, den diese Welt für uns alle vor jedem Philosophieren hat und offenbar nur aus unserer Erfahrung hat, ein Sinn, der philosophisch enthüllt, aber nie geändert werden kann und der nur aus Wesensnotwendigkeit, und nicht aus unserer Schwäche, in jeder aktuellen Erfahrung Horizonte mit sich führt, die der prinzipiellen Klärung bedürfen" (Hua I, 177 f).

7.4. Evidenz – Urteil und Anschauung

Evidenz[9] setzt sowohl Urteil, als auch Anschauung voraus.[10] Dabei soll grundsätzlich gelten:

> Was ein Ich in Evidenz erfährt, muss auch von anderen Ichen als dasselbe erfahren werden können. Kriterien der Übereinstimmungsmöglichkeit sichern die Wegrichtung der monadologischen Gemeinschaft (Janssen, 123).

Wenn wir Evidenz als das Erfassen von Etwas als Etwas im Sinne des unmittelbaren „Selbst-da" auffassen, geraten wir notwendigerweise in die Problematik der originaliter gegebenen Erfassung des Gegenstandes und seiner unmittelbaren Überprüfung. In dem Moment aber, wenn ich etwas erfasse, ist es auch schon wieder Vergangenheit und ich kann nicht zweifelsfrei sagen, ob es sich nicht wieder geändert hat hinsichtlich meiner Erfassung.[11] Doch es bleibt bestehen: die Einfühlung in den Gegenstand. Sie ist mein Garant für ein evidentes Erleben, obwohl sie nicht dem gleichen Bewusstseinsstrom und damit derselben Zeit

9 „Husserl hat dem normativen Charakter seines Evidenzkonzepts später deutlicheren Ausdruck gegeben und sogar ein *Evidenzprinzip als erstes methodisches Prinzip seiner Phänomenologie* formuliert. Die Problematik der Evidenz sollte sich in voller Schärfe allerdings erst anläßlich der Letztbegründungsfrage der Phänomenologie in seinen späteren Schriften stellen. Doch konnte Husserl dafür auf begriffliche Klärungen der sechsten Untersuchung ohne einschneidende Korrektur zurückgreifen (Ströker, 46).

10 „Mit Beziehung auf die zweite Frage aber ist zu bedenken, daß alle Evidenz des Urteilens (alles aktuelle Erkennen im prägnanten Sinn) anschaulich erfüllte Bedeutungen voraussetzt" (Hua XIV/1, 177).

11 „Für die Dinge gibt es keine erschöpfend allseitige Evidenz wie für das dem Bewusstsein abschattungsfrei Immanente. Daher lässt sich mit der Evidentmachung der Wahrnehmungswelt in ihrer Horizonthaftigkeit an kein Ende gelangen. Die durch das immanente Zeitbewusstsein ins Zeitlichsein hineingezogenen Dinge bleiben zwar ihrer Vergangenheit nach als solche, die in Vergegenwärtigungen wieder identifiziert werden können, dieselben, aber hinsichtlich des Zukunftshorizontes, der für sie immer offen steht, kommen sie nie zu einer Bestimmtheit, die nichts mehr an ihnen unbestimmt lässt" (Janssen, 229).

angehören kann.[12] Die Idee einer adäquaten Evidenz bleibt damit bestehen und sei es „nur“ als Limesqualität von Erkenntnis:

> Es kann zwar kein Gegenstand jemals der Idee entsprechen, aber es bewegt sich der Wahrnehmungsprozess auf voll Durchbestimmtes hin; so, als wenn in der ihm zugehörigen vollkommen gewordenen Evidenz das „absolute Selbst“ eines Gegenstandes, „seines absoluten individuellen Wesens“ liegt (Janssen, 231).

Wenn das Ziel der phänomenologischen Erkenntnis darin liegt, jene Evidenz zu erreichen – auch im Bewusstsein, dass sie nicht erreichbar ist – so tut dies dem Kriterium der Evidenz erst einmal keinen Abbruch.

> Evidenz, ein Urphänomen des intentionalen Lebens, wird als Selbstgegebenheit einer Sache ausgelegt, d. h. als sich-selbst-Geben einer Sache im Modus des „Selbst-da“, des „unmittelbar anschaulich“, des „originaliter“ Gegeben-Seins. Als Korrelatbegriff hinsichtlich der Begriffe Sein und Nicht-Sein ist Evidenz das Ziel jeglichen intentionalen Lebens, stellt einen seiner wesensmäßigen Grundzüge dar. Die Selbstgebung einer Sache löst einen Prozeß der Bewährung aus, eröffnet Synthesen der Bewährung, was auch negativ enden kann, wenn sich in dem Prozeß das Nicht-Sein der vermeinten gegenständli-

12 „Nun gilt aber das Gesetz, daß prinzipiell ein eingefühltes Datum und das zugehörige einfühlende Erfahren selbst nicht demselben Bewußtseinsstrom, also demselben phänomenologischen Ich, angehören können. Von dem eingefühlten Strom führt kein Kanal in denjenigen Strom, dem das Einfühlen selbst zugehört. Niemals kann ein Datum des einen und anderen Stromes in dem Verhältnis stehen, daß das eine die Umgebung des anderen ist. Die Umgebung! heißt das aber nicht Zeitumgebung, und besagt unser Gesetz nicht, daß eins und das andere nicht einem Zeitbewußtsein angehören kann? [...] Aber dagegen scheint zu sprechen, daß doch der Einfühlungsakt und der eingefühlte Akt derselben Zeit angehören, und zwar bewußtseinsmäßig. Die Einfühlung setzt das Eingefühlte als jetzt, und setzt es als dasselbe Jetzt wie sich selbst“ (Hua XIII/I, 227).

chen Sache erweist. Als Modi der Evidenz von Vermeintem können außer Sein und Nicht-Sein alle anderen modalen Abwandlungen des Seins (z.B. Möglich-Sein, Wahrscheinlich-Sein) auftreten. Folglich haben Wahrheit und Wirklichkeit für die phänomenologische Untersuchung ihren Sinn für uns ausschließlich als universale Strukturgesetzmäßigkeiten des Bewußtseinslebens. Der Sinn von Wahrheit und Wirklichkeit wurzelt nicht im realen oder phänomenalen Weltsein (Möckel, 170f).[13]

Wie es vorauszusehen war, haben Wahrheit und Wirklichkeit nur in Bezug auf das Bewusstsein Bestand. Evidenz als „Selbstgegebenheit einer Sache" ist ein idealiter angenommenes Ergebnis des Zusammenfalls von Bewusstsein – als intentionaler Akt – und vermeintlicher Gegenstand – als gegebenes Sein. Die Bandbreite von Evidenzen reicht dabei von möglich über wahrscheinlich zu erkennbar. Hierfür bedarf es eines weiteren Kriteriums, dem der Bewährung, das zwischen Einbildung und Phantasie und Wirklichkeit scheidet. Der Glaube an Erkenntnis und die gewonnene Erkenntnis müsse evident sein, daran muss sich die Methode und Erkenntnisabsicht bewähren.[14]

7.5. Evidenz auf Bewährung

Evidenz ist eine notwendige, aber nur bedingt hinreichende Bedingung zur Erfüllung des Tatbestandes, der Erkenntnis ist. Evidenz ohne „Bewährung" des Evidenten ist wenig sinnvoll.[15]

---

13 Im Prinzip liegt eine ähnliche Überlegung dem Falsifizierungsargument von Karl Popper zugrunde. Wahrheit als metaphysisches Konstrukt wird zugunsten von Falsifizierung – und damit ständiger Überprüfung und Theoriebildung – aufgegeben.

14 „Die selbstgebende Synthesis der evidenten Bewährung verschafft uns die Sicherheit des wahren und wirklichen Seins; sie ist eine Leistung der transzendentalen Subjektivität. Die evidenten Identitätssynthesen und das evident Gegebene im Modus des Glaubens müssen am Ende übereinstimmen" (Möckel, 171).

15 „Evidenz ist dafür notwendige, aber nicht hinreichende Bedingung, zumal sie prinzipiell fehlbar ist. Zum Erkennen gehört für Husserl

Bei der Evidenz sind verschiedene Stufen und deren Besonderheiten und Klarheiten auszumachen, sodass Evidenz im Sinne einer Synthese verschiedener Bewusstseinsschritte zu verstehen ist.[16] Letztlich geht es um die Übereinstimmung zwischen Gemeintem und Gegebenem.[17] Mitnichten geht es um eine intuitive Schau im Sinne einer Ahnung oder einer Phantasie. Dass eine solche Übereinstimmung im absoluten Sinne nicht erreicht werden kann und man von daher eher davon sprechen sollte, eine „unendliche, wiederholbare Kette von Evidenzerlebnissen" (Möckel, 171) zu haben und dass es sich damit um ein Ideal handelt, ist zweitrangig. Festzustellen ist, dass Evidenz dem Bewusstsein transzendent bleiben wird. Dazu schreibt Husserl:

---

wesentlich noch dasjenige, was er ‚ausweisende Erfahrung' nennt, nämlich Bewährung und ihr Gegenstück der Entwährung sowie Bekräftigung und ihre Durchstreichung … Das in diesem Zusammenhang Gesagte gilt natürlich nicht für solche Evidenzen, die ‚nicht bewahrheitend' sind; wie entsprechend auch nicht alle Anschauungen erfüllende, sondern manche von ihnen bloß ‚enthüllende' sind" (IX, 68, 78 f, 245 f), (Ströker, 46).

16 „Daß die Erfüllungen der Intentionen steigerungsfähig sind, daß mithin Evidenz prinzipiell verschiedene Grade und Stufen – und zwar sowohl hinsichtlich, der Klarheit als auch der anschaulichen Fülle – haben kann, unterscheidet Husserls Begriff der Evidenz maßgeblich von sonstigen Evidenzauffassungen. Alles andere als lichtvolle Gewißheit einmal ‚geschauter' Wahrheit, muß Evidenz vielmehr erst durch verschiedenartige Synthesen hergestellt, erworben, als Leistung des Bewußtseins erbracht werden" (Ströker, 46).

17 „Ist nun das Ergebnis solcher bedeutungserfüllender Prozeduren, nämlich, die Selbstgegebenheit einer Sache, zugleich dasjenige, was für Husserl deren Evidenz ausmacht, so folgt daraus, daß Evidenz niemals im einem unmittelbaren und gar willkürlichen Hinschauen sich einstellen kann, sondern daß sie erst in einer mehrfachen Aktkomplexion sich herstellen muß. Jede Evidenz ist demnach das Ergebnis einer mindestens zweifachen Synthesis, einer Deckungssynthesis zur Identifizierung des bloß Gemeinten mit ihm selbst in seiner anschaulichen Fülle sowie einer Synthesis erfüllenden Anschauung selbst; denn diese kann, und darin der schlichten, sinnlichen Anschauung verwandt, ihrerseits nur in Synthesen von Einzelanschauungen erreicht werden. Das beinhaltet ferner, daß die Evidenz nicht nur je nach Art und Stil der erforderlichen Erfüllungssynthesen unterschiedlich ist, sondern daß sie auch je nach Art und Ausmaß des Gelingens solcher Synthesen Grade und Stufen ihrer Vollkommenheit hat" (Ströker, 45).

> Daß das Sein der Welt in dieser Art dem Bewußtsein, und auch in der selbstgegebenen Evidenz, transzendent ist und notwendig transzendent bleibt, ändert nichts daran, daß es das Bewußtseinsleben allein ist, in dem jedwedes Transzendente als von ihm Unabtrennbares sich konstituiert und das speziell als Weltbewußtsein in sich unabtrennbar den Sinn Welt und auch „diese wirklich seiende" Welt trägt (Hua I, 97).[18]

Durch das Zusammenspiel einzelner intentionaler Akte unter der Bedingung ihrer Bewährung im Hinblick auf die Limesqualität des Bewährten zu dem Phänomen des Gegebenen, beziehen sich notwendigerweise unterschiedliche Stufen von Evidenzen aufeinander. Maßgeblich ist dabei der der jeweiligen Evidenz implizierte Horizont im Sinne seiner Erfüllung der Leistung auf den seienden Gegenstand.

So gibt es eine zweifelsfreie, „apodiktische Evidenz" und die „absolute Evidenz", die vom apodiktischen Ich oder transzendentalen Subjekt her gedacht wird und damit absolut im Sinne ihrer Transzendenz ist. Man kann noch von assertorischer Evidenz als individuelle Feststellung oder Behauptung sprechen und von relativer Evidenz im allgemeinen, die für Übereinstimmung und Orientierung im Alltagsbewusstsein sorgen. Zur allgemeinen Alltagsorientierung genügt eine relative Evidenz. Im philoso-

18 Vgl. dazu „Da, wo die Evidenz ihren Gegenstand in einer bestimmten Einseitigkeit zur Gegebenheit bringt, und das ist bei der äußeren Erfahrung von Dingen in der realen objektiven Welt der Fall, verweist sie auf Unendlichkeiten im Erleben von Evidenz. Die Evidenz der äußeren Welterfahrung ist notwendig nur präsumtiv, da die „real objektive Welt", die sich als „unmittelbar anschauliche gegebene" Welt darbietet, notwendig einseitig ist. Sie enthält einen Horizont unerfüllter, aber erfüllungsbedürftiger Antizipationen. Damit stoßen wir im Fortgang der phänomenologischen Analyse der egologischen Seinssphäre erneut auf die Problematik vom transzendenten Charakter der Dingwahrnehmung, wie sie Husserl in den *Ideen I* erläutert hatte. Demnach erreicht keine der auf Gegenstände der objektiv realen Welt zielenden Identitätssynthesen die adäquate (erfüllte) Evidenz des Seins. Das Sein derartiger Gegenstände bleibt auf die Weise dem Bewußtsein transzendent, auch wenn es vom Bewußtseinsleben allein in sich als Transzendentes und zugleich Unabtrennbares (Immanentes) konstituiert ist" (Möckel, 171 f).

phischen Sinne strebt man absolute Evidenz als „adäquate Erfüllung“ an, die sozusagen die Wesensstruktur von Erkenntnis sein soll. Eine solche Evidenz ermöglicht „Klarheit über die transzendentale Konstitution seiender Gegenständlichkeit“[19].

7.6. Evidenz und Wahrheit

Evidenz meint Kongruenz oder Übereinstimmung von intentional Gemeintem und anschaulich Gegebenem mit dem Ziel „Erlebnis der Wahrheit“ (Hua XIX/2, 652).[20] Husserl will aber kein Wahrheitskriterium aufzeigen, sondern einen Beitrag dazu leisten, die Voraussetzung der Definition von Wahrheit zu erhellen.[21] Damit leistet er einen Beitrag zur Frage, was es bedeutet, wenn man sagt, dass etwas gegeben ist oder evident oder wahr ist oder überhaupt ist. Wir haben kein Kriterium für Wahrheit, sondern eine Erhellung der Wahrheits-Problematik aus phänomenologischer Sicht. Dass mittlerweile Wissenschaft die Frage nach Wahrheit oder „Wahrheitsfindung“ ausklammert ist eine andere Problematik. Anstelle von Wahrheit kann auch von Falsifizierung, von Hypothesenbildung oder auch von Evidenz gesprochen werden. Eine im phänomenologischen Sinne grundlegende Klä-

19 „Die Bedingungen solcher Synthesen verweisen, so Husserl, auf die notwendige Idee einer absolut vollkommenen, erfüllten, adäquaten Evidenz des vermeinten Gegenstandes der physischen Welt. ‚Adäquate Erfüllung‘ der Evidenz soll aber nicht hergestellt, sondern es soll die Wesensstruktur einer solchen idealen und unendlichen Synthesis (Apperzeption) und idealen Evidenz klargestellt werden. Damit erlangt die Untersuchung Klarheit über die transzendentale Konstitution seiender Gegenständlichkeit“ (Möckel, 172).

20 „Wohl ist der Begriff der Wahrheit als Selbstgegebenheit nur einer von mehreren Wahrheitsbegriffen (XIX/2, 651 ff.). Doch ist er phänomenologisch der wichtigste und fundamentalste, ohne daß er jedoch zu einer einseitigen Wahrheitstheorie der Phänomenologie führte“ (Ströker, 47).

21 „Husserls analytische Aufhellung des Zusammenhangs von Evidenz, Selbstgegebenheit und Wahrheit zum Zwecke der Sinnaufklärung von Wahrheit dient mithin auch nicht der Explikation spezieller Definitionen von Wahrheit, sondern sie dient der Klärung einer fundamentalen Voraussetzung solchen Definierens“ (Ströker, 47).

rung oder eine Inanspruchnahme der erarbeiteten Resultate von „Wahrheitsfindung“ fehlt jedoch weiterhin.[22] Hilfreich wäre Husserl hier insoweit, als dass er eine Verschiebung von Wahrheit in Hinblick auf das Gegenständliche befürwortet:

> Charakteristisch für den phänomenologischen Grundbegriff der Wahrheit ist, daß er nicht im Bereich der Aussage, sondern des Gegenständlichen angesiedelt ist. „Wahr“ ist hier nicht Urteilsprädikat, sondern Sachverhaltsprädikat und jenes erst als gegründet in diesem. So kann Husserl ohne logische Unebenheit auch von wahren Sachverhalten oder Tatbeständen und sogar von wahren Gegenständen sprechen. Husserl greift damit zunächst nichts anderes als das Wahrheitsverständnis unserer alltäglichen Rede auf. Denn dieses geht in der Tat nicht auf die Wahrheit der Aussage, sondern auf den in ihr behaupteten Sachverhalt, der als dieser für wahr gilt wenn er besteht, wie denn sein Bestehen erst die notwendige Voraussetzung dafür abgibt, daß eine Behauptung über ihn zutreffen und sie somit im Sinne von Aussagenwahrheit wahr sein kann (Ströker, 47).

7.7. Evidenz und Lebenswelt

Evidenz und die damit verbundene Problematik soll oder wird sich in der „Lebenswelt“ abspielen als dem Bereich der „ursprünglichen Evidenz“ schlechthin. Dann wird das Evidente das „es selbst“ sein und zwar als „in unmittelbarer Präsenz Erfahrenes oder in Erinnerung als es selbst Erinnertes“. In der Präsenz der Erfahrung der Evidenz wird das evident Erkannte notwendigerweise intersubjektiv. Zur Aufgabe der Wissenschaft gehört

22 „Evidenz tritt für Husserl weder in Konkurrenz zur wissenschaftlichen Wahrheitsfindung, noch dient sie deren Korrektur. Mit ihr will die Phänomenologie etwas ganz anderes: die Verständigung darüber, was allgemein den Sinn von Aussagen über ‚sein‘, ‚gegeben sein‘, wahrsein‘, auch über ‚evident sein‘ ausmacht, wie er auch in wissenschaftlich wahren Bedeutungen wirksam, aber nicht entfaltet und geklärt ist“ (Ströker, 48).

es, jene Evidenz aufzuzeigen bis hin zur „Urevidenz, in der die Lebenswelt ständig vorgegeben ist“.[23]

Wir befinden uns durch die Evidenz-Problematik in dem Strahlungsfeld von Wissenschaft und Lebenswelt. In der Annahme, dass die Wissenschaftswelt in der Lebenswelt gründet und Wissenschaftler Menschen sind, notwendige und hinreichende Anteilseigner der Lebenswelt also, muss von einem Bezug beider „Welten“ aufeinander ausgegangen werden, was wiederum für das Problem der Evidenz bedeutsam ist, dahingehend, dass „Urevidenz“ lediglich in der Lebenswelt – als der objektiv-wissenschaftlichen Welt zugrundeliegend – hergestellt werden kann.[24] „Urevi-

23 „Die Lebenswelt ist ein Reich ursprünglicher Evidenzen. Das evident-Gegebene ist je nachdem in Wahrnehmung als ‚es selbst‘ in unmittelbarer Präsenz Erfahrenes oder in Erinnerung als es selbst Erinnertes; jede sonstige Weise der Anschauung ist ein es selbst Vergegenwärtigen; jede in diese Sphäre gehörige mittelbare Erkenntnis, weit gesprochen: jede Weise der Induktion hat den Sinn einer Induktion von Anschaubarem, eines möglicherweise als es selbst Wahrnehmbaren oder als wahrgenommen-gewesen Erinnerbaren usw. Auf diese Modi der Evidenzen führt alle erdenkliche Bewährung zurück, weil das ‚es selbst‘ (des jeweiligen Modus) in diesen Anschauungen selbst liegt als das intersubjektiv wirklich Erfahrbare und Bewährbare, und keine gedankliche Substruktion ist, während andererseits eine solche, soweit sie überhaupt Wahrheit beansprucht, eben nur durch Rückbeziehung auf solche Evidenzen wirkliche Wahrheit haben kann. Es ist freilich selbst eine höchst wichtige Aufgabe der wissenschaftlichen Erschließung der Lebenswelt, das Urrecht dieser Evidenzen zur Geltung zu bringen, und zwar ihre höhere Dignität der Erkenntnisbegründung gegenüber derjenigen der objektiv-logischen Evidenzen. Es muß völlig aufgeklärt, also zur letzten Evidenz gebracht werden, wie alle Evidenz objektiv-logischer Leistungen, in welcher die objektive Theorie (so die mathematische, die naturwissenschaftliche) nach Form und Inhalt begründet ist, ihre verborgenen Begründungsquellen in dem letztlich leistenden Leben hat, in welchem ständig die evidente Gegebenheit der Lebenswelt ihren vorwissenschaftlichen Seinssinn hat, gewonnen hat und neu gewinnt. Von der objektiv-logischen Evidenz (der mathematischen ‚Einsicht‘, der naturwissenschaftlichen, der positiv-wissenschaftlichen ‚Einsicht‘, so wie sie der forschendbegründende Mathematiker usw. im Vollzug hat) geht hier der Weg zurück zur Urevidenz, in der die Lebenswelt ständig vorgegeben ist“ (Hua VI, 130 f).

24 „Das Wissen von der objektiv-wissenschaftlichen [Welt] „gründet“ in der Evidenz der Lebenswelt. Sie ist dem wissenschaftlichen Arbeiter bzw. der Arbeitsgemeinschaft vorgegeben als Boden, aber, auf

denz" ist damit ein weiterer phänomenologisch herausgearbeiteter Begriff, der wie „Lebenswelt", „Ur-Ich", „Monaden-All" oder „apodiktisches Ich" als transzendentale Konstante phänomenologischer Bewusstseinsphilosophie mittels transzendentaler Reduktion herausgearbeitet wurde.

diesem bauend, ist doch das Gebäude ein neues, ein anderes. [...] Andererseits zeigte sich aber auch, daß die Sätze, die Theorien, das ganze Lehrgebäude der objektiven Wissenschaften aus gewissen Aktivitäten gewonnene Gebilde der in ihrer Zusammenarbeit verbundenen Wissenschaftler sind – genauer gesprochen: aus einem fortlaufenden Aufbau von Aktivitäten, deren spätere immer wieder die Ergebnisse der früheren voraussetzen. Und weiter sehen wir, daß alle diese theoretischen Ergebnisse den Charakter von Geltungen für die Lebenswelt haben, als solche ihrem eigenen Bestande sich immerfort zuschlagend und vorweg schon als Horizont möglicher Leistungen der werdenden Wissenschaft ihr zugehörig. Konkrete Lebenswelt also zugleich für die ‚wissenschaftlich wahre' Welt der gründende Boden und zugleich in ihrer eigenen universalen Konkretion sie befassend ..." (Hua VI, 133f).

8. Magische Grammatologie: Die Magie der Monade

> Er sprach manchmal von einer neuen Lebensqualität, behauptete steif und fest, daß jeder von uns sie entdecken kann und muß. Kaum aufgewacht, wurde er von einer Freude überflutet, die er nicht zu beschreiben vermochte; es war zweifellos Lebensfreude, Freude über sein eigenes Wohlergehen, aber auch über die Tatsache, daß es andere Menschen gab, daß die Jahreszeiten einander ablösten und kein Tag dem anderen glich, daß er Bäume und Blumen sehen und Tiere streicheln konnte. Auf der Straße hatte er, auch wenn er nicht ringsumher blickte, das Gefühl, einer riesigen Gemeinschaft anzugehören, ein Teil der Welt zu sein. Er betrachtete selbst Häßliches wie eine Müllgrube oder einen Autofriedhof mit verklärten Augen.
>
> Mircea Eliade, *Jugend ohne Jugend*

Wildes Denken", „magisches Denken" oder Magie stellt sich als ein komplexes Diskursfeld dar.[1] Als Oberbegriff dieses Diskursfeldes verwenden wir den Begriff Magie, der folgende Bereiche abdeckt: Naturphilosophie und Naturreligion, magisches Denken im Gebiet der Bewusstseinsevolution sowie magische Verfahren im Sinne von Zauberpraktiken, Ritualen, Symbolik. Magie kann im Zusammenhang mit anthropologischen, ethnologischen, soziologischen, kulturhistorischen, religionswissenschaftlichen, volkskundlichen, psychologischen und philosophischen Fragestellungen betrachtet werden.

---

1 Unter einem magischen Diskursfeld wird zunächst die Sammlung aller Aussagen zur Magie, die als jeweils eigener magischer Diskurs aufgefasst werden müssen, in einem neutralen Sinne verstanden. Die Vermessung des Diskursfeldes in Bezug auf die phänomenologische Methodologie erfolgt im nächsten Kapitel.

8.1. Magie ohne Begriff

Kocku von Stuckrad gibt in seinem Lexikoneintrag zur Magie einen Überblick der Magie vom Mittelalter über die Renaissance und Frühneuzeit bis ins 19. und 20. Jahrhundert. Einbezogen wird auch die Wicca- und Hexentradition sowie der Neopaganismus. Von Stuckrad kommt zu dem Ergebnis, dass eine einheitliche Definition dessen, was unter Magie zu verstehen sei, von einem historischen Gesichtspunkt aus gesehen, nicht geleistet werden kann. Magie habe sich von der Antike bis zur Frühneuzeit durch die Verbindung mit Natur und Wissenschaft grundlegend verändert. Dennoch gibt es Nachwirkungen bis heute. Vom historischen Standpunkt aus ist ein einheitliches Magie-Verständnis nicht ableitbar.[2] Begründbar wird dies mit der Komplexität des Sujets Magie.

Gegen eine solche historisierende Auffassung lässt sich einwenden, dass sie kaum über Deskriptivität hinausgelangt. Jedoch führt eine solche Art des Historismus – wie Husserl in *Krisis* gezeigt hat – zu Skeptizismus, den es zu vermeiden gilt.[3] Das

2 „Die ant[ike]. Diskussion um mageia/magia, gogleia, carmen etc. hatte eine Vielzahl möglicher Interpretationen hervorgebracht, die eine allgemeine Beschreibung dessen, was unter M[agie] verstanden wurde, unmöglich macht. So kann auch ein Resümee der Begriffsgeschichte nicht mehr tun, als die verschiedenen M[agie]-Entwürfe deskriptiv zu erfassen, ohne eine Vereinheitlichung erzwingen zu wollen. Ferner gilt es zu bedenken, daß die Auffassung von M[agie] – und zwar in enger Verflechtung mit den Begriffen Natur und Wiss. – sich vom 14.–17. Jh. grundlegend verändert hat und die moderne Definition jener drei Begriffe erst dem 18. Jh. entstammt. Zu unterscheiden ist dabei grundsätzlich (und vereinfacht) eine philos[ophische]. Tradition einerseits, die über die abendländische Esoterik tradiert wurde und als Naturphilos[ophie]. auch die neuzeitlichen Naturwiss[enschaften]. beeinflußte, und eine weniger spekulativ als praktisch orientierte M[agie], die v. a. im alltäglichen Kontext von weiten Teilen der Bevölkerung praktiziert wurde, wobei hier ein expliziter Rekurs auf ant[ike]. Quellen seltener ist. Schließlich kann das Nachwirken spätant[iker]. Diskurse bis in die wiss. Begriffsbildung verfolgt werden, die sich seit dem 19. Jh. zw. ethnologischer Feldforschung und sozialwiss[enschaftlicher]. Theoriediskussion entfaltete." Von Stuckrad: *Magie*, 252–262.

3 „Man sieht leicht, daß der Historizismus konsequent durchgeführt in den extremen skeptischen Subjektivismus übergeht. Die Ideen

Primat der Geschichte entlarvt sich im Sinne Husserls als metaphysischer Ort der Bezogenheit von Aussagen und genügt damit nicht einer wissenschaftlichen Positionierung von Wissen. Letztlich sagt es eben wenig, wenn gesagt wird, dass historisch gesehen nichts Einheitliches gesagt werden kann. Eine genaue historische und begriffliche Bestimmung und Eingrenzung dessen, was beispielsweise als „Magie" bezeichnet wird, ist zwar notwendig, aber eben nicht hinreichend.[4]

Andererseits führen noch detailliertere Analysen und noch genauere Spezifizierungen im Sinne einer gründlicheren Kenntnisse der Umstände usw. ebenfalls nicht an ein Ziel, weil ihnen metaphysische Vorannahmen zugrunde liegen, die unreflektiert hingenommen werden.[5]

Und es fehlen dem Historismus auch die methodologischen Werkzeuge, dies zu erkennen und Abhilfe zu schaffen. Das begründet sich aber im bewussten Verzicht der Selbstreflexion der Methode.

Im Bewusstsein, dass die methodologische Vielfalt sich ergebnisorientiert bündeln lässt, kann eine phänomenologische Betrachtung in der Lage sein, hier adäquater vorzugehen.

Was wir unzweifelhaft vorliegen haben sind Grundkonstanten im magischen Diskurs wie Analogiedenken, Wirksamkeit, Beeinflussung und die Anwendung von verborgenen, geheimen, nicht alltäglichen Kräften, die sich um Magie als Phänomen gruppieren, ohne dass dabei ihre jeweilige historische Bezogenheit ignoriert werden soll. Ein magisches Diskursfeld kann also attributiv verstanden werden.

Der folgende Überblick dient der Absicht, die Aspekte des magischen Denkens exemplarisch aufzuzeigen, um dann in einem nächsten Schritt die phänomenologischen Grundlagen des magischen Diskursfeldes darzulegen.

Wahrheit, Theorie, Wissenschaft würden dann, wie alle Ideen, ihre absolute Gültigkeit verlieren." (Husserl, *Philosophie als strenge Wissenschaft*, 51).

4 Vgl. dazu das Kapitel „Krisis".

5 Vgl. dazu das Kapitel „Krisis".

8.2. Kosmische Sympathie

Magie wird im Umkreis von Astrologie und Alchemie, Hermetik und Religion angesiedelt.[6] Grundlegend bleibt für Magie, was bereits in der Antike über sie im Sinne einer Beeinflussung der Natur, des Menschen und der Umwelt gesagt wurde. Georg Luck definiert in seinem Buch über antike Geheimlehren Magie wie folgt:

> Magie ist eine Technik, die auf dem Glauben an geheime Kräfte im Menschen und im Weltall beruht, Kräfte, die unter besonderen Voraussetzungen vom Menschen geweckt und gelenkt werden können. Die Technik der Magie setzt eine Wechselwirkung zwischen dem Mikrokosmos (dem Menschen) und dem Makrokosmos (dem Weltall) voraus, die ganz bestimmten Gesetzen unterworfen ist. Letztlich ist Magie in ihrer antiken Prägung ein wissenschaftlich anmutendes System von Anschauungen, Regeln und Anwendungen, welches fast unbegrenzte Kräfte im Menschen ausnützen will (Luck, 1).

Der signifikante Bezug der Entsprechung als „Wechselwirkung zwischen Mikrokosmos und dem Makrokosmos“ ist eine auf Evidenz angelegte Erkenntnismöglichkeit, die im besten Falle – und damit als teleologisches Instrument begreifbar – auf Wirkung und Verwirklichung abzielt. Die Wirkung beruhe auf „kosmischer Sympathie“ wie an den Aussagen des Stoikers und Universalgelehrten Poseidonios von Apamea[7] aus dem 1. Jahrhundert v. Chr. ersichtlich:

---

6 Ausführlich dazu Georg Luck: *Magie und andere Geheimlehren in der Antike.*

7 Vgl. hierzu: Prof. Dr. Jürgen Malitz, 19. September 1999, http://www.gnomon.kueichstaett.de/LAG/poseidonios.html. Und dort: K. Reinhardt, *Poseidonios,* München 1921; J. Malitz, *Die Historien des Poseidonios,* München 1983; I. G. Kidd, *Poseidonios*, in: Fr. Ricken (Hg.), *Philosophen der Antike II,* Stuttgart 1996, 61–82. Und: Theiler, Willy: *Die Vorbereitung des Neuplatonismus.* Berlin 1934.

> Für das magische Denken ist wichtig der Begriff der „kosmischen Sympathie“, den der Stoiker Poseidonios von Apamea als Prinzip postulierte und der ihm anscheinend als eine Art Begründung okkulter Vorgänge diente. Für ihn mußte es ein solches Prinzip geben, sonst könnten z. B. die Wahrsager nicht recht haben; sie haben aber in der Regel recht, ergo ... Alle Elemente, alle Geschöpfe, die ganze Natur in ihrer unendlichen Vielfalt sind durch eine geheime Verwandtschaft miteinander verbunden, und was sich in einem Teil des Universums abspielt, wirkt, ohne daß ein Kontakt sichtbar oder ein Kausalzusammenhang erkennbar wäre, auf einen weit entfernten Teil des Weltalls ein. Dieses selbst wird als ein gewaltiger lebender Organismus verstanden. Unsere moderne Wissenschaft fragt nach Ursache und Wirkung, aber Philosophen wie Poseidonios, die ja auch auf ihre Weise Wissenschaft betrieben, suchten nach sympathetischen Zusammenhängen. Natürlich wurde auf diese Weise mystischen Spekulationen Tür und Tor geöffnet (Luck, 3).

Der Verzicht auf eine kausal angenommene Ereigniskette, eine bis hin zur Negierung des Raumes und der Zeit reichende Vorstellung der Beeinflussung, beruht auf der Annahme eines Systems der Sympathie und der Ähnlichkeit bzw. der Verwandtschaft. Damit wird Gebrauch und Anwendung einer a-kausalen Art des Denkens dokumentiert, das, zur damaligen Zeit, als Wissenschaftsdiskurs im Sinne der Erklärung von Welt gelten konnte.

Die Beziehungen von Magie und antiker Wissenschaft – Wissenschaft im Sinne einer antiken geometrisch und kosmisch ausgerichteten Kartographie des Wissens – ergeben sich dann, wenn Wirkung und Methode impliziert wird, ohne dabei Kausalität notwendigerweise als grundlegend vorauszusetzen.[8]

---

8 „In einem Zeitalter, dem Wissenschaft als solche unbekannt war – außer Mathematik und Astronomie – konnte Magie sich gleichsam wissenschaftlich gebärden“ (Luck, 9).

Die Annahme, dass in der antiken Kultur lediglich eine gewisse Bevölkerungsschicht niederen Bildungsniveaus sich der Magie bediente, ist nicht haltbar. Magie und magische Systeme wurden weder als primitiv noch als bloßer Aberglaube angesehen und in allen Bevölkerungsklassen praktiziert.[9]

Magie als Naturreligion im Sinne eines „wilden Denkens" (Lévi-Strauß) oder „primitiven Bewusstseins" gliedert Magie in den anthropologisch-religiösen Kontext ein und verankert sie als Stufe eines noch entwicklungsfähigen und damit überholten Bewusstseinszustandes, den es zwar als Phänomen zu betrachten gilt, lediglich aber im Sinne einer rudimentären Religionsform, und nicht als Erkenntnisinstrument.

8.3. Magie als ritualisierter Optimismus

Die wissenschaftliche Aufarbeitung magischen Denkens in der Frühzeit der Menschheitsgeschichte erfährt ab Mitte des 19. Jahrhunderts eine gründliche Aufwertung. Der magische Diskurs wird verstärkt Objekt der Forschung.[10]

---

9 „Die antike Magie beruht auf ‚primitiven', das heißt, sehr alten und relativ einfachen Vorstellungen, aber in der Form, in der sie uns überliefert ist, scheint sie alles andere als primitiv. Diese Form von Magie gab es nur in den hoch entwickelten Kulturen, und sie war ihr wesentlicher Bestandteil. Nicht nur die sogenannten ‚unteren' Klassen glaubten an Magie, sondern auch die Gebildeten, die ‚Intellektuellen'" (Luck, 11).

10 Folgende Auswahl relevanter Werke, die sich mit dem Phänomen Magie beschäftigen und einen Überblick geben: Edward E. Evans-Pritchard: *Hexerei, Orakel und Magie bei den Zande*, Frankfurt 1988. James George Frazer: *Der goldene Zweig. Das Geheimnis von Glauben und Sitten der Völker*, Reinbek 1994. Sigmund Freud: *Totem und Tabu*, Frankfurt 1981. H.G. Kippenberg/B. Luchesi (Hg.): *Magie. Die sozialwissenschaftliche Kontroverse über das Verstehen frem- den Denkens*, Frankfurt 1978. Otto Prokop / Wolf Wimmer: *Der moderne Okkultismus. Parapsychologie und Paramedizin. Magie und Wissenschaft im 20. Jahrhundert*, Stuttgart 1987. Ergänzend: Wouter Hanegraaff: „Magic", 716–719. Ein Artikel, in dem er den historischen und religionswissenschaftlichen Kontext abdeckt und eine geschichtliche Theorie der Magie aufstellt, ohne dabei aber deren Wirkkraft oder ihr Wesen näher bestimmen zu wollen. Vgl. dazu auch: „Magic V: 18th–20th Century", 738–744, in: *Dictionary*

Der Aspekt der geschichtlichen und religionswissenschaftlichen Seite der Magie ist wesentlich für ein umfassendes Verständnis von Magie. Zu beachten ist, dass hier „magisches Denken" im Sinne einer soziologischen, ethnologischen und religiösen Komponente angesehen wird, die sich durch gewisse Praktiken im Umkreis von Zaubererei als Weltanschauung und konstituierendes Weltbild etablierte, um dann abgelöst oder als unzeitgemäß angesehen zu werden.

Sir James George Frazer (1854–1941) war schottischer Anthropologe, Religionswissenschaftler und klassischer Philologe. Er betätigte sich im Bereich der Ethnologie und gilt als Begründer der Religionsethnologie. Dabei erforschte er religionsgeschichtliche Fragen der Antike und des Orients. Frazer spricht von „sympathischer Magie" und legt deren Ausprägungen wie folgt dar:

> Wenn wir die Grundlagen der Ideen im einzelnen untersuchen, auf welchen die Magie beruht, so sehen wir, daß diese sich in zwei Teile gliedern: einmal, daß Gleiches wieder Gleiches hervorbringt, oder daß eine Wirkung ihrer Ursache gleicht; und dann, daß Dinge, die einmal in Beziehung zueinander gestanden haben, fortfahren aus der Ferne aufeinander zu wirken, nachdem die physische Berührung aufgehoben wurde. Der erste Grundsatz kann das Gesetz der Ähnlichkeit, der zweite das der Berührung oder der direkten Übertragung genannt werden (Frazer, 15).

---

of Gnosis and Western Esotericism. Karl Heinz Göttert: *Magie. Zur Geschichte des Streits um die magischen Künste unter Philosophen, Theologen, Medizinern, Juristen und Naturwissenschaftlern von der Antike bis zur Aufklärung*, München 2001. Kocku von Stuckrad: „Magie". A. a. O. Ders.: „Was ist Esoterik?" S. 100–110. Ausführlich dazu auch bei Hermann E. Stockinger: *Die hermetisch-esoterische Tradition*, 62–80. Als Beleg für die Entwicklung des Bewusstseins im Sinne einer Geschichte religiöser Vorstellungen beginnend auf einer magischen Stufe siehe: Mircea Eliade: *Geschichte der religiösen Ideen.* Ders.: „Das Okkulte und die moderne Welt", in: *Der magische Flug*, Sinzheim 2000. Vgl. dazu noch Emile Durkheim: *Die elementaren Formen des religiösen Lebens*, Frankfurt a. M. 1981.

Frazers Forschung klassifiziert Wirkprinzipien der Magie und stellt so Grundprinzipien zur Verfügung, auf die weitere Forscher aufbauen.[11]

Da sich Frazer auf die Magie der „primitiven Völker" bezieht, ist es auffallend, dass er zu einem ähnlichen Ergebnis kommt wie Poseidonios von Apamea.

Seine Abgrenzung von Magie im Rahmen seiner Erforschung des „Tabu" als „Pseudowissenschaft" und „Pseudokunst"[12] und die Erkenntnis, dass Magie zu Fortschritt und Wissenschaftlichkeit beigetragen oder wenigstens dorthin geführt hat belegt, wie

---

11 Vgl. dazu: „Bisher haben wir nur den Zweig der sympathetischen Magie betrachtet, den man als den homöopathischen oder nachahmenden bezeichnen kann. Sein Grundprinzip ist, wie wir gesehen haben, daß Gleiches wieder Gleiches erzeugt, oder mit andern Worten, daß eine Wirkung ihrer Ursache gleicht. Der andere große Zweig der sympathetischen Magie, den ich Übertragungsmagie genannt habe, geht über zu dem Gedanken, daß Dinge, die einmal verbunden waren, für alle Zeiten, selbst wenn sie völlig voneinander getrennt sind, in einer solchen sympathetischen Beziehung zueinander bleiben müssen, daß, was auch immer dem einen Teil geschieht, den andern beeinflussen muß. So ist die logische Grundlage der Übertragungsmagie wie die der homöopathischen eine mißverstandene Ideenassoziation. Ihre physische Grundlage, wenn wir überhaupt davon reden können, ist, wie die physische Grundlage der homöopathischen Magie, ein stoffliches Medium irgendwelcher Art, dessen Existenz man, wie die des Äthers in der modernen Physik, annimmt, um voneinander entfernte Gegenstände zu verbinden und Eindrücke von einem auf den andern zu übertragen. Das bekannteste Beispiel von Übertragungsmagie ist die magische Sympathie, die bestehen soll zwischen einem Menschen und irgendeinem von ihm getrennten Teil seiner Person, seinen Haaren oder Nägeln beispielsweise, so daß jeder, der in den Besitz von menschlichen Haaren oder Nägeln kommt, auf jede Entfernung hin seinen Willen jenem Menschen gegenüber durchzusetzen imstande ist. Dieser Aberglaube ist über die ganze Welt verbreitet (Frazer, 52f).

12 „Aber jene negativen Regeln, die wir Tabu nennen, sind genau so unnütz und wertlos wie jene positiven, die wir Zauberei nannten. Beides sind nur entgegengesetzte Seiten oder Pole eines großen, verhängnisvollen Irrtums, eine irrige Auffassung von der Ideenassoziation. Der positive Pol jenes Irrtums ist Zauberei, der negative das Tabu. Wenn wir dem gesamten falschen System den Namen Magie geben, und zwar theoretische als auch praktische Magie unterscheiden, so läßt sich das Tabu definieren als die negative Seite der praktischen Magie" (Frazer, 28).

umfassend und vielschichtig dieser Gegenstandsbereich als Phänomen angesehen werden muss.

> Insofern also die öffentliche Ausübung der Magie einer der Wege gewesen ist, auf denen die fähigsten Männer zur höchsten Macht gelangen konnten, hat sie dazu beigetragen, die Menschheit von der Knechtschaft der Überlieferung zu befreien und zu einem größeren, freieren Leben mit einem weiteren Blick in die Welt zu erheben. Dies ist kein kleiner Dienst an der Menschheit. Und wenn wir uns ferner daran erinnern, daß in einer andern Richtung die Magie der Wissenschaft den Weg bereitete, müssen wir zugeben, daß die schwarze Kunst, wenn sie auch viel Unheil angerichtet hat, dennoch die Quelle zu manchem Guten gewesen ist, daß sie zwar das Kind des Irrtums, dennoch aber die Mutter der Freiheit und Wahrheit war (Frazer, 69).

Man wird Frazer in seiner wegweisend positiven Einschätzung von Magie nicht uneingeschränkt folgen wollen, aber wie wir noch sehen werden, stößt eine solche Auffassung durchaus auf breite Zustimmung.

Das Werk des französischen Soziologen und Ethnologen Marcel Mauss (1872–1950) – zu seinen Schülern zählen u. a. Lucien Lévy-Bruhl und Claude Lévi-Strauss – liefert wesentliche soziologische Erkenntnisse über Magie. Maus war Neffe und enger Mitarbeiter des Begründers einer empirischen Sozialwissenschaft, Émile Durkheim (1858–1917). Sein Buch *Die Gabe* gilt nach wie vor als Standardwerk und ist bis heute aktuell.[13] Marcel Mauss definiert Magie wie folgt:

> Die Magie umfaßt Handelnde, Handlungen und Vorstellungen: Magier nennen wir das Individuum, das magische Handlungen vollzieht, selbst dann, wenn es dies nicht professionell

13 Vgl. dazu Boris Groys: *Unter Verdacht. Eine Phänomenologie der Medien*, 119–134. Und: Stephan Moebius / Christian Papilloud (Hg.): *Gift – Marcel Mauss' Kulturtheorie der Gabe*, Wiesbaden 2006.

> tut; magische Vorstellungen nennen wir die Ideen und Überzeugungen, die den magischen Handlungen korrespondieren; die Handlungen, auf die bezogen wir die anderen Elemente der Magie definieren, nennen wir magische Riten. Diese Handlungen müssen von nun an unbedingt von sozialen Praktiken unterschieden werden, mit welchen sie vermischt werden könnten.
>
> Die magischen Riten und die Magie insgesamt sind in erster Linie durch Tradition bestimmte Tatsachen. Handlungen, die sich nicht wiederholen, sind nicht magisch. Handlungen, an deren Wirksamkeit eine ganze Gruppe nicht glaubt, sind nicht magisch. Die Form der Riten ist in ungewöhnlichem Maße überlieferbar und sie wird durch die allgemeine Meinung sanktioniert. Daraus folgt, daß strikt individuelle Handlungen, wie die besonderen abergläubischen Praktiken von Spielern, nicht magisch genannt werden können.[14]

Die Trias von Handelndem, Handlung und Vorstellung in Bezug auf den Magier und dessen Ausführungen sagt zwar wenig über Magie als solche aus, jedoch bringt Mauss neben Wirksamkeit vor allem die Wiederholbarkeit – auch im Sinne einer Überlieferung – als ein weiteres Kriterium einer magischen Handlung ein. Die Abgrenzung der Magie von Spiel und abergläubischer Handlung ist ein weiterer zentraler Aspekt.

Bronislaw Kasper Malinowski (1884–1942), polnischer Sozialanthropologe und „Vater der Feldforschung“, die heute zum Kernstück der empirischen Arbeit der Anthropologie geworden ist, kommt zu einer ähnlich optimistischen Einschätzung von Magie wie Frazer. Er betont die Zielgerichtetheit und die Tradition der Magie.[15] Ebenso sieht er in der trieb- und emotionsumwan-

---

14 Marcel Mauss: *Entwurf einer allgemeinen Theorie der Magie*, 52f.

15 „Magie, die spezifische Kunst mit spezifischen Zielen, ist in jeder ihrer Formen einmal in den Besitz des Menschen gekommen und mußte in direkter Nachfolge von Generation zu Generation weitergegeben werden. Daher blieb sie seit frühesten Zeiten in den Händen von Spezialisten, und der erste Beruf der Menschheit ist der eines Magiers oder Zauberers.“ Bronislaw Malinowski: *Magie, Wissenschaft und Religion*, 72.

delnden bzw. kanalisierenden Funktion der Magie eine kulturelle Leistung, die Anlass zu Optimismus gab bzw. gibt.

Die Funktion der Magie ist, den Optimismus des Menschen zu ritualisieren, seinen Glauben an den Sieg der Hoffnung über die Angst zu stärken. Die Magie drückt aus, daß Vertrauen für den Menschen einen größeren Wert hat als Zweifel, Standhaftigkeit größeren Wert als Unbeständigkeit und Optimismus größeren Wert als Pessimismus.[16]

Das Verständnis von Magie als kulturelle, religiöse und soziologische Komponente wächst. Andererseits bildet Magie eine ideale Projektionsfläche für Wunschvorstellungen im Sinne der Beherrschbarkeit von Natur und Umwelt.[17] Der durch Horkheimer und Adorno in *Dialektik der Aufklärung* diagnostizierte Umschwung von Herrschaft, die zwangsläufig gebrochen werden muss, steht dabei noch aus dahingehend, dass Magie eher unkritisch gesehen wird.

16 „Was ist die kulturelle Funktion der Magie? Wir haben gesehen, daß alle Triebe und Emotionen, alle praktischen Tätigkeiten den Menschen in Sackgassen führen, wo seine lückenhaften Kenntnisse und die Grenzen seiner Fähigkeit zur Beobachtung und zur Einsicht ihn im entscheidenden Moment im Stich lassen. Der menschliche Organismus reagiert dann mit spontanen Ausbrüchen, in denen rudimentäre Verhaltensweisen und rudimentärer Glauben an ihre Wirksamkeit erzeugt werden. Die Magie hält sich an diesen Glauben und die rudimentären Riten und legt sie in dauerhaften traditionellen Formen fest. Die Magie bietet dem Menschen eine Anzahl fixierter ritueller Akte und Glaubensvorschriften, eine bestimmte geistige und praktische Methode, die dazu dient, gefährliche Situationen in jeder wichtigen Beschäftigung und kritischen Lage zu überwinden. Sie befähigt den Menschen, seine wichtigen Aufgaben mit Vertrauen auszuführen, sein Gleichgewicht und seine geistige Integrität in Wutausbrüchen, in Qualen des Hasses, unerwiderter Liebe, der Verzweiflung und der Angst aufrechtzuerhalten. Die Funktion der Magie ist, den Optimismus des Menschen zu ritualisieren, seinen Glauben an den Sieg der Hoffnung über die Angst zu stärken. Die Magie drückt aus, daß Vertrauen für den Menschen einen größeren Wert hat als Zweifel, Standhaftigkeit größeren Wert als Unbeständigkeit und Optimismus größeren Wert als Pessimismus" (Malinowski, 73f).

17 Kritisch dazu: Kippenberg, 1978, 28.

Die Entwicklung, Magie als eigenständige Diskursform wahrzunehmen,[18] zeigt einen kritischen Richtungswechsel in der Magieforschung an. Prominentester Vertreter dafür ist Claude Lévi-Strauss (1908), französischer Ethnologe und Anthropologe und Mitbegründer des Strukturalismus. François Dosse schreibt über ihn: „Lévi-Strauss ist ein Neuerer im strengen Sinn gewesen, indem er das linguistische Modell in die Anthropologie eingeführt hat …“ (Dosse, 41). Er wollte herausfinden wie „der menschliche Geist arbeitet“, zu dem ja auch Magie als Teil gehört.[19] Sein Topoi des „wilden Denkens“ meint folgendes: „[...] das wilde Denken besteht demnach aus einem vieldimensionalen Komplex von Codes oder Codices, die alle aufgrund ihrer ähnlichen Unterschiede ineinander transformierbar, konvertierbar, kurz: übersetzbar sind“ (Walitschke, 63).[20]

---

18 Siehe dazu: Evans-Pritchard mit seiner 1937 erschienenen Untersuchung über die Zande, worin er eine eigene magische Logik und ein eigenständiges magisches System ausmachen kann.

19 „Die Methode, die LEVI-STRAUSS auf die Mythen anwendet, um zu verstehen, wie der menschliche Geist arbeitet, nämlich mit geistigen Antinomien wie Natur – Kultur u. a., hat vor allem unter den Literaturkritikern viele Anhänger gewonnen, ohne daß sich LEVI-STRAUSS mit allen von ihnen identifizieren möchte, vermag er doch bei vielen von ihnen ‚keine strukturalistische Methode zu erkennen‘. Gegenüber seinen marxistischen, existentialistischen und christlichen Kritikern verteidigt LEVI-STRAUSS seine Vorliebe, sich mit Gemeinschaften zu befassen, ‚die sich keine Geschichte wünschen‘, ohne daß er ‚im geringsten der Geschichte gegenüber eine negative Haltung habe‘. Damit hat er selbst die begrenzte Gültigkeit seiner Methode angedeutet, wenn er auch darauf besteht, in seinen Forschungen Allgemeingültiges über die Denkweise des Menschen zu erheben“ (Schiwy, 147 ff).

20 Vgl. dazu auch: „Der operative Wert der gewöhnlich totemistisch genannten Benennungs- und Klassifikationssysteme liegt in ihrem formalen Charakter: es sind Codices, die geeignet sind, Nachrichten, die in die Begriffe anderer Codices übertragen werden können, zu übermitteln und jene Nachrichten, die durch die Vermittlung andersartiger Codices empfangen wurden, in ihrem eigenen System auszudrücken. Der Irrtum der klassischen Ethnologen bestand darin, daß sie diese Form verdinglichen, sie an einen bestimmten Inhalt knüpfen wollten, während sie sich dem Beobachter doch als eine Methode darstellt, die jede Art von Inhalt zu assimilieren erlaubt. Der Totemismus, oder was man dafür hält, ist alles andere als eine autonome Institution, die sich durch ihr innewohnende Merkmale identifizieren

Seine Beschäftigung mit „magischen Denkformen“ führt ihn zur Abgrenzung von Wissenschaft, was für das Verständnis der Magie wesentlich ist:

> Zwischen Magie und Wissenschaft bestünde unter diesem Gesichtspunkt der wesentliche Unterschied darin, daß die eine einen globalen und integralen Determinismus voraussetzt, während die andere so vorgeht, daß sie Stufen unterscheidet, von denen nur einige gewisse Formen des Determinismus zulassen, die auf anderen Stufen nicht anwendbar sind. Aber könnte man nicht noch weiter gehen und die Strenge und Präzision, die das magische Denken und die rituellen Praktiken aufweisen, als den Ausdruck einer unbewußten Ahnung von der Wahrheit des Determinismus betrachten, der die Seinsweise der wissenschaftlichen Phänomene wäre, derart, daß der Determinismus im Ganzen vermutet und manipuliert würde, noch bevor man ihn erkennt und respektiert? Die Riten und die magischen Glaubensinhalte erschienen dann als Ausdrucksformen einer Glaubensart einer künftigen Wissenschaft (Lévi-Strauß, *Das wilde Denken*, 23).

Zugleich distanziert sich Lévi-Strauß von der Annahme, Magie als Vorläufer von Wissenschaft anzusehen. Er will dem magischen Denken seine Eigenart lassen:

> Wir greifen dennoch nicht auf die landläufige (und innerhalb des engen Rahmens, in der sie verwandt wird, durchaus zulässige) These zurück, derzufolge die Magie eine schüchterne und stammelnde Form der Wissenschaft ist: denn man würde sich jeder Möglichkeit berauben, das magische Denken zu

---

ließe; er entspricht gewissen willkürlich isolierten Modalitäten eines formalen Systems, dessen Funktion es ist, die ideale Umkehrbarkeit der verschiedenen Ebenen der sozialen Wirklichkeit zu garantieren. Wie Durkheim es zuweilen geahnt zu haben scheint, liegt die Grundlage der Soziologie in einer Art ‚Sozio-Logik‘ “ (Lévi-Strauss: *Das wilde Denken*, 92 f).

> verstehen wenn man es als ein Moment oder als eine Etappe der technischen und wissenschaftlichen Entwicklung begreifen wollte ... Das magische Denken ist nicht ein erster Versuch, ein Anfang, eine Skizze, der Teil eines noch nicht verwirklichten Ganzen; es bildet ein genau artikuliertes System und ist in dieser Hinsicht unabhängig von dem anderen System, das die Wissenschaft später begründen wird ... Anstatt also Magie und Wissenschaft als Gegensätze zu behandeln, wäre es besser, sie parallel zu setzen, als zwei Arten der Erkenntnis, die zwar hinsichtlich ihrer theoretischen und praktischen Ergebnisse ungleich sind ... nicht aber bezüglich der Art der geistigen Prozesse, die die Voraussetzung beider sind und sich weniger der Natur nach unterscheiden als aufgrund der Erscheinungstypen, auf die sie sich beziehen“ (Lévi-Strauß, *Das wilde Denken*, 25).

Magie und Wissenschaft sind für Lévi-Strauß zwei Systeme mit eigener Grammatik und Artikulation, Ausdrucksmöglichkeit und Unabhängigkeit. Die der Magie untergeschobene Manipulation im Sinne des Betrugs entlarvt Lévi-Strauß als eine von Außen herangetragene: „der Betrug ist der Magie konsubstantiell, und streng genommen ‚mogelt‘ der Zauberer nie.“ Und auch der Gebrauch des Übernatürlichen enttarnt sich mit dem reflexiven Blick auf denjenigen, der das Übernatürliche voraussetzt und damit impliziert: „Es gibt ebensowenig eine Religion ohne Magie, wie eine Magie, die nicht wenigstens ein Körnchen Religion enthielte. Der Begriff der Übernatur existiert nur für eine Menschheit, die sich selbst übernatürliche Kräfte zuschreibt und die dafür der Natur die Kräfte ihrer Übermenschlichkeit verleiht.“[21]

21 „Denn wenn das System der Magie gänzlich auf dem Glauben beruht, daß der Mensch in den natürlichen Determinismus eingreifen, ihn vervollständigen oder seinen Lauf verändern kann, dann spielt es kaum eine Rolle, ob er dies etwas mehr oder etwas weniger tut: der Betrug ist der Magie konsubstantiell, und streng genommen ‚mogelt‘ der Zauberer nie. Zwischen seiner Theorie und seiner Praxis besteht nicht ein Wesensunterschied, sondern ein gradueller Unterschied. Zweitens klärt sich die so strittige Frage der Beziehungen von Magie

8.4. Magie als System der Wechselwirkung

Magie als System der Wechselwirkung von geheimen, verborgenen oder zumindest nicht unmittelbar wahrnehmbaren Kräften präsentierte sich bisher als ein System von Anschauungen, Regeln und Anwendungen kosmischer Sympathie, das zwischen Mikrokosmos und Makrokosmos vermittelt. Sympathische Magie in ihrer Ausprägung als nachahmende oder homöopathische Magie und als Übertragungsmagie zielt auf Wirksamkeit und Wiederholbarkeit ab. Dabei befindet sie sich in spezifischen Überlieferungstraditionen. Fortschritt, Beherrschbarkeit, Manipulation und Zielgerichtetheit sind Attribute magischen Denkens, das sich als eigenständige Art der Erkenntnis erweist.

Andere Diskurssysteme wie Alchemie, Hermetik, Okkultismus, Astrologie usw. sind mit solchen magischen Denkweisen durchaus und unter Bewahrung ihrer Eigenheiten kompatibel.[22] Die Möglichkeit diese durch das „magische Denken“ zu verstehen liegt nahe. Eine grundlegende Erklärung wie Magie wirkt, funktioniert oder eben arbeitet kann aber nicht gegeben werden, ohne eine philosophische Durchdringung dieses Problems.

---

und Religion. Denn wenn man auch in gewissem Sinn sagen kann, die Religion bestehe in einer Humanisierung der Naturgesetze und die Magie in einer Naturalisierung des menschlichen Tuns – Behandlung eines bestimmten menschlichen Tuns, als ob es ein integrierender Teil des physischen Determinismus wäre –, so handelt es sich dabei nicht um Termini einer Alternative oder um Etappen seiner Entwicklung. Der Anthropomorphismus der Natur (mit dem wir die Magie definieren) sind zwei immer gegebene Komponenten, bei denen einzig die Dosierung variiert. Wie wir oben gesehen haben, schließt eins das andere ein. Es gibt ebensowenig eine Religion ohne Magie, wie eine Magie, die nicht wenigstens ein Körnchen Religion enthielte. Der Begriff der Übernatur existiert nur für eine Menschheit, die sich selbst übernatürliche Kräfte zuschreibt und die dafür der Natur die Kräfte ihrer Übermenschlichkeit verleiht“ (Lévi-Strauß, *Das wilde Denken*, 255 f).

22 Das Verhältnis von Alchemie und Magie beleuchtet der ausführliche Artikel über „Magie“ von Claus Priesner in: Claus Priesner / Karin Figala: *Alchemie. Lexikon einer hermetischen Wissenschaft*, München 1998.

8.5. Magie und Zauberei

Richard Kieckhefer, Professor für Geschichte des Christentums, begreift Magie im Mittealter als „Kreuzung oder Knotenpunkt" [23]:

> Die Magie ist ein Ort, wo Religion und Wissenschaft aufeinandertreffen, wo populäre Anschauungen sich mit denen der gebildeten Klassen vereinigen, wo literarische Konventionen und die alltägliche Wirklichkeit zusammenfließen (Kieckhefer, 9).

Magie im Mittelalter ist in vielfältigen Diskurssystemen eingebunden. Ihre jeweiligen Eigenschaften können hervorgehoben und benannt werden. Wissenschaft und Religion können in ein magisches Weltbild eingebunden werden.

Magie hatte einen festen Platz im mittelalterlichen Weltbild und es ist daher fehlender Sachkenntnis zuzuschreiben, Magie ausschließlich über das Dämonische, Zauberwesen und Hexen betreffende Schwarzmagische zu definieren. Zu komplex sind im weiten Bereich der mittelalterlichen Volksbräuche die Emanationen magischen Denkens; zu verwoben ist das diese Praktiken betreffende Weltbild in jenem voraufklärerischen Dunkel. Zu Recht hebt Richard Kieckhefer deshalb Komplexität und Vielfalt der

23 Und noch dazu: „Wenn wir an diesem Kreuzungspunkt stehen, so eröffnen sich uns Wege in verschiedene Richtungen: Wir können von hier aus die Theologie erforschen, die Alltagswirklichkeit der Gesellschaft, die Literatur oder die Politik des mittelalterlichen Europa. Wenn wir anderen Pfaden folgen, so gelangen wir zur bildenden Kunst, die nicht selten Themen aus dem Bereich der Magie bearbeitet, oder zur Musik, der man im Mittelalter magische Kräfte zuschreibt. Weil die Magie sowohl von der Kirche wie auch vom Staat mit Verboten umgeben wurde, führt uns die Beschäftigung mit ihr auch in das Dickicht der Rechtsordnung" (Kieckhefer, 9). Dazu auch Jean Claude Bologne: *Magie und Aberglaube im Mittelalter. Von den Fackeln zum Scheiterhaufen.* „Dieses notwendigerweise bruchstückhafte Bild der Magie, des Aberglaubens und des Irrationalen im allgemeinen wollte vor allem zeigen, wie komplex das Problem war in einer Epoche, die nicht mehr einem Idealland leuchtenden Glaubens oder einem Land okkulter Praktiken entsprach" (259).

Magie hervor und verteidigt damit die Mannigfaltigkeit vor einseitiger Urteilsfindung.

Unleugbar ist Magie in der Volkskunde immer auch in die Nähe der Zauberei gerückt, wobei Zauberpraktiken gemeint sind, die auf Wirkung aus sind. Für Margarethe Ruff ist die Instrumentalisierung der Magie mit wesentlichen Fragen verbunden:

> Wer hat tatsächlich gezaubert und auf welche Art? Wie steht es mit der Überlieferung und Bodenständigkeit magischer Praktiken? Im Folgenden sollen konkrete Erscheinungsformen „volkstümlicher" Zauberpraktiken dargestellt werden. Das heißt, das Phänomen Magie soll in seiner Instrumentalisierung begriffen und Hintergründe und Zusammenhänge magischer Verhaltensweisen beschrieben werden (Ruff, 12).

Margarethe Ruff sieht Antworten in der Axiomatik zweier Stränge, dem „zauberisch-dämonologischen" und dem „magisch-naturphilosophischen". Dies erinnert an Frazer und dessen Zweiteilung der Magie, die aber ideengeschichtlich ausgerichtet ist und sich auf eine Menschheitsepoche beruft, die nicht der Dichotomie von Ratio – man denke an die mittelalterliche Scholastik – und Aberglauben ausgesetzt ist.

> Zwei Entwicklungsstränge kennzeichnen die geschichtliche Entwicklung der „abendländischen" Magie: „(1) ein zauberisch-dämonologischer Strang, der Teufelsglaube, Inquisition, Hexenverfolgung, Spiritismus und Okkultismus im Gefolge hat und (2) ein magisch-naturphilosophischer, der über die Alchimie zur modernen Naturwissenschaft führt". Eine Trennung von „Volksmagie" und „gelehrter Magie" oder gar „weißer" und „schwarzer" Magie ist damit nicht gemeint. Die Trennung von Magie und Naturwissenschaft erfolgte erst im 18. Jahrhundert n. Chr. (Ruff, 13).[24]

24 Vgl. dazu auch: „Die von mir herangezogenen Belege zum Schadenzauber bestätigen im Großen und Ganzen die Ausführungen Da-

Ruff erweitert den Blick auf das magische Phänomen in einer Zeit, die eigenartig gespalten scheint und Magie als feste Größe in der Lebenswelt ausweist. Dazu gehören unleugbar Magier und Gestalten, die sich magisch hervortaten.

8.6. Magie und ihre Epigonen[25]

Ab der Renaissance können Persönlichkeiten, die sich mit Magie beschäftigt haben und deren Einfluss bis heute nachweisbar ist, als solche identifiziert werden. Die folgende Auswahl vermittelt einen namentlich, nicht näher zu bestimmenden Einblick in diese Sphäre. Zu nennen sind Agrippa von Nettesheim[26] (1486–1535) dessen Lehrer Trithemius von Sponheim (1462–1516) war, die legendären Gestalten des Johann Faust (1466 oder 1480/81–1540) und Abraham von Worms (1362–1458)[27], dann mit Abstrichen Pico della Mirandola (1463–1494) und später John Dee (1527–1608) mit seinem Beitrag zur „Henochschen Magie" sowie Giordano Bruno (1548–1600) und Paracelsus (1493/94–1541), der als Magier bzw. teilweise magisch inspiriert und praktizierend galt.

---

xelmüllers. Belege für den Zauber mit Wachsbildern, Kinderleichen, Liebestränken sind zwar vorhanden, aber sie scheinen nicht wirklich glaubhaft. Der Bildzauber scheint vor allem in kirchlichen und elitären Kreisen auf und dürfte in unserem Raum wenig volkstümlich sein. Die Vorstellung schadenzauberischer Praktiken war zwar in der frühen Neuzeit und später in der Bevölkerung durch Hexenpredigten, Flugblätter, Verlesung der Gerichtsurteile allseits bekannt. Dass viele Menschen glaubten, eine Hexe könne auf zauberische Art Milch stehlen oder jemand eine Krankheit anhexen, bedeutet jedoch noch nicht, dass solche Praktiken wirklich ausgeführt wurden" (295). Siehe dazu auch: Christoph Daxelmüller: „Vorwort des Nachdruckes", in: *Handwörterbuch des deutschen Aberglaubens*, Bd. 1, Reprint, Berlin 1987/2000. 5–39.

25 Dieser Teil wurde aufgenommen, um Magie auch namentlich zu verorten. Es würde den Rahmen der Arbeit sprengen, detaillierter darauf einzugehen. Vgl. dazu Literaturverzeichnis „Magie" und Biedermann, Culianu, Frick, Hanegraaff et. al., Peuckert oder Stockinger.

26 *De occulta philosophia*, libri tres, hg. v. V. Perrone Compagni, (= *Studies in the History of Christian Traditions*; 48), Leiden: Brill u. a. 1992.

27 Abraham ben Simon bar Juda ben Simon: *Das Buch der wahren Praktik von der alten Magia*, Anno 1608.

Die Kette magischer Persönlichkeiten oder Magi reißt bis heute trotz oder gerade wegen der Aufklärung und einer positivistischen Rationalisierung nicht ab.[28] Magier und magisch inspirierte Personen und Gruppierungen sind sozusagen immer noch mitten unter uns. Ein Ende dieser magischen Kette ist nicht abzusehen. Zu nennen sind ferner: Cagliostro (1743–1795), Karl von Eckartshauen[29] (1752–1802), Eliphas Levi [d. i. Alphonse Louis Constant] (1810–1875), Samuel Liddell „MacGregor" Mathers (1854–1918), Aleister Crowley (1875–1947), Musallam [d. i. Franz Sättler] (1884–1942), Austin Osman Spare (1886–1956), Franz Bardon (1909–1958), Gregor A. Gregorius [d. i. Eugen Grosche] (1890–1964) u. a. Gerade die letzteren Namen finden sich auch im Umkreis zahlreicher Geheimgesellschaften oder magisch operierender Verbindungen.

8.7. Die Kräfte, wie sie heimlich wirken

Doch zurück in die Renaissance, zurück zu Pico della Mirandola. Der Volkskundler Will-Erich Peuckert[30], der sich ausführlich und kongenial einfühlend mit „magia naturalis" in seinen Büchern beschäftigt, bemerkt zu Pico:

> Pico schreibt einmal: Die Magie erfüllt das Herz, das Gottes Wunder mit ihrer Hilfe erkennt, mit eben der Bewunderung. – Magie lehrt mithin das begreifen, was Pico Gottes Wunder nennt. Das ist: das Wunder in der Natur. Die Kräfte, wie

28 Interessant ist auch die Verbindung, die zwischen „Aufklärung" und der Zunahme an „Geheimgesellschaften" gegen Ende des 18. Jahrhunderts zu beobachten ist und deren Entwicklung parallel verläuft. Das Licht der Aufklärung scheint den eigenen Schatten zu gebären.

29 Von Eckartshausen ist eine zu vielschichtige Persönlichkeit, um sie alleine auf Magie festzulegen. Aber sein Werk *Auffschlüsse zur Magie aus geprüften Erfahrungen über verborgene philosophische Wissenschaften und verdeckte Geheimnisse der Natur*, Brünn 1788/90, ist als grundlegend zu nennen.

30 Vgl. dazu als Hinführung zu seinem Werk: Brigitte Bönisch-Brednich [Hg.]: *„Volkskunde ist Nachricht von jedem Teil des Volkes". Will-Erich Peuckert zum 100. Geburtstag*, Göttingen 1996.

> sie heimlich wirken. Die niemand versteht und die doch sind. Oder am selben Ort: Magie bohrt sich hinein in das Verständnis des Wesens aller Dinge; sie zieht aus dem Schoße der Erde und aus deren geheimnisvollen Vorratskammern die verborgenen Wunder Gottes hervor, als hätte sie selbst diese geschaffen. Magie zeigt die verborgenen Wunder, die Gott in die Natur gelegt. Wer diese verborgenen Wunder erkennt, muß deshalb an ihnen, wenn auch mühsam, etwas vom Schöpfer selbst erkennen. (Nach Picos Ansicht lehrt die Magie dasselbe wie die „Theologie" [die Theologie des Ficinokreises]. Denn beide haben dieselbe Wurzel. Es ist ein Weg, der sich zerspaltet, so wie ein Y oder V aus einer Wurzel zwei Äste sendet, – und dessen Äste sich zuletzt einem gemeinsamen Ziel zuwenden.)[31]

Peuckert begreift im Rahmen seiner Untersuchung über „schwarze und weiße Magie"[32] diese als Erkenntnisinstrumente von Natur, Mensch und Gott. In seiner „Pansophie" legt er eine Untersuchung über Magie vor, die von der Platonischen Akademie der Renaissance bis ins 17. Jahrhundert reicht. Grundsätzlich sieht er darin Bemühungen um die Rückbindung an eine transzendente Sphäre und eine andere Art der Erkenntnis, die nicht rational verlaufen muss. Magie wird für ihn zum Mittel der Vermittlung, zum Medium der Transzendenz und Immanenz. Die zwei Wege der Gabalia – das natürliche Licht („lumen naturali") und offenbarter Glaube oder Wissen – führen zur hermetisch-neuplatonischen Philosophie.

Als ein Weg des Wissens ist Magie in seiner Wirkkraft zu verstehen, die durch Analogie und der Absicht, Verschiedenes und Gemeinsames zu erkennen, wirkt. Peuckert führt dazu eine Stelle bei Agrippa von Nettesheim an:

> Agrippa erörtert nun, was die Magie denn sei. „Die magische Wissenschaft, der so viele Kräfte zu Gebote stehen, und

31 Will-Erich Peuckert: *Pansophie*, 29.
32 Will-Erich Peuckert: *Gabalia*.

> die eine Fülle der erhabensten Mysterien besitzt, umfaßt die tiefste Betrachtung der verborgensten Dinge, das Wesen, die Macht, die Beschaffenheit, den Stoff, die Kraft und die Kenntnis der ganzen Natur. Sie lehrt uns die Verschiedenheit und die Übereinstimmung der Dinge kennen. Daraus folgen ihre wunderbaren Wirkungen, indem sie die verschiedenen Kräfte miteinander vereinigt und überall das entsprechende Untere mit den Gaben und Kräften des Oberen verbindet und vermählt. Diese Wissenschaft ist daher die vollkommenste und höchste; sie ist eine erhabene und heilige Philosophie, ja sie ist die absolute Vollendung der edelsten Philosophie" (Peuckert, *Gabalia*, 36).

Hier werden sämtliche bereits bekannten Komponenten des magischen Diskurses sichtbar. Magie wird als Wissenschaft, als *magia naturalis*, eine natürliche Magie im Sinne der „Physik"[33] angesehen. Die beiden Aspekte oder Wege der „weißen Magie" sind als Erkenntnis Gottes im Sinne einer Pansophie und die Erkenntnis Gottes in der Mystik mittels der „unio mystica" – als Theosophie im Sinne der göttlichen Offenbarung – zu verstehen.[34]

Dass bis heute magisches Denken fasziniert, zeigt Karl Frick in seinem Standardwerk *Die Erleuchteten*, wo er nicht nur die bereits bekannten Erscheinungsformen von Magie aufzählt – Ritus, Analogien, Berührungen und Sympathien –, sondern auch auf den Kulturphilosophen Jean Gebser Bezug nimmt und damit indirekt eine Brücke zur Philosophie schlägt:

> Der Magier oder Zauberer und mit ihm seine Anhänger, Bewunderer oder „Verzauberten" glauben an die mögliche Erzeugung übermenschlicher Kräfte, um so mit Hilfe bestimmter

33 Peuckert, *Gabalia* 38.

34 Dass Peuckert sich von der *magia naturalis* aus gesehen auf paralcelsischem Grunde befindet und das Gedankengebäude des Paracelsus aufnimmt und als Leitfaden für seine Untersuchungen und Gedanken ebenso nutzt wie die Werke eines Ficino oder anderer Renaissance-Magier, soll nicht nur nebenbei erwähnt werden.

> Zauberformeln und Riten oder durch Streben nach einer völligen Übereinstimmung des eigenen Willens mit Gott oder den (Elementar-)Geistern ihr gewünschtes Ziel zu erreichen. Diese als magische Denkform oder wie bei Gebser als magische Ebene bezeichnete Richtung entwickelte allmählich ein rationalisiertes und konventionalisiertes System von Handlungen, die durch besonders auserlesene und dazu bestimmte Personen, die Magier, ausgeübt werden. Zu den magischen Handlungen gehören symbolische Riten, wie Analogieschlüsse, Berührungen und Sympathien (Frick: *Die Erleuchteten*, 53).

Der Bezug zu Gebser kommt nicht von ungefähr, denn dieser widmet dem „magischen Denken" einigen Raum in seinem Hauptwerk *Ursprung und Gegenwart*. Jean Gebser untersucht Magie als magisches Denken im Sinne einer Art Durchgangsstation hin zum integralen Bewusstsein. Seine Unterscheidung von Bewusstseinsstufen, die er wie folgt benennt: Archaisch – Magisch – Mythisch – Mental – Integral[35] binden Magie in eine Bewusstseinskette ein. Gebser schreibt dazu: „Der Mensch der magischen Welt war noch im Geheimnis mit einbeschlossen, so wie wir heute noch im Schlaf in die nächtigen Gründe der Welt mit einbezogen sind. Er war noch, so wie wir im Tiefschlaf, zutiefst geborgen" (Gebser, 387). Die weitere Entwicklung führe dann zur Integrierung bzw. Überwindung des Ich und zu einer „integralen Bewußseinsstruktur".[36]

Die Position Gebsers, die auf Ganzheit und integrales Bewusstsein abzielt, kann damit als Integration des magischen Standpunktes und deren Überwindung gelten: „Es ist also die An-

35 Vgl. hierzu: Jean Gebser: *Ursprung und Gegenwart*.

36 Vgl. dazu: „Nur die Überwindung des Ich, die eine Überwindung sowohl der Ichlosigkeit als auch der Ichhaftigkeit ist, stellt uns in die Ichfreiheit, die das Achronon und das Diaphainon zu wahren vermag. Ichfreiheit ist Freisein vom Ich, ist nicht Ich-Verlust oder -Verzicht, ist nicht Ich-Mord, sondern Ich-Überwindung. Das Ich-Bewußtsein war das Charakteristikum der mentalen Bewußtseinsstruktur. Die Ichfreiheit ist das Charakteristikum der integralen Bewußtseinsstruktur" (Gebser, 677).

erkennung der akategorialen systatischen Werte (oder Elemente), welche die integrale Weltsicht erst ermöglicht. Ohne sie bleibt die Welt ein nichts als materiell- und raumverhaftetes System ohne Diaphanität" (Gebser, 422). Dabei weiß Gebser, dass hier ein Prozess angeschoben wird, der eben erst in Gang kommt: „Viele der aperspektivischen Ansätze, die wir beobachten konnten, sind vorerst noch Versuche. So wenig die Perspektive mit einem Male gefunden wurde, so wenig kann die Aperspektive mit einem Male gefunden werden" (Gebser, 670). Oder prägnanter:

> Für ihn [den Menschen] gibt es weder Himmel noch Hölle, weder Diesseits noch jenseits, weder Ich noch Welt, weder Immanenz noch Transzendenz, sondern über deren magische Einheit, deren mythische Ergänztheit, deren mentale Entzweiung und Synthese hinaus das nur wahrnehmbare Ganze. [...] Das Vorzeitlose wird zeitfrei, Leere wird Fülle, in der Durchsichtigkeit wird das Diaphainon, das Geistige, wahrnehmbar: Ursprung ist Gegenwart. Wir wahren das Ganze, und das Ganze wahrt uns (Gebser, 689).

Gebsers Ansicht gliedert sich in eine naturphilosophische Betrachtungsweise ein, die Magie als Entwicklungsstufe ansieht und sie im Sinne des „wilden Denkens" (Levi-Strauss) betrachtet. Somit schließt sich der Kreis von einer religionswissenschaftlich ausgerichteten Anthropologie und Ethnologie hin zur Kulturphilosophie. Erweitert wird dieser Radius durch das Einbeziehen magischer Weltbetrachtung, die von Magiern und magisch orientierten Organisationen der letzten Jahrhunderte vorgenommen wurde.[37]

Zur Wiederholung sei auf die Definition des Symbolforschers Hans Biedermann in seinem „Lexikon der magischen Künste" hingewiesen, der die a-rationale Methodik von Magie betont.

---

37 Neben den bereits erwähnten Magiern können folgende Organisationen im magischen Bereich erwähnt werden, die in den letzten hundert Jahren einen gewissen Einfluß ausübten: *The Hermetic Order of the Golden Dawn*, die *Hermetic Brotherhood of Luxor*, der *OTO*, die *Fraternitas Saturni*.

> MAGIE ist die Umsetzung eines auf Entsprechungen und Sympathien gegründeten Weltbildes in die Praxis. Von einer „prälogischen“ Einstellung des Magiers zu sprechen, weil ein rational erfaßbarer Kausalzusammenhang zwischen der mag. Operation und dem zu beeinflussenden Objekt meist nicht gegeben ist, wäre unberechtigt, da in gleichen Epochen und von den gleichen Personen auch völlig logische, rationale Handlungen gesetzt werden. Hingegen ist der Begriff eines „paralogischen“, d. h. neben der „normalen“ Logik existierenden Weltbildes des Magiers nicht ganz von der Hand zu weisen (Hans Biedermann, 278).

Biedermann unterstreicht die Nähe der Wissenschaft zur Magie, die sich über Manipulation von Natur und Umwelt definieren. Dass dies mitunter indirekt geschieht, sei es im Sinne einer Prognostik für die Zukunft oder Vorhersagen über zukünftige Ereignisse mittels einer Experimentalstruktur, kann nicht von der Hand gewiesen werden, muss aber erst einmal wertfrei als Ausübung von Wirkung gesehen werden. Dazu Biedermann:

> Seltener wird in der Literatur der Typus des Magiers mit jenem des wissenschaftlichen Forschers verglichen. Beiden gemeinsam ist der Wunsch, die Umwelt zu beherrschen, zu „manipulieren“ und sie in seinen Dienst treten zu lassen. Verschieden sind jedoch die Methoden; der Magier folgt einem im Anfang vielleicht intuitiv gefundenen Ritual, das er nicht verändert. Der Forscher beobachtet und variiert die äußeren Umstände seiner rational zielgerichteten Handlungen systematisch. Freilich gibt es auch hier Übergänge und Zwischenstufen, etwa in dem als magia naturalis bezeichneten Bereich. – Unabhängig von jeglicher moralischen oder intellektuellen Wertung muß festgestellt werden, daß die M[agie]. für den Kulturhistoriker ein geistesgeschichtl. Faktum darstellt, das im Leben der Menschheit eine große Rolle spielte und z. T. noch heute spielt (Hans Biedermann, 281 f).

8.8. Welcher Wille geschehe?

Magie auf ihre Wirkung hin zu betrachten heißt auch, ihre Wirkkräfte anzuerkennen, eine im 20. Jahrhundert vorrangige Praxis, womit dann endgültig offensichtlich wird, dass ein magisches Denken in der Neuzeit nicht mehr als „wildes Denken" angesehen werden kann.

Doch die erkenntnisfördernde Dominanz magischer Absicht wird unterschätzt. Zu sehr hat man sie mit der Dominanz des Willens identifiziert, eines Willens, der lediglich manipulativ und absichtsvoll wirken soll. Die andere Seite magischer Operationen und deren Geheimbünde sowie des modernen Magus, die Magie als methodologisches Erkenntnisinstrument nutzt, wird dabei übersehen.[38]

In diesem Sinne kann das bis heute aufgelegte Werk des bayrischen Gymnasialprofessors Ludwig Staudenmaier (1865–1933) *Die Magie als experimentelle Wissenschaft* aus dem Jahre 1912 die experimentelle Seite der Magie zeigen, wobei für ihn diese dann im weitesten Sinne zur Parapsychologie gezählt werden kann. Staudenmaier definiert Magie wie folgt:

> Aus dem Mitgeteilten folgt zweifellos die Berechtigung, die Magie als eine besondere Wissenschaft von der experimentellen Psychologie, der Psychophysik und der Physiologie zu trennen; denn diese beschäftigen sich im wesentlichen mit dem Studium der normalen psychischen, psychophysischen und physiologischen Vorgänge im Menschen, während es sich in der Magie um das Studium und die planmäßige Einübung von psychischen, psychophysischen und physiologischen Vorgängen handelt, welche beim normalen Menschen entweder gar keine oder nur eine ganz nebensächliche und mehr zu-

38 Hier kann als Beispiel *The Hermetic Order of the Golden Dawn* gelten, dessen magische Praktiken durchaus als „wissenschaftliche" Instrumente zur Erforschung der okkulten Kräfte, der metaphysischen Geistersphäre und deren „message" angesehen werden müssen.

> fällige Rolle spielen und mit größerer Deutlichkeit im allgemeinen nur bei abnorm oder gar pathologisch veranlagten Naturen beobachtet werden (Staudenmaier, 223).

Deutlich wird hier Magie zur Psychologie und Wissenschaft gezählt – wenn auch mit besonderem Status – mit der Aufgabe, einer ritualisierten Einübung besonderer Bewusstseinszustände. Interessanterweise wird durch Israel Regardie die magische Tradition weiter psychologisiert.

Israel Regardie (1907–1985) war Sekretär Aleister Crowleys und Mitglied in magisch-esoterischen Organisationen wie der *SRiA* und der *Stella Matutina* von Dion Fortune (1890–1946), die vor der Gründung ihres „Ordens" Mitglied des *Hermetic Order of the Golden Dawn* war. Regardie veröffentlichte 1937 Unterlagen des *Hermetic Order of the Golden Dawn*[39] und brachte damit bis dahin geheimes Material an die Öffentlichkeit.

Regardie kann sowohl als Psychologe, wie auch als ein in praktischer Magie bewanderter Forscher angesehen werden. Seine Definition von Magie beruht also auch auf eigener Erfahrung. So schreibt er:

> Einfach und in aller Kürze möchte ich gleich zu Anfang sagen, daß sich die Welt der Magie im wesentlichen mit der Welt der modernen Psychologie deckt. Die Magie beschäftigt sich mit jener Sphäre der Psyche, deren wir uns normalerweise nicht bewußt sind, obwohl sie einen ungeheuren Einfluß auf unser Leben hat. Die Magie ist ein System psychologischer Techniken, die uns helfen können, unser Inneres tiefer zu erforschen. Doch wozu? Zunächst einmal, damit wir lernen, uns in umfassenderer Weise selbst zu verstehen. Abgesehen davon, daß eine solche Selbst-Kenntnis schon an sich wünschenswert ist, befreit uns ein Verständnis unserer inneren Natur von unbewußten Zwängen und Motivationen und ermöglicht uns die Meisterung unseres Lebens. Zweitens ermöglicht uns die

39 Israel Regardie: *Das magische System des Golden Dawn.*

> Erforschung unseres Inneren, jenes innere Selbst in stärkerem Maße in unseren alltäglichen Aktivitäten zum Ausdruck zu bringen. Erst wenn die Menschheit als Ganzes einen gewissen Grad der Verwirklichung erreicht hat – oder vielleicht dann, wenn die fortgeschritteneren Männer und Frauen auf der Welt ihn entwickelt haben –, dürfen wir jemals auf eine ideale, utopische Entwicklung der Weltsituation hoffen – auf weitgehende Toleranz, auf Frieden und auf universale Verbrüderung. Diesem Ziel verdankt die Magie ihre Daseinsberechtigung (Regardie, *Magie*, 11).

Regardie betont ausdrücklich die Übereinstimmung zwischen Magie und Psychologie und ist damit weit von jenem primitiv-magischen Ansatz entfernt, der Magie im Sinne eines überholten oder überwundenen Diskurses begreift.

Nach Regardie führt Magie zur Selbsterkenntnis im Sinne der Erkenntnis des eigenen Inneren und zielt auf umfassende Harmonie und Frieden im Menschen und unter den Menschen ab. Magie wird doppelt greifbar: zum einen als Instrument der Bewusstwerdung und zum anderen als Utopie hin zu einer universalen Menschheit.

Magie löst dabei die Religion ab, indem sie dem *Glauben* eine *Erkenntnis* der Gewissheit eines „allgegenwärtigen und ewigen Lebensprinzips“ entgegensetzt. Magie wird zu einer „präzisen Technik“ der Welterkenntnis:

> Wenn wir uns unserem Thema aus einem anderen Blickwinkel nähern, könnten wir sagen, daß die Magie sich mit den gleichen Problemen beschäftigt wie die Religion. Sie vergeudet jedoch ihre, beziehungsweise unsere, wertvolle Zeit nicht mit fruchtlosen Spekulationen über die Existenz oder über das Wesen Gottes. Vielmehr bestätigt sie dogmatisch, daß es ein allgegenwärtiges und ewiges Lebensprinzip gibt, und beschreibt eine Vielzahl von Methoden, mit deren Hilfe man dies selbst überprüfen kann. ... Ich möchte ausdrücklich betonen, daß die Techniken der Magie präzise wirken ... (Regardie, *Magie*, 11).

Die magische Technik wird deutlich benannt: Divination, Evokation, Vision und Invokation. Der Zugang zum Göttlichen mittels Weissagung (Divination) im Sinne einer Schulung der Intuition als Zugang zur Quelle der Weisheit und Anrufung der göttlichen Kräfte (Evokation) durch bestimmte Verfahren wie Visualisation und/oder Imagination soll zur Veränderung, Umgestaltung oder Umwandlung der eigenen Persönlichkeit (Invokation) führen.[40] All dies ist im Sinne magischer Operationen zu verstehen mit dem eindeutigen Ziel der Selbstverwirklichung im weitesten Sinne:

> Um den gesamten Bereich der Magie sozusagen einmal aus der Vogelperspektive zu betrachten, möchte ich sehr summarisch sagen, daß man die Thematik in mindestens drei Hauptbereiche unterteilen könnte. Der erste ist die Divination, der zweite die Evokation und Vision und der dritte die Invokation (Regardie, *Magie*, 12).

Für viele bleibt Magie mit jener Willensäußerung verbunden, die auf sich selbst angewandt *Disziplin* und auf andere angewandt *Manipulation* bedeutet. Wenn Regardie schreibt: „Aleister Crowley hat als Definition der Magie vorgeschlagen: ‚Magie ist die Wissenschaft und Kunst, Veränderungen in Übereinstimmung mit dem Willen zu bewirken'"[41], dann kommt hier – neutral gesehen – jener Akt der Entäußerung des inneren Begehrens und Vermögens zum Tragen. Dies steht im Gegensatz zu der Ein- und auch Unterordnung des Willens – *„Nicht mein Wille geschehe* sondern der Deine" (Lk. 22, 42) –, der für eine mystisch-religiöse Ausrichtung signifikant ist. Eine deutlichere Abgrenzung zu einem anderen Weltbild ist damit kaum zu finden.

40 „Alle diese Techniken zielen darauf, das Bewußtsein des Magiers zu erhöhen, seinen Geist auf möglichst geradem und sicherem Wege auf eine subtilere innere Ebene zu erheben, auf welcher er die Bedeutung, die transzendentale Natur und das Wesen des Gottes wahrzunehmen vermag" (Regardie, *Magie*, 27).

41 Regardie, 33.

Die Nähe der Magie zur Psychologie bestätigt der Psychologe Lutz Müller in seinem Eintrag im *Wörterbuch der Analytischen Psychologie* zu „Magie“:

> Magie bezeichnet Praktiken, durch die der Mensch seinen eigenen Willen in einer Weise auf die Umwelt überträgt – um das Tun, Wollen und Schicksal anderer Menschen zu bestimmen –, die naturwissenschaftlicher Betrachtungsweise irrational erscheint. Hinsichtlich der Zielsetzung ihrer Anwendung wird unterschieden zwischen der schwarzen M [agie]., die eine Schädigung, und der weißen M[agie]., die einen Nutzen für Einzelne oder Gruppen erzielen will. ... Die Wirksamkeit des magischen Denkens beruht nach Auffassung der Analytischen Psychologie auf der Wirkung des Symbolischen und seinen damit verbundenen vielfältigen bewusst-unbewussten energetischen Regulationen. Viele moderne Psychotherapien verwenden – ohne es zu wissen – Techniken, die aus den magischen Traditionen entstammen, in neuem Gewand (veränderte Bewusstseinszustände, Imagination, Ritual, Traum, luzider Traum, Visualisierung) ... Die magischen Rituale sind sicher die ersten Formen von Therapie und Psychotherapie.

Die Übersetzung magischer Praktiken in psychologische Techniken – oder besser: das Inbeziehung-Setzen beider zeigt die Verwurzelung des Menschen in einer Zeitlosigkeit, die immer wieder neu begriffen werden muss.

Wenn Jean Gebser von integralem Bewusstsein spricht, so mag dies auf den ersten Blick differieren zu jenem magisch-psychologischen Verfahren, jedoch ist die Zielsetzung die gleiche: die Transformation der aktuellen Persönlichkeit.

Es hat sich gezeigt, dass eine „magische Stufe“ oder „magische Bewusstseinsebene“ nur scheinbar überwunden wurde. Die Aktualisierung magischen Denkens und deren Anwendung mittels magischer Techniken besagt aber noch nicht, dass damit ein Rückgriff auf überwundene Bewusstseinsformen einhergeht. Viel eher können Grundprinzipien ausgemacht werden, die durch die Jahrhunderte zurückverfolgt werden können, die methodologischen Voraussetzungen aber und die Umsetzung archetypischer Strukturen sind der jeweiligen Zeit angepasst. Durch die Bestrebungen der letzten Jahrhunderte der Integration magischen Denkens in die Neuzeit wurde das magische Denken bewusst modernisiert.

So zeigt Adolf Hemberger (1929 bis 1991) – Professor für Methodologie und Wissenschaftstheorien der Justus-Liebig-Universität Gießen – eine friedliche Koexistenz magischer Praktiken unabhängig von Raum und Zeit. Der Einfluss, den er bis heute mit seiner Forschung zur Magie ausübt, darf dabei nicht unterschätzt werden. Obwohl zu unserem Thema lediglich ein Buch von ihm unter dem Pseudonym *Dr. Klingsor* erschienen ist, kursieren nach wie vor zahlreiche seiner Privateditionen zu magischen und okkulten Themen und Gruppierungen. Sein Buchtitel der *Experimental-Magie* ist durchaus programmatisch zu verstehen:

> Der Autor möchte in dem vorliegenden Werk nicht nur die Fakten und Rituale der Evokationsmagie, soweit sie für ihn erreichbar waren, als Kompendium zusammenfassen, sondern auch darüber hinaus in der Fortführung der Arbeiten Freuds, Adlers und Jungs von der Psychologie her, Thurstones, Thurnwalds, Frazers, Haddons, Bronislaw Malinowskis und Mühlmanns von der ethnosoziologischen Schule, zur Anthropologie und Religionssoziologie beitragen. Die Fakten sind das, was man aus ihnen macht: für den Mystiker die Vereinigung mit Gott in der unio mystica, für den Magier Macht über das sogenannte Astralreich und die Mentalzone, ... Die Magie ist also der Versuch ... die Formeln der Entschlüsselung des Metaphysischen zu liefern. Hierin liegt der Sinn der Chiffren, der Charakteres, der Sigillen, der Pentakel usw. (Hemberger, 13).[42]

42 Dr. Klingsor [d. i. Adolf Hemberger]: *Experimental-Magie. Ein Leitfaden magischer Praktiken und Beschwörungsrituale.* Berlin o. J. 2. Auflage [1. Auflage 1976].

Magie garantiert jene bereits hinlänglich bekannte Form der Beeinflussung, die Macht garantiert, wobei diese aber zur Erkenntnis als „metaphysischer Schau“ und zur Herrschaft des Astralreichs und der Mentalzone führt.

> Die Magie erscheint als Machtanspruch des Menschengeistes und Herrschaftswillens. Insofern ist sie angewandte Naturwissenschaft. Andererseits befriedigt sie das Bedürfnis des denkenden Menschen nach metaphysischer Schau. Dies ist ihr gnostisches Element (Hemberger, 14).

Magie ist in Abgrenzung zur Mystik grundsätzlich als operative Wirkung bestimmbar im Sinne der willentlichen Machtausübung als Handlung bzw. als verursachender Effekt, der auf Sympathie und Analogie beruht. Dort wo Magie praktiziert wird, ist sie aktives Tun; Tun, das einem Willen gehorcht und willentlich eingesetzt wird. „Tu was du willst“ ist der adäquate Verständnisausdruck eines magischen Systems, das andere Spielarten zulässt – beispielsweise kann der Wille einem anderen Willen unterstellt werden –, sich letztlich aber in einer willentlichen Entäußerung manifestiert bzw. manifestieren soll. Ob und inwieweit der eigene Wille einem als höher empfundenen Willen unter- oder eingeordnet wird, kann hier deshalb vernachlässigt werden, weil dabei auch ein willentlicher Akt der Einflussnahme, der Wirkung und Bewirkung vorliegt. Vernachlässigt kann ebenfalls werden, wie der Wille als Wirkwille sich konstituiert und welche Voraussetzungen gegeben sein müssen. Von Interesse ist hier einzig die Frage nach der Grundbedingung der Macht als Beeinflussung also von Magie als Magie.

8.9. Wissenschaft: Manipulation und Phantasmen

Am deutlichsten wird magische Beeinflussung dann sichtbar, wenn man den Bezug zu Werbung und Massenphänomenen aller Art herstellt. In seinem Grundlagenwerk – *Eros und Magie in der Renaissance* – umreißt Ioan P. Culianu den Magiebegriff in eben jenem Sinne:

> Im Prinzip ist die Magie, mit der wir uns hier befassen werden, eine Wissenschaft vom Imaginären, das sie mit eigenen Mitteln erforscht und das sie beliebig zu manipulieren vorgibt. Auf ihrer höchsten Entwicklungsstufe, die sie im Werk Giordano Brunos erreicht, ist die Magie eine Beherrschungsmethode des Einzelnen und der Massen, die auf einer vertieften Einsicht in die persönlichen und kollektiven erotischen Triebe gründet. Man kann darin nicht nur den fernen Ahnherrn der Psychoanalyse erkennen, sondern auch vor allem den der angewandten Psychosoziologie und der Massenpsychologie.
>
> Als Wissenschaft von der Manipulation der Phantasmen (Vorstellungsbilder) wendet sich die Magie vornehmlich an die menschliche Einbildungskraft, in der sie nachhaltige Eindrücke zu erwecken versucht. Der Magier der Renaissance ist Psychoanalytiker und Prophet, aber er nimmt auch moderne Berufe vorweg wie: Public Relations-Chef, Propagandist, Geheimagent, Politiker, Zensor, Massenmedien-Intendant, Werbefachmann.
>
> Die der Renaissance bekannten Wirkungsweisen der Phantasie sind mehr oder weniger komplex: Der Eros ist die erste, die sich ohne den Eingriff des menschlichen Willens bereits in der Natur kundgibt. Die Magie ist nichts anderes als ein angewandter, gelenkter, vom Operator angeregter Eros (Culianu, 20) .

Wie kann ein magisch ausgeführter Akt auf andere respektive auf sich selbst wirken? Culianu sieht dies in der dem Imaginären zugrunde liegenden Kraft oder Energie, die er als Eros identifiziert. Magie ist für ihn die geäußerte „Wissenschaft von der Manipulation der Phantasmen“. Eben weil der Eros naturgegeben ist, braucht diese Kraft lediglich mittels Vorstellungsbildern (Phantasmen) aktiviert und genutzt zu werden. Culianu umgeht dabei die Frage nach dem Medium des Phantasma und sieht die Einflussnahme in der Stärke der vom Operator gelenkten Energie. Grundlegend ist die Theorie einer gegenseitigen Einflussnahme im Sinne der Intersubjektivität. Ausgespart wird aber die Frage nach der Trägersubstanz dieser Machstrukturen.

8.10. Magie online

Man nimmt bei einigen Formen der magischen Praktik an, dass etwas von der Person, die zu beeinflussen ist, in den Händen des Beeinflussers sein muss. Dies kann ein persönlicher Gegenstand sein, ein Bild, etwas vom Körper usw. Dadurch würde eine Verbindung – Affinität oder Analogie – hergestellt und der magische Prozess könne wirken. Im Umkehrschluss: Wo keine solchen persönlichen Gegenstände vorliegen, wird die magische Operation versagen.

Der im Volksglauben vorliegende Sachverhalt der Zauberei und der Zauberpraktik, die an Vodoo im weitesten Sinne erinnert, wird also nur dann Erfolg zeitigen, wenn eine Verbindung hergestellt wird, indem eine Trägersubstanz vorhanden ist. Dann können Zeit und Raum, Entfernung und Stunde der Wirkung vernachlässigt werden. Die Verbindung ist hergestellt, man wirkt sozusagen „online" – man wirkt, weil man online ist.

Eine Spielart dieser Praktik ist das *morphische* oder *morphogenetische* Feld oder sind die von Culianu ausgeführten und an Giordano Bruno angelehnten *Phanatsmen.* Diese an die heutige Werbung erinnernden Figuren der Einflussnahme als Machtausübung basieren grundsätzlich auf einem Modell der Annahme einer imaginativen Kraft, die sich imaginär in den „Köpfen der Menschen" festsetzt und auf Bedürfnissen, Erwartungen, Hoffnungen, Sehnsüchten oder Ängsten usw. basiert.

Wenn es gelingt, im anderen einen durch eine gewollte Botschaft ausgelösten Widerhall zu produzieren – beispielsweise mittels eines Versprechens oder eine in oder durch eine Werbebotschaft implizierte Erwartung –, dann verbinde ich mich – oder es verbindet sich – mit dem anderen und ich kann ihn beeinflussen. Dabei ist die Botschaft Trägersubstanz und Inhalt zugleich. Sie ist Träger, weil sie mittels unterschwelliger Emotionen Verbindung herstellen kann; sie ist Medium, weil durch diese Verbindung die Absicht des Operators transportiert wird. Es ist ganz so als ob ein *Trojaner* sich auf einem PC mittels falscher Versprechungen eingenistet hat und der zugelassen wurde, weil die Firewall oder der Virenscanner oder der User versagten, eben weil zuvor ein lukratives Angebot aktiviert und auf dem PC installiert wurde. Hier wurde eine Verbindung aufgebaut, die letztlich wohl nicht das lieferte, was sie vorgab.

Eine Variante davon ist die freiwillige Einflussnahme, insofern ich mich jemand anderem als Medium zur Verfügung stelle, und einer dritten Person erlaube, meinen PC so zu nutzen, als wäre es sein eigener („Remote-Unterstützung"). Eine weitere Variation wäre die Verbindung in und der Zusammenschluss zu Netzwerken.

Hier wie dort wird ein Medium benötigt – und selbst wenn das Ich als Medium dient, ist ein Medium vorhanden: Internet, Netz, Netzwerkkabel oder W-Lan leben als Medium der Verbindung. Auf die Magie übertragen bedeutet dies, dass der „magische Äther" in der Praxis seine Renaissance als Medium der Beeinflussung erlebt. In einem absoluten Sinne aber werden solche Verbindungen nicht benötigt. Eine absolute Verbindung *weiß* ohne Medium, was die Botschaft ist – unmittelbar, zeitlos und im Augenblick.

Die Maschinensprache des PC erlaubt uns zwar das Medium als Medium zu identifizieren, nicht aber es zu erklären. Es ist letztlich nicht zu erklären: warum ich einen PC nutze, warum ich mich mit anderen verbinde, warum ich das Internet aktiviere usw. Es ist auch nicht zu erklären – und dies ist der interessante Punkt –, wie der gegenseitige Austausch von Diskursen zwischen Menschen als jenen Subjekten im philosophisch-phänomenologischen Sinne aufzufassen ist, um eine grundlegendere Einsicht in Wesen und Wirkung magischer Grammatologie und Archäologie zu erhalten. Wenn dieser Punkt zu klären ansteht, muss geklärt werden, wie und welche Auswirkungen Intersubjektivität dabei hat.

9. Das Magische der Magie: Magische Diskursfelder und ihr Medium, ihr Raum und ihre Verwirklichung

Nur das, was auf mich wirkt, erkenne ich als wirklich.
Was aber nicht auf mich wirkt, kann ebensogut nicht existieren.
C. G. Jung, *Antwort auf Hiob*

Wenn der Ethnologie Claude Lévi-Strauß zu der Feststellung gelangt: „der Betrug ist der Magie konsubstantiell, und streng genommen ‚mogelt' der Zauberer nie"[1], dann deutet er an, in welche Richtung Untersuchungen laufen. Magie mag bizarr, absonderlich, merkwürdig, befremdlich sein, aber aus der ihr eigenen Sichtweise ist es eine stimmige Weltsicht und aus phänomenologischer Perspektive wissenschaftlich erklärbar.[2]

Die im vorigen Kapitel dargelegten Untersuchungsergebnisse zur Magie sind aus historischen Studien über magische Praktiken und deren Anwendung, aus Feldforschungen und Auswertung schriftlicher Quellen – soziologisch, psychologisch, biographisch, ethnologisch, anthropologisch usw. – oder aus autobiographischen Aussagen über bzw. von magisch arbeitenden Personen abgeleitet worden. Die zugrunde liegende Intention ist das wissenschaftliche Ideal der Objektivierung des Gegenstandes der Erkenntnis. Die erbrachten Ergebnisse geben in ihrer Breite einen Einblick in Hintergründe und Art des magischen Diskursfeldes als Oberbegriff verschiedener, historisch voneinander zu trennender Diskurse, die in ihrer Evidenz hinterfragbar bleiben. Die aufgezeigten magischen Diskurse werden erst einmal in ihrer Aussagefähigkeit so hingenommen.

---

1 Lévi-Strauß, *Das wilde Denken*, 255 f.

2 Für den eiligen Leser: Die Ausführungen dieses Kapitels basieren auf den vorangegangenen Kapiteln und sind nur durch ihre Kenntnis bzw. die Kenntnis der phänomenologischen Methodik nachvollziehbar.

9.1. Magische Evidenz

Nur bedingt kann es hier um Evidenz magischer Gedanken und magischer Praktiken in Bezug auf ihren realen Gehalt gehen. Assertorische Evidenz als individuelle Feststellung oder Behauptung ist ja von vorneherein gegeben, entspricht sie doch dem Selbstverständnis des Diskurses.

Bei *relativer* Evidenz als Übereinstimmung und Orientierung im Alltagsbewusstsein wird der Nachweis schwieriger, weil ein einwandfreier Beweis dafür nicht so ohne weiteres gegeben werden kann. Magische Wirkung wird entweder bestritten oder bejaht. Entscheidend für eine objektivierte Herangehensweise ist letztlich nicht so sehr das Selbstverständnis sondern in der Tat die Wirksamkeit, die aber selber zweifelhaft erscheinen kann: Ist es ein böser Gedanke, der mich stolpern ließ oder nur Unachtsamkeit?

Eine zweifellose, *apodiktische* Evidenz und eine *absolute* Evidenz kann dann nachgewiesen werden, wenn wir die transzendentalen Voraussetzungen aufzeigen, die solche bedingen. Doch ein solcher wissenschaftlicher Nachweis dürfte schwer zu führen sein.

Ein methodologisches Vorgehen zielt grundsätzlich nur bedingt auf absolute Evidenz und kalkuliert immer einen nicht erfassbaren oder adäquat einsehbaren oder erkennbaren Rest mit ein, trägt also die eigene Beschränkung bewusst in sich. Die sich ergebende Integration anderer wissenschaftlicher Perspektiven liegt in der Notwendigkeit des Selbstanspruchs von Wissenschaft (Methodenpluralismus).

9.2. Magie als Vorbedingung von Magie

Die Erfassung von Magie als Gegenstand im Sinne einer objektivierten Wissenschaft wirft die Frage auf, ob ein solcher Themenbereich adäquat erfasst werden kann oder ob sich dieses Thema schon grundsätzlich einer Objektivierung entzieht. Ist nicht gerade Magie ein zutiefst vorurteilsbeladenes, non-positivistisches und kontrovers subjektives Gebilde? Inwieweit kann diesem Umstand methodisch Rechnung getragen werden?

Es kann weiter der Einwand folgen, dass bei einer gegenstandsorientierten und objektivierenden Untersuchungsweise von der Vorannahme eines abgeschlossenen Reflexionsprozesses eines wie selbstverständlich zu voraussetzenden Gegenübers ausgegangen wird, der weder zwingend notwendig vorliegt noch vorliegen kann. Es ist unmittelbar einsichtig, dass magische Akte ein geahntes oder vorbewusstes Mehr an Informationen enthalten, als es sich mittels standardisierter wissenschaftlicher Methodik bergen lässt. Dieses Mehr führt dann zu unzulänglichen Ergebnissen dahingehend, dass der Gegenstand des Interesses sich immer wieder einer Standardisierung entzieht. Anders gesagt: Ein objektivierender Ansatz der Magie wird ihrem subjektiven Anspruch nicht gerecht.

Auch besteht die Gefahr, dass Praktiken, Denkweisen oder Handlungen als Magie bezeichnet und untersucht werden, nur um dann wiederum als „Magie“ ausgegeben zu werden, weil über ein nicht-reflektiertes Vorwissen verfügt wird, das sich aber auch erst durch die Erforschung des Gegenstandes einstellen würde mit der Folge, dass Magie als Vorbedingung von Magie gelten könnte.

Solche Vorüberlegungen treffen letztlich alle Untersuchungsmethoden dann, wenn eine Welt als gegeben vorausgesetzt wird, ohne diese in Frage zu stellen. In dem Sinne aber wie Welt vorausgesetzt wird, wird eine metaphysische Grundlage geschaffen, die auf der Annahme eines Soseins beruht. Eine mögliche Folge ist, dass nur gezeigt werden kann, was gezeigt werden soll.

9.3. Magie als Bewusstseinsphänomen

Bei einem magischen Diskurs ist es unmittelbar einleuchtend, dass es sich um Bewusstseinsphänomene handelt, die nur unzulänglich mittels Objektivierung erfasst werden können. Gerade magische Prozeduren unterliegen mehr als andere einer subjektiven und damit unwissenschaftlichen Vorannahme. Für eine wissenschaftliche Untersuchung von Magie muss aber ein Gegenstand oder Erkenntnisgegenstand vorhanden sein, der objektivierbar ist.

Eine solche Voraussetzung zu erfüllen, könnte am Erkenntnisgegenstand Magie deswegen scheitern, weil ein subjektiver Faktor sowohl beim Gegenstand als auch beim Forscher zu berücksichtigen sein wird. Schwerlich sind „objektive“ Werkzeuge vorhanden, um Magie operativ und adäquat zu „erfassen“. Die Wahrscheinlichkeit von Kategoriefehlern ist ebenso wahrscheinlich wie Vorannahmen, die den Verdacht nahe legen, dass die Vermessung der magischen Welt lediglich zur Sicherung des angelegten Maßes führt. Die Gefahr besteht, dass Magie instrumentalisiert wird und unvollständige oder lückenhafte Ergebnisse vorgelegt werden. Eine Lösungsmöglichkeit besteht darin, einen subjektiven Ansatz durch einen subjektivierten zu ersetzen, der sich als „objektive Wissenschaft“ begreifen lässt und damit in der Lage ist, auf ein Aktbewusstsein adäquat wissenschaftlich zu reagieren.

Wenn wir davon ausgehen, dass Magie sich in einem Graubereich zwischen Resultat, Wirkung und Absicht auf der einen und Vorstellung, Willkür und Phantasie auf der anderen Seite bewegt, dann können wir daraus schließen, dass Magie als Bewusstseinsphänomen angesehen werden kann, auch und vor allem weil magische Operationen als bewusstseinsrelevante Akte angesehen werden können.

Um einen Bewusstseinsakt entsprechend methodologisch zu erfassen, bedarf es einer wissenschaftlich ausgerichteten Bewusstseinsphilosophie. Geeignet scheint dafür die Phänomenologie, die uns in die Lage versetzt, Bewusstseinsakte zu benamen und zu untersuchen. Damit kann die Frage nach dem Magischen der Magie nicht nur gestellt, sondern auch adäquat zu beantworten versucht werden.

9.4. Eidetische Magie

Die Frage nach dem Magischen der Magie führt zurück zur Magie als Magie. Sie besagt weiter, dass das Magische der Magie in den bereits gemachten Aussagen über Magie entweder gar nicht, kaum oder unbefriedigend enthalten ist, sonst müsste eine solche Frage nicht weiterhin gestellt werden. Solch eine Frage zielt auch auf das Wesen der Magie und damit auf einen Raum, der nicht mehr so ohne Weiteres betreten werden kann, denn die Frage nach dem Wesen gilt als überholt und einem deskriptiven Zugang wissenschaftlicher Forschungsweise nicht genügend. Wesensfragen sind keine Wissenschaftsfragen. Andererseits besteht gerade dann die Notwendigkeit eine solche Frage zu stellen, wenn sie sich aufdrängt wie im Fall der magischen Diskursfelder.

Im aktuellen Wissenschaftsdiskurs fehlt zwar ein wissenschaftliches Instrumentarium, um eidetische Fragen stellen und adäquat beantworten zu können, aber die Frage nach Magie und dem Magischen der Magie führt zwangsläufig zur Frage nach dem Wesen von Magie, eine Frage, die in Anbetracht des wissenschaftlichen Anspruchs auf Erforschung des Erkenntnisgegenstandes legitim ist. Die eidetische Fragestellung impliziert, dass Magie auf eine andere Art wahrgenommen werden kann, als es bisher getan wurde.

Die Frage nach dem Wesen wurde von Edmund Husserl im Rahmen seiner phänomenologischen Forschungen gestellt, deren Ausgangspunkt die Forderung war, sich den Sachen selbst zuzuwenden. Dabei sollten „die Sachen“ als Phänomene ohne metaphysische Voraussetzungen oder transzendente Implikationen unvoreingenommen beschrieben werden und Phänomenologie als Wissenschaft sich auszeichnen. Wie bereits herausgearbeitet wurde,[3] darf das als Bewusstseinsakt oder Phänomen realisierte nicht auf ein „als etwas“ reduziert werden in der Annahme, dass es dadurch erklärt sei. Auf die Magie übertragen bedeutet dies, dass wir über Magie erst einmal gar nichts wissen und sie lediglich als *so* oder als *Gegeben* zur Kenntnis nehmen. Magie muss – wie im vorigen Kapitel geschehen – beschrieben und dargestellt werden. Dann erfolgt die Untersuchung des Magischen der Magie im Sinne ihres *eidos*.

3 Vgl. dazu die Kapitel 2, 3 und 4.

Das *eidos* als reduziertes Gemeinsames wandelt die deskriptive Phänomenologie zur eidetischen. Die eidetische Phänomenologie widmet sich dann dem Phänomen im Sinne einer transzendentalen phänomenologischen Betrachtungsweise. Dadurch wird Magie in ihrem Magie-*Sein* unter dem Gesichtspunkt des dem Magischen Gemeinsamen der Magie betrachtet und zu einem phänomenalen Akt eingeschmolzen. All das geschieht methodologisch auf der Basis der Phänomenologie als Wissenschaft.

9.5. Phänomenologische Wissenschaft

Phänomenologie als Wissenschaft – „Husserls ganzes philosophisches Werk bewegt sich im magnetischen Feld des Begriffs der Wissenschaft“ (Bernet et. al., 11) – sucht eben jene andere Perspektive und geht vom intentionalen Erleben aus, welches das Bewusstseinserlebnis in Bezug auf einen Gegenstand als „intentionalen Bezug“ im Sinne eines phänomenologisch evidenten Nachweises aufweisen will. Die vorausgesetzte Verbindung zwischen Bewusstsein und Ding als Korrelation von Gegenstand und Subjekt bedeutet für Husserl, dass das Objekthafte letztlich unverständlich bleiben wird, wenn es nicht intentional begriffen werden kann. Ein Objekt kann „nur“ in Bezug auf das erkennende Subjekt wissenschaftlich beschrieben werden. Alles andere basiert auf Vorannahmen, die bis hin zu metaphysischen Voraussetzungen reichen und auf einem nicht hinterfragten oder vorausgesetzten subjektiven Grund beruhen, den es zu vermeiden gilt, wenn der Anspruch auf Wissenschaftlichkeit gewahrt sein will (Hua VI, 103).

Die transzendentale Subjektivität (also keine psychologisierte Subjektivität) ist gleichrangiges Pendant zum Erkenntnisvermögen und wird als „objektive“ Wissenschaft begriffen, die in der Gemeinschaft konkreter Menschen in einer konkreten Lebenswelt kulminiert.

Der wissenschaftliche Anspruch der Phänomenologie wird durch ihre Methodologie als erkennbare Erkenntnisleistung unter Berücksichtigung der Bezogenheit auf das Phänomenale als Trägersubstanz eingelöst. Eine Reduzierung auf eine Dingwelt oder ein bloßes „Objekt“ wird durch den Hinweis auf die Lebenswelt nichtig. Damit löst die Phänomenologie jene objektivierte Subjektivität ein, die die Welt als Phänomen erfahrbar macht in ihrer Erfahrbarkeit. Sie schließt weiterhin ein, dass für eine Erkenntnis hinreichend und notwendig ein Subjekt als erkennender Bezugspunkt vorhanden sein muss. Die subjektive Perspektive der Phänomenologie ist als transzendentale, phänomenologische Wissenschaft ausmachbar.

Aufgrund der Vorüberlegungen über den wissenschaftlichen Zugang zur Beantwortung der Frage nach dem Magischen der Magie liegt es nahe, die phänomenologische Methodik als Zugang zu wählen. Dabei wird bei der Frage nach dem Magischen impliziert, dass Magie nicht als Objekt wahrgenommen wird, sondern als Phänomen.

Mittels phänomenologischer Reduktion wird eine andere Perspektive dem magischen Denken gegenüber eingenommen. Magie ist nicht objektivierbarer Gegenstand des Interesses, sondern intentionaler Bewusstseins-Akt. Durch phänomenologische Reduktion wird eine magische Weltsicht im Sinne des Magischen der Magie freigelegt. Der Blick ist auf den Bewusstseinsaspekt als Bewusstseinsanalyse gerichtet und wird so zum phänomenalen Akt der Erkenntnis. Magie wird als Phänomen begreifbar.

9.6. Magie als Begreifendes

Hinter ein durch historische Analyse sich bildendes Ergebnis: dass ein Begriff geschichtlich eingebettet und verstanden sein muss, der sich durch den Bezug auf die historische Lage definiert, wodurch sich unterschiedliche Konnotationen ergeben, kann kaum zurückgegangen werden. Von daher scheint es kaum möglich, in einem verallgemeinernden Sinne von *der* Magie zu sprechen. Die unterschiedlichen Kontexte in denen Magie sich zeigt, sind immer mit zu berücksichtigen.

Dessen ungeachtet hat sich aus der vorgelegten Auswahl ergeben, dass sich unterschiedliche Signifikanten unter einem Signifikat sammeln. Mag Magie als Oberbegriff historisch gesehen differenzierende Bedeutungen zeitigen, und das völlig zu Recht, so bleibt der Oberbegriff „Magie“ nach wie vor bestehen und kann erst einmal im Sinne eines „intentionalen Begriffes“ verwendet werden, als Summe der Aussagen, die sich unter dem Begriff „Magie“ versammeln lassen. Das bedeutet, dass ein solches Vorgehen in seiner Zusammenballung und Komprimierung der historischen Methode und deren Ergebnisse dieses intentionale Moment als Momentsituation gleichsam einfriert und belässt.

Gleichwohl sich also unterschiedliche Perspektiven aufzeigen, miteinander kulminieren und sammeln lassen, sind sie doch in einer *Perspektive des Jetzt* als bezogener Bewusstseinsakt gegeben. Dieses *Jetzt* ist die sich ergebende Sichtweise des aus der historischen Perspektive Verstehenden, womit das erkennende Subjekt in einem Verweiszusammenhang steht.[4] Eine solche intentionale Bezogenheit gilt es festzustellen und festzuhalten.

9.7. Magie als intentionaler Akt

Die dem Gegenstand Magie (als intentionalem Akt) angeeignete Seinsweise ist auf ein erkennendes Subjekt zu beziehen bzw. bezogen. Die Unaufhebbarkeit der Anschauung auf das rückgeführte Subjekt ist grundsätzlich. Ein Gegenstand ist nur als ein Erkannter ein solcher, das bedeutet, dass Magie nur als magische Inbesitznahme des Magischen erkennbar wird. Magie als das Zu-Erfassende wird in dessen Summe zum Erfassten. Das Erfasste ist die Summe des der Magie Zugeschriebenen, was wiederum als

4 Dazu noch: So sehr man sich auch in die Zeiten „versetzt“ und sich andere Sichtweisen aneignen kann: Es bleibt doch der „eigene Geist“, in „dem die Zeiten sich bespiegeln“. In Goethes Faust finden wir die nämliche Stelle: „WAGNER: Verzeiht! es ist ein groß Ergetzen, / Sich in den Geist der Zeiten zu versetzen; / Zu schauen, wie vor uns ein weiser Mann gedacht, / Und wie wir's dann zuletzt so herrlich weit gebracht. FAUST: O ja, bis an die Sterne weit! / Mein Freund, die Zeiten der Vergangenheit / Sind uns ein Buch mit sieben Siegeln. / Was ihr den Geist der Zeiten heißt, / Das ist im Grund der Herren eigner Geist, / In dem die Zeiten sich bespiegeln.“

Zuschreibung erfassbar ist. Die Zuschreibung ist kategorial und phänomenologisch aufweisbar. Damit ist der intentionale Akt des auf die zusammengetragene Summe des Magischen Bezogenen als Magie zu bezeichnen.

Sind Abgrenzungen und Eingrenzungen als Versuche einer adäquaten Definition für eine historische Analyse von Magie sinnvoll, so ist es ebenso sinnvoll, von dem sich daraus ergebenden intentionalen Verständnis dessen auszugehen, das sich ergibt, wenn das Wort Magie ausgesprochen oder verwendet wird, eingerechnet jener angeeigneten Aspekte, die zusammengetragen und/oder angeeignet wurden.

9.8. Magie als intentionaler Bewusstseinsaspekt

Das Gesamtbild Magie ist in seinen Facetten als intentionaler Bewusstseinsaspekt zu begreifen – als das Erfasste in seiner Summe. Das sich dabei einstellende „Sofort“ als abgeleitetes Begreifen eines noch näher zu diagnostizierenden Seins, gibt die Richtung vor.

Wenn dieses *Sofort* als Vorverständnis mit dem Mit-Verständnis, das sich aus den Kenntnissen des vorangegangenen Kapitels ergibt, verbunden wird, kann – vorsichtig und unter Vorbehalt – von einem vor-eingenommenen Bewusstseinsphänomen gesprochen werden, das eben erst einmal naiv als Magie tituliert wird. Magie wird dann als Phänomen der Summe jener Attribute verstanden, deren repräsentative Auffächerung wir im vorangegangenen Kapitel abgehandelt haben und die uns als Erfassendes zuhanden kommt.

Werden die historische Aufschlüsselung und die begriffliche Arbeit als Grundlage genommen und deren Signifikanz als diachrone Leistung bezogen auf Magie als magische Denkart berücksichtigt, ergibt sich ein Vorverständnis, das als vorgerichtete Einordnung *Rechtsquelle* einer *phänomenalen Erkenntnis* ist und als Momentaufnahme in Bezug auf eine kategoriale Aufweisung appräsentiert werden kann.

9.9. Magie als Phänomen

Die Rechtsquelle der phänomenologischen Analyse ist das implizierte Verständnis dessen, was wir hier untersuchen wollen: die Magie in ihrer Zeigeund Aussagefähigkeit. Es geht darum, das zu behandeln, was sich zeigt, als Sache und an der Sache zeigt und darum, was sich darüber aussagen lässt.

Magie wird damit zum Akt des Bewusstseins – zum Bewusstseinsakt – und als zu begreifendes Etwas begriffen.

Das begreifende Etwas ist zuvorderst Phänomen. Phänomen von was? Von einem magischen Etwas. Dieses Etwas zeigt sich im magischen Akt. Am magischen Akt zeigt sich bei dessen Überführung in die Bewusstseinssphäre als intentionaler Akt das durch das Vorverständnis sich ergebende Wissen um die Magie in ihrem sich zeigendem Akt-Jetzt.

9.10. Magie und ihre Trägersubstanz

Mittels Epoché kann *Macht* im Sinne der *Beeinflussung* als eine sich abzeichnende magische Grundkonstante ausgemacht werden. Machtausübung setzt eine Trägersubstanz voraus, ein Medium der Beeinflussung. Solches ist erst einmal mit Magie eng verbunden, was folgende unreflektierte Überlegungen nahe legt: Magie ist die eigene Trägersubstanz im magischen Akt des Begreifens der magischen Aktion.

Mit anderen Worten: Wenn eine magische Operation durchgeführt wird, kann man nicht notwendigerweise mit einem Medium rechnen, sondern ein Medium liegt als Annahme zugrunde, durch das ein magischer Akt vollzogen werden kann im Sinne seiner Wirkung. Wird dem magischen Denken seine Wirksamkeitsmöglichkeit abgesprochen, das ist dann der Fall, wenn Magie und ihre Trägersubstanz der magischen Übertragungspraktik oder ihre Fernwirkung kausallogisch analysiert wird, dann schafft sich – auf den ersten Blick – Magie ihr eigenes Medium selbst.

Ausgenommen sind unmittelbare und direkte Kontakte aus denen sich eine magische Ursache-Wirkungs-Kette konstruieren ließe als ein Norm-Fall, der aber auch anders als durch Magie erklärt werden könnte mittels Suggestion oder Self-fulfilling-Prophecy. Beispielsweise könnte man annehmen, dass der Magier eine Person direkt von Angesicht zu Angesicht „beeinflusst". Aber schon der Gebrauch eines persönlichen Gegenstandes, mittels dessen eine magische Operation durchgeführt werden könnte, entzieht sich einer unmittelbaren Ursache-Wirkungs-Kette.

9.11. Magie als Wirksamkeits-Was

Magie kann als Medium der Übertragung und gleichzeitiger Verursacher begriffen werden. Magie ist ein Wirksamkeits-Was. Diese Rolle entspricht aber nur bedingt dem Selbstverständnis magischer Operationen.

Ein Beispiel: Wenn ein Kind Fieber hat, kann man ihm die bösen Geister austreiben oder Medizin geben. Beides Mal ist ein Medium wirksam. Zum einen das Medium Medizin, zum anderen das Medium des magischen Exorzismus. Ein aufgeklärtes, naturwissenschaftliches Bewusstsein wird letzterem die Wirksamkeit absprechen. Der magisch Operierende ist sich seiner Wirkung aber sicher.

Wenn der Fall eintritt, dass das Kind trotz magischer Behandlung weiter fiebert, dann ist diese fehlgeschlagen und das rationale, aufgeklärte Bewusstsein hatte Recht, vorausgesetzt das fiebersenkende Mittel hatte gewirkt. Haben beide Mittel versagt, muss eine neue Behandlungsmethode gefunden werden. Wenn aber die magische Operation Wirkung zeitigte, wird dies entweder als Zufall oder als unerklärlich abgetan. Das Moment des Unerklärlichen ist zutiefst subjektiv und ballt sich im Raum des intentionalen Bewusstseinsaktes zusammen als Phänomen des Magischen. (Andererseits wäre dies auch beim Misserfolg der Fall, weil der Magier an seinen Erfolg glaubte.)

Demnach treffen zwei unterschiedliche Diskurse aufeinander. Weil der magische Exorzismus bezogen auf einen rationalen Diskurs keine hinreichende Bestätigung erfährt, schafft er – aus dessen Sicht – sein Medium der Übertragungs-Wirksamkeit gleich mit. Er erzeugt im magischen Akt die Übertragung desselben. Der rational-analytische und kausal geprägte Diskurs fordert ein Medium der Übertragung. Eine non-kausale, analogisierende Fernwirkung wird damit ausgeschlossen. Der objektive Wissenschaftsdiskurs fordert ein Medium. Parallel dazu impliziert der magische Diskurs ein solches Medium.

Wenn wir von einem magischen Verständnis aus operieren, stellen wir fest, dass es sehr wohl eine Trägersubstanz im Sinne eines Mediums der medialen Beeinflussung als Ausübung oder Anwendung von Macht gibt. In einem solchen Sinne wird nun Magie von seiner Grundannahme der Beeinflussung und der Wirksamkeit her zu verstehen gesucht.

9.12. Magische Kennzeichnung

Magie über Wirksamkeit zu definieren und magisches Denken als Eigenphänomen im Sinne eines Eigeninteresses zu beschreiben, ist *eine* Zugangsmöglichkeit. Auf der Basis der Ergebnisse des vorangegangenen Kapitels kann also trotz aller Zurückhaltung und Einschränkung gesagt werden: Magie *ist*. Über die Qualität dieses *ist* mag man unterschiedlicher Auffassung sein. Das Leugnen oder Ignorieren einer magischen Denkart wird schnell selbst zu einem magischen Akt – und bestätigt dadurch das, was es nicht bestätigen will –, weil ein Abwehrzauber oder Bannfluch oder ein rituelles Ausgrenzen, das intersubjektiv und allgemein wirksam sein soll, auf ein solches Phänomen gelegt wird. Entsprechendes will auch magische Praktik bewirken.

Um aus einer solchen Endlosschleife auszubrechen oder sie zu vermeiden, müssen „magische“ Punkte herausgegriffen und phänomenologisch untersucht werden. Wir folgen also der magischen Spur und finden die folgenden Kennzeichen von Magie als:

- System von Wechselwirkungen,
- „kosmische Sympathie“ bzw. „sympathische Magie“,
- Ähnlichkeit im Sinne einer a-kausalen Analogiekette,
- zielgerichtete Wirksamkeit,

– Beherrschbarkeit und Machbarkeit,
– Manipulation und Übertragungsmagie,
– Technik und instrumentalisierte Psychologie und
– Phantasma, mit deren Bedeutung und Durchführung.

Das magische Weltbild unterliegt Strukturen im Sinne von Kategorien, wobei die Bandbreite vom „wilden Denken“ bis hin zu Aberglauben, Zaubertechniken und magischen Praktiken reicht. Ihnen ist ein mehr oder weniger komplexes bis kompliziertes Regelwerk eigen, das es zu kennen und zu durchschauen gilt. Zwei Grundkonstanten können weiter herausdestilliert werden, die auf der bereits erwähnten medialen Komponente von Macht fußen:

– Wirksamkeit
– Analogiebildung.

Wenn Wirksamkeit ausgeweitet wird, kann das bedeuten, dass man im eigenen oder im Auftrag einer höheren Macht oder eines umfassenderen Bewusstseins operiert. Gleichwohl will man entweder selber oder als Medium Wirkung erzielen (Analogiebildung). Die Absicht ist eindeutig, die Mittel hierfür komplex, die Wirkung nicht sofort einsichtig oder erklärbar.

Wird beispielsweise ein Ritual zur Machtausübung als Beeinflussung genutzt, ist damit aber noch nicht geklärt, wie ein Ritual „vermittelnd“ wirken soll, wenn derjenige auf den es wirken soll, nicht zugegen ist. Greifen hier psychophysische Ideen die mittels Bildern oder Phantasmen sozusagen im Sinne einer Werbekampagne einflussreich sein können? Magisches Denken lässt solche Überlegungen zu. Grundsätzlich gilt es einen Impuls zu setzen, den andern oder die anderen wissen zu lassen, was man erreichen möchte. Was aber, wenn der andere nicht „da“ ist? Das führt zu der Frage: Wie wirkt Magie intersubjektiv?

Hierfür gibt es nur die Erklärung der mittelbaren oder unmittelbaren Beeinflussung. Der andere muss auf die eine oder andere Art wissen, dass er magisch manipuliert wird. Fehlt ein solches Wissen, ist dies (scheinbar) nicht möglich. Jedoch ist der Magus davon überzeugt, dass seine magischen Operationen auch *ohne*

Wissen des anderen wirken. Die Wirkmöglichkeit hänge nur bedingt vom Wissen des anderen ab.

9.13. Magie als magischer Äther

Das Prinzip der Analogiebildung kann zwar als Erklärungsmodell dienen im Sinne der Nutzung „übermenschlicher“ Kräfte, aber das erklärt vorerst nur, dass der Magier von einer solchen Wirkmöglichkeit überzeugt ist.

Wenn diese Überzeugung thematisiert wird, bietet sich ein magisches Weltbild an, dass dergestalt funktioniert und von dem die Möglichkeit, Magie als Erkenntnisinstrument anzuwenden, erst einmal ausgeklammert wird. Damit bleiben folgende Schritte:

1. Der Magus will eine Wirkung erzielen, Macht ausüben oder manipulieren.
2. Es werden Riten, Zauberformeln, Gedankenbilder (Phantasmen) usw. ausgeführt oder übertragen, die in Analogie mit der erzielten Absicht stehen.
3. Mittels Übereinstimmung mit einer höheren Macht, einem Geisterreich oder der Umwelt wird das gewünschte Ergebnis anvisiert.

Grundsätzlich kristallisiert sich neben der Wirksamkeit und der Analogiebildung die Bedeutung einer als intersubjektiv angenommenen Verbindung heraus, die sowohl Manipulator wie Manipuliertes enthält oder einbindet, vermittelt oder überträgt. Das Problem der Unmittelbarkeit, der Fernwirkung und der analogen Übertragung ohne vordergründig ausmachbare Trägersubstanz – als Fernwirkung ohne Mittler – bleibt nach wie vor bestehen.

Unter der Prämisse[5], dass Magie in ihrem Selbstverständnis eine Trägersubstanz nutzt, würde man voraussetzen können, dass

---

5 Wir sehen erst einmal von der Wirkmöglichkeit von Magie überhaupt ab und schließen auch Manipulationen im Sinne psychologischer Beeinflussung oder *Self-fulfilling-Prophecy* aus.

„übernatürliche“ Mächte im Spiel sind und man von ihnen beeinflusst werden kann bzw. könnte. Damit kann ein „magischer Äther“ in Erscheinung treten, der als Träger der Absicht des Magus fungiert.[6]

Der „operative Charakter“ der Magie, ihre „operative Wirkung“ ist rational nicht unmittelbar und nur mit Abstrichen einsichtig. Der Prozess der rationalen Durchdringung unter der Voraussetzung einer objektivierten Magie ist aber auch noch nicht abgeschlossen. Die empirischen Arbeiten, Tests und Feldforschungen parapsychologischer und grenzwissenschaftlicher Institutionen, die sich im weitesten Sinne dieser Phänomene annehmen und sie erforschen, laufen noch.

9.14. Ontische Magie

Wenn Magie im ontischen Sinne auf ihre Wirkung und auf ihren medialen Charakter hin untersucht wird, wird deutlich, dass Magie laut ihrem Selbstverständnis auf folgenden Voraussetzungen beruht:

- Intersubjektivität und
- Evidenz.

Wirkung, Machtausübung, Fernwirkung, Übertragung von Gedanken, Manipulation von Handlungen usw. setzt notwendigerweise Intersubjektivität voraus: Der andere muss erreichbar sein. Das *ego* muss mit dem *alter ego* verbunden sein. Sonst wäre eine magische Operation nicht durchführbar.

Intersubjektivität im Rahmen einer magischen Operation beruht – in eine solche Richtung weitergedacht – zwingend notwendig auf Evidenz. Evidenz kann mittels eines Mediums, einem „magischen Äther“ hergestellt werden. Eine unmittelbare und sofortige Wirkung oder eine nachgerichtete und zeitlich zu erwartende Wirkung bedarf – so oder so – eines „Zwischenspeichers“. Die-

6 So etwas würde einer rationalen Analyse entgegenstehen: Übernatürliche Seinsweisen entziehen sich einer natürlichen Erforschung.

ser „Zwischenspeicher“ – im „magischen Äther“ – wird bei Bedarf abgerufen. Erst dann ist die Operation geglückt. Das ist der Garant dafür, dass Evidenz im Sinne des Zusammenfalls von Absicht und Ziel hergestellt werden kann. Falls dies nicht der Fall ist, fehlt die Evidenz und die magische Operation ist fehlgeschlagen.

Wenn die „magische Operation“ weiter auf ihre Grundkonstante reduziert wird, bleibt in Bezug auf Wirksamkeit lediglich *Intersubjektivität* als Bedingung der Möglichkeit von Magie bestehen. Alles andere ist ihr nachgerichtet. Das bedeutet: Ist die Frage nach Intersubjektivität geklärt, kann alles andere davon abgeleitet werden.

Fassen wir zusammen: Um eine magische Operation durchzuführen, müssen Vorbedingungen erfüllt sein. Analogie, Ähnlichkeit, und Sympathie stehen dabei auf der einen Seite und Wirksamkeit, Manipulation, Übertragung und Wechselwirkung auf der anderen. Rituale, Phantasmen, Beschwörung von Kräften und Mächten usw. lassen sich von diesen Bedingungen ableiten. Es ist Ziel einer magischen Operation, dass diese gelingt also evident ist oder wird. Die dafür benötigten Voraussetzungen beruhen letztlich und grundsätzlich auf *Intersubjektivität.*

9.15. Magisches transzendentales Bewusstsein

Intersubjektivität setzt Subjekte voraus. Phänomenologisch gedacht, wird Welt vom Subjekt her erkannt und dieses Erkennen wird als intentionaler Akt angesehen und begriffen, in der Bedeutung, diesen als Bewusstseinsphänomen wahrzunehmen. Der phänomenologische Zugang erfolgt dann mittels Epoché oder phänomenologischer Reduktion und weist auf das Subjekt als Erkennendes hin.

Wenn Edmund Husserl vorschlägt, durch die Reflexion das natürlich Gegebene auf das Bewusstsein zurückzuführen (Hua VIII, 430), dann ist damit gemeint, dass der Zugang zur Welt über die „phänomenologische Reduktion“ (im Sinne der Epoché) gebildet wird und dies geht vermittelnd über das Subjekt. Die Erkenntnisleistung des Subjekts objektiviert sich als intentionaler Akt.

Aus phänomenologischer Perspektive haben wir es dabei mit einem wechselseitigen Vorgang intentional agierender Subjekte zu tun. Objektivität eines magischen Vorganges, einer magischen Operation im Allgemeinen, wäre dann keine objektive Leistung im Sinne einer Verdinglichung, sondern Korrelatleistung der Subjekte eines transzendentalen Bewusstseins. Um diese transzendentale Bewusstseinsleistung geht es nun.

Die transzendentale Reduktion legt den Blick auf Intersubjektivität frei und auf ein transzendentales Ich, wobei dieses „Wir" als eine Ansammlung von Ichen in der Lebenswelt als phänomenale Welt zu begreifen ist (Hua VI, 185). In der Erfassung des transzendentalen Ichseins sind Objekte und Welt als dem transzendentalen *ego* zugehörig. Der Andere wird zum *alter ego* und ist intentional impliziert in mir, ebenso ist er wie ich Teil der Lebenswelt. Der andere impliziert mich dabei ebenfalls (Hua VI, 261f). Das Getrenntsein als Auseinandersein wird in der Epoché zum „allgemeinschaftliche[n] Phänomen Welt" (Hua VI, 259).

Die gemeinsame Basis der Subjekte ist dabei die *Lebenswelt*. Lebenswelt ist der Urgrund menschlicher und weltlicher Verständigung und Medium und Basis von Intersubjektivität. Möglich wäre es, eine magische Operation als bewussten Rückgriff auf die Lebenswelt zu interpretieren. Das erklärt aber das *Wie* eines solchen Vorgangs erst einmal nicht.

9.16. Magisches Denken ist Seins-*hörig*.

Als Zwischenfazit können wir feststellen, ohne es aber noch klären zu können: Magisches Denken operiert nicht in einem Zustand der Seinsverlassenheit, sondern in seinem Gegenteil: der Seinsaufgehobenheit und Seinsverbundenheit. Die Subjekt-Objekt-Dichotomie ist nur rudimentärer Bestandteil der magischen Denkungsart. Wie noch zu zeigen sein wird, ist es nicht das magische Ich, das sich eines Gegenübers versichert, sondern dieses Ich fühlt sich in der Welt eingeschlossen und ist sich seiner Wirkungsmöglichkeiten bewusst. Es muss also keine Brücke zum Sein geschlagen werden, um Einfluss zu nehmen, sondern das Sein ist die Brücke selbst.

Schwerlich involviert die Lebenswelt diesen Prozess allein, aber eine solche Verbundenheit mit dem Sein eine Machtausübung und Manipulation sowie eine Kommunion und Kommunikation wird durch sie darstellbar. Sein und Lebenswelt bilden dabei erst einmal eine unreflektierte Basis magischer Operationen und ein unreflektiertes aber hierauf insistierendes Medium.

Das Problemfeld in dem wir uns bewegen, wird von der Ambivalenz geprägt, auf der einen Seite keine rationale Möglichkeit zu haben magische Operationen wissenschaftlich zu beweisen, und auf der andern Seite eine rationale Theorie zu präsentieren, die in der Lage ist, das Eigenverständnis der Magie rational und wissenschaftlich zu begründen.

Doch die Begründung eines Sosein ist noch keine evidente Begründung der Wirkkraft. Deshalb wird Magie als intentionaler Akt aufgefasst und betrachtet, wodurch wir beliebig nah an das magische Selbstverständnis heranreichen. Die Einbettung des magischen Weltbildes in der Doppelung Wirkung und Mittel zugleich zu sein, macht es doppelt schwierig, jenes magische Selbstverständnis wissenschaftlich zu begreifen.

Wenn der Magier von der Wirksamkeit der magischen Operation überzeugt ist, kann er dies durch die Gewissheit seiner Seinszugehörigkeit sein. Diese bezieht er als Medium und Trägersubstanz seiner Absicht und als Projektionsfläche und Leinwand seiner Vorstellungen mit ein in dem paradoxen Umstand, dass er selbst ein Teil davon ist.

Folgt man dem magischen Denkweg weiter, so stellt man fest, dass es entweder die Eigenschätzung des Magiers ist – sein Wille bringt die Wirkung hervor – oder die Möglichkeit einer Übertragung – „sein“ Wille wird auf ein Etwas oder über ein Etwas übertragen, um zu wirken. Gleichwohl ob wir es mit einer medialen Magie – der Magier nutzt ein Medium – oder einer intermedialen Magie – der Magier ist selber das Medium – zu tun haben, bleiben die Grundannahme der Wirksamkeit als Ziel und teleologisches magisches Prinzip und die ontische Einbettung davon unberührt.

9.17. Intersubjektivität als magischer Prozess

Mit einem Ziel ist auch Intersubjektivität als Grundkonstante und unbewusste Voraussetzung des magischen Prozesses gegeben. Hinter Intersubjektivität kann nicht zurückgegangen werden, wenn Magie an seiner Machbarkeit und Wirksamkeit und damit an seinem Ergebnis zu beurteilen sein wird – selbst dann, wenn es sich (scheinbar) nicht einstellt.

Magie ist ergebnisorientiert. Ein Zuwachs an Macht und Machbarkeit, ein Mehrwert an Wille und Durchsetzungsvermögen zeugt von der latenten Annahme der intersubjektiven Verständigung, ohne die ein solches Unterfangen nicht möglich ist. Das Scheitern magischer Praktiken ist auch das Scheitern der Intersubjektivität, ohne sie aber per se in Frage zu stellen.

Intersubjektivität zu erreichen ist aus der Sicht einer magischen Operation Grundvoraussetzung und nicht weiter problematisch. Problematisch ist das Wie: *Wie* und *wodurch* erreiche ich den anderen? Auf welcher Basis nutze ich welche Praktiken? usw. An der Möglichkeit der intersubjektiven Einflussnahme wird aber nicht gezweifelt. Durch die Überzeugung der Wirksamkeit und der Verbindung zum „magischen Äther“ und damit zum *alter ego* stellt der Magier einen Zustand der Intersubjektivität her (und auch selber dar), der magische Operationen stützt. Intersubjektivität ist in Ver-Gemeinschaftung angelegt. Sie „ist“ nur in einer Gemeinschaft mit anderen und durch andere.

9.18. Satelliten-Magie

Wie kann – oder sollte – ein Befehl, ein Wunsch, ein Gedanke, eine Tat wirken, ohne dass die die Wirkung betreffende Person in Verbindung oder in Berührung mit der Wirkkraft stünde? In einer Zeit, in der WLan und GPS für drahtlose Intermedialität sorgen, wird niemand einen magischen Akt dahinter vermuten, sondern die per Satelliten oder Router abgeglichene oder abzugleichende Verbindung mittels Impulsgebung annehmen.

Wo ist der zu vermutende Satellit der Magie? Stellt der Magier eine solche Frage nach dem Medium der Übertragung überhaupt? Im Prinzip dann, wenn er sich auf eine höhere Macht, das Geisterreich oder einem „Äther“ beruft, den er durch Evokation, Techniken und Rituale, Imagination oder Anrufung erreicht bzw. sich nutzbar macht.

In Übereinstimmung mit der Phänomenologie bedient er sich dabei der Vor-Voraussetzung der „Lebenswelt“ und der „Intersubjektivität“. Diese wiederum gründen sich in der Annahme eines apodiktischen Ich und des Monaden-Alls als Ur-Ich und Allverbundenheit.

9.19. Magische All-Matrix

Die Bedingungen, die also erfüllt sein müssen sind, damit der Gegenstand der Betrachtung als Phänomen aufgefasst zum intentionalen Akt wird und mittels transzendentaler Reduktion als solcher auch erfahrbar und transparent gemacht werden kann. Das ist hier der Fall, weil Magie in ihrer sich uns zeigenden Erscheinung behandelt wird.

Der intentionale Akt erlaubt es, Magie in einer naiven Weise als gesetzt oder gegeben hinzunehmen. Aufgrund dieser wahrnehmenden Setzung haben wir ein legitimes Recht, Magie als Phänomen anzusehen. Weder wird der historische Gesichtspunkt, noch der anthropologische oder soziologische ausgespart, noch ein irgend möglich anderer, sondern Magie wird in ihrem Phänomensein wissenschaftlich untersucht.

Es gibt Attribute, die sich als Denkweg der Magie ausmachen lassen und deren Wegmarkierungen in die Richtung Wirksamkeit und Intersubjektivität weisen, wobei beide miteinander verbunden und auf ein Drittes als Medium der magischen Übertragung bezogen sind. Der „magische Äther“ oder „Satellit“ oder die „Trägersubstanz“ stellt aber ein grundsätzliches Problem dar. In der gleichen Naivität wie Magie von einer anlogisierenden Fernwirkung ausgeht, wird ihr diese von objektiv-wissenschaftlicher Seite abzusprechen sein. Mit der gleichen Selbstverständlichkeit wie

Magie analogisierende Operationen ausführt, wird diese Analogie in Zweifel gezogen. Und in der gleichen Weise wie Magie auf Wirkung insistiert und dabei „wissenschaftlichen“ Anspruch erhebt, wird ihr dies durch den Hinweis auf ein aufgeklärt-rationales Weltbild abgesprochen. Das alles ist weder neu noch überraschend. Überraschend ist, dass es eine durchaus wissenschaftliche Erklärung gibt, die sich dem „subjektiven“ Phänomen Magie nähern kann, ohne dabei den Anspruch auf Objektivität zu verlieren.

9.20. Magie und Appräsentation

Wird Magie als Phänomen begriffen, muss die nächste Frage lauten, inwieweit das Ich, das magische Operationen durchführt, mit einbezogen wird. Dabei würde deutlich werden, dass das Ich – der Magier – und seine Handlungen – die magischen Operationen – in Eins fallen und als Einheit angesehen werden müssen. Die magische Operation ist mit dem magischen Operator verbunden. Insoweit dies der Fall ist, also das Ich Teil des intentionalen Aktes ist, muss das Augenmerk dann auf die Appräsentation des Anderen im eigenen Ich gelegt werden.

Husserl hat gezeigt, dass in der Primordialsphäre des Ich als apodiktisches Ich der Andere präsent ist. Die Möglichkeit der Präsenz des *alter ego* im *ego*, appräsentiert in der Primordialsphäre, hat Husserl ebenfalls nachgewiesen. Der Anteil des Anderen im Eigenen wird mittels Analogie und Paarung deutlich. Durch transzendentale Reduktion kann die Lebenswelt als Basis dieser Intersubjektivität ausgemacht werden. Auf der Basis des Nachweises der Lebenswelt als Medium der Kommunikation und Kommunion wird das apodiktische Ich als Monade in Bezug zum Ur-Ich und zur All-Monade im Sinne der Menschen-Gemeinschaft bezogen gedacht.

9.21. Medium cogito

Das Ich als „Medium *cogito*“ ist in seiner Ichheit im All-Ich eine Monade im Umkreis anderer Monaden. Husserl zeigt dies sehr genau und ausführlich: Ich erreiche den Anderen; der Fremde ist im Eigenen; Ich und der Andere sind im Ur-Ich, in der Ur-Monade transzendental aufweisbar. Das apodiktische Ich kann in sich – in der Primordialsphäre – der Gegenwart des Anderen präsent sein. Phänomenologie in der Rückbesinnung als objektive Wissenschaft vermag diesen Vorgang nicht nur aufzuzeigen, sondern philosophisch zu durchdringen.

In Umkehrung zur Grundlagenforschung Husserls kann die begründete Annahme erfolgen, dass Ich den Anderen *in* mir per transzendentaler Reduktion und Epoché *aus* mir subtrahieren kann. Ich erreiche dabei folgendes:

1. Zum einen weiß ich um den Anteil des erkannten Anderen des Anderen als anderes und mache es mir eigen.
2. Dann weiß ich, dass dieses Eigene per Analogie und Paarung aufgenommen und erkannt werden kann aber von mir verschieden ist.
3. Zum Dritten wird mir bewusst, dass Paarung und Analogie für Intersubjektivität nicht nur notwendige Voraussetzung sondern auch hinreichende Bedingung der Erreichbarkeit darstellt, womit
4. die phänomenologische Betrachtungsweise mittels transzendentaler Reduktion einen Urgrund ausmachen konnte, der als All-Monade, Ur-Ich oder Menschen-Gemeinschaft gefasst wird.

Diese Nachweise wurden geführt. Eine weitere denk- und erkenntnisnotwendige Annahme in einem Akt der transzendentalen Rückversicherung konnte phänomenologisch festgestellt werden. Sie lautet:

5. Die intersubjektive Gemeinschaft kann nicht nur erkannt, sondern auch beeinflusst werden. Intersubjektivität ist keine Einbahnstraße, sondern in zwei Richtungen nutzbar. Die eine Richtung bedingt die andere.

9.22. Magischer Urgrund

Die magische All-Matrix kulminiert in dem bekannten Ausspruch, den auch Husserl zitiert: „Alles ist eins". Husserl leitet diese Einheit aber nicht aus einem überraschenden Nichts her, noch bedient er sich einer unreflektierten und gefühlsmäßig mystischen Erfahrung, sondern leitet sehr genau ab, was er meint und was er vermitteln will. „Alles ist eins" als „Absolutes in seiner Einheit" meint die „All-Einheit!, welche alles, was irgend ist, in sich selbst zeitigt und gezeitigt hat. Darin die Stufen des Absoluten: das Absolute als absolutes ‚menschliches' Monadenall" (Hua XV, 669). Die Absolutheit als Bezogenes auf das Monaden-All, das wiederum die Ansammlung der Monaden-Iche darstellt, korrespondiert dann als Begriff mit dem Medium und der Projektionsfläche der Magie.

Ausgehend davon, dass Monaden-All und Ansammlung der Monaden-Iche miteinander kompatibel sind und sich in der Lebenswelt einigen und dass hier mit seinem Ur-Ich als transzendentales Modell des magischen Ich operiert werden kann, können wir in dieser transzendentalen Reduktion und Epoché die Antwort auf das Medium der Magie finden, die im All-Ich und der Lebenswelt als Basis der Gemeinschaft liegt.

In analoger Umkehrung zur intersubjektiven Gemeinschaft kann diese nicht nur erkannt, sondern auch *beeinflusst* werden. Das ist der Vorgang, der sich durch das Phänomen Magie darstellt. Das bedeutet aber auch, dass durch die Beschäftigung mit magischen Diskursfeldern die phänomenologische Annahme der gemeinsamen Ur-Matrix um die Wirkkomponente erweitert wurde.

9.23. Der Raum des magischen Denkens

Der Raum, in dem magisches Denken sich objektiviert, ist der Raum als lebensweltlicher Bereich der Ur-Monade. Gelingt es, die magische Operation in diesen Raum zu verankern, auszudehnen oder unterzubringen, so wird aus Kommunikation Manipulation, aus Einsicht Willkür und aus passivem Erkennen aktive Handhabung.

Der magische Raum ist die Antwort auf die Frage nach dem auf Intersubjektivität insistierenden Medium der Magie. (Aus magischer Sicht ist eine solche Frage nur bedingt notwendig, weil die magische Operation zwingend notwendig in einem solchen „magischen Raum“ stattfindet.)

Wenn die Subjekte in Gemeinschaft den einen Raum bilden, dann entsteht eine „bewusste Kommunikation“ und zwar Kommunikation eines „absoluten Bewusstseins“ mit anderen.

Von Husserl angedacht ist die Möglichkeit der Verbindung zwischen dem endlichen Leib und dem endlichen Subjekt in Bezug auf das Absolute und Unendliche. Nach Husserl ist Verständnis untereinander gerade durch die Bezogenheit auf das Unendliche durch die „Endlosigkeit des absoluten Bewusstseins“ möglich.[7] So ist es für Husserl denknotwendig, dass die Möglichkeit einer umfassenden Sichtweise besteht – die Apperzeption aller endlichen Bewusstseinsakte – und gleichzeitig die Verbindung derselben im „Allbewusstsein“.[8]

7 „Absolutes Bewusstsein entsteht nicht, aber es tritt mit anderem absolutem Bewusstsein in Kommunikation, und zwar in bewusste Kommunikation. Denn man muss sagen, eine gewisse Kommunikation ist immer vorhanden. Sie drückt sich da aus in der begründeten Rede von der objektiven Wirklichkeit vor der Entstehung selbstbewusster Iche. Aber soziale Beziehung, Wechselverkehr auf dem Grund wechselseitiger Einfühlung, wechselseitiger Kenntnisnahme, also als Wissensbeziehung (und als im Wissen begründete Gemütsbeziehung), das setzt ‚Erkenntnis‘ eines eigenen Leibes und weiter Erkenntnis von anderen Leibern als solchen voraus; und setzt voraus, dass überall funktionelle Zusammenhänge zwischen ‚Leib und Seele‘ bestehen, auf Grund deren die Einfühlung erst möglich ist (wobei freilich die Erfahrung sehr viel mehr an Gesetzmässigkeiten hier vorfindet, als was für die Einfühlung wesensmässig nötig wäre). Die Ewigkeit, die räumlich-zeitliche Unendlichkeit der Welt fordert Endlosigkeit des absoluten Bewusstseins“ (Hua XIII, 17).

8 „Wenn wir nun Gott (Allbewusstsein) die ‚Fähigkeit‘ zuschreiben, in Anderer Bewusstsein hineinzuschauen, so ist das nur denkbar unter der Bestimmung, dass Gottes Sein alles andere absolute Sein in sich fasst. Für ihn bestände dann kein Widerstreit (er bedürfte natürlich keiner Einfühlung), weil Gott nicht ein visuelles Feld z. B. hätte, sondern so viele als absolute Bewusstseine sind. Natürlich, die Einfüh-

9.24. Ergebnis und Ausblick

Als Ergebnis steht fest, dass die phänomenologischen Überlegungen und die magischen Operationen sich treffen: dann, wenn die denknotwendige und rationale Herleitung des All-Bewusstseins als ideale Matrix und Medium des magischen Denkens aufgefasst wird. Damit bietet sich eine objektiv-wissenschaftliche Erklärung an, basierend auf einer subjektiv-phänomenologischen Basis, die die magische Operation in ihrem Selbstverständnis spiegelt und von einer unerwarteten Seite philosophisch durchdringt.

Die angenommene Dichotomie des Magischen: Magier – Medium – Objekt kann erklärt werden unter der Umkehrung der Apperzeption im Sinne der Beeinflussung als Machtausübung in Bezug auf ein Medium, das sich als Lebenswelt und All-Monade bzw. Ur-Ich findet.

Wenn die Phänomenologie durch Epoché aus dem Ich das Ur-Ich und aus der Monade die All-Monade destilliert und diese auf die Lebenswelt als Grund und Basis der Menschengemeinschaft bezieht, dann bildet dies eben jene Theorie und theoretische Klä-

---

lung eines absoluten Bewusstseins (Ich) in ein anderes bestände fort und die Unmöglichkeit, dass ein an das einzige beschränkte visuelle Feld gebundenes Bewusstsein A eine Wahrnehmung hat, die auf das andere visuelle Feld gebaut ist; z. B. ich sehe das Ding hier, und ich kann natürlich nur eine Abschattung des Dinges jetzt haben. Zum Wesen des Dinges gehört es, in einem Jetzt eben eine Abschattung aktuell zu zeigen. In der Koordination der verschiedenen Ich zeigt nun ‚dasselbe' Ding dem anderen Ich eine andere Abschattung, und das andere Ich hat eben sein visuelles Feld so ausgefüllt, dass diese Abschattung darin vorkommt (sich auffassungsmässig konstituiert). Die visuellen Felder sind verschieden. Aber in der einfühlenden Apperzeption konstituiert sich ein und dasselbe Ding, mit einem und demselben Raum für alle Individuen. Gott aber sieht das Ding von der einen Seite (mit meinem Bewusstsein) und ‚zugleich' von der anderen Seite (mit dem Bewusstsein des Anderen). Er identifiziert die beiden Apperzeptionen; aber nicht so, wie ich die verschiedenen Erscheinungen im Nacheinander apperzipiere, sondern etwa einigermassen so, wie ich Ding und ‚Spiegelbild' des Dinges identifiziere. Aber natürlich handelt es sich nicht um ein Spiegelbildverhältnis, sondern um das eigene Koordinationsverhältnis, dem eine bestimmte Gesetzmässigkeit der Koordination der Erscheinungsabläufe in den verschiedenen endlichen Bewusstseinen entspricht" (Hua XIII, 9).

rung für die Möglichkeit magischer Operationen im Sinne einer epistemischen Magie.

9.25. Was wir wissen:

Was phänomenologisch geklärt ist, ist die Möglichkeit der intersubjektiven Verbindungsaufnahme im Sinne einer Machtausübung im operativen magischen Akt.

Das dargelegte phänomenologische Modell begründet von einer unverdächtig anderen Seite den magischen Diskurs in seiner magischen Bezogenheit. Was demzufolge vorliegt, ist eine angemessene philosophische und wissenschaftliche Erklärung über die Möglichkeit der Wirksamkeit magischer Operationen, magischen Denkens und der Stabilisierung und Instrumentalisierung magischer Diskursfelder (Phantasmen) und zwar eben nicht aus einem magischen Verständnis heraus, sondern gestützt durch die phänomenologischen Erkenntnisse.

9.26. Was wir nicht wissen:

Was aber aussteht ist der objektivierbare Nachweis – im phänomenologischen Sinne als intersubjektives Phänomen – der durch die Magie und ihre magischen Operationen sich ergebenden Wirkungen.

Wir wissen *nicht,* wie ein Magier magisch beeinflusst und seine Operationen magisch korrekt durchführt, damit sie die gewünschten Wirkungen zeitigen. Wir konnten aber *zeigen*, dass dies als operativer Akt sich aus der Phänomenologie her sinnvoll ableiten lässt. Es geht zwar über die Intention dieser Untersuchung hinaus, doch kann Weiteres auf dieser erarbeiteten Grundlage erforscht und einsichtig gemacht werden.

Nachwort zur Neuauflage

Dieses Buch ist nach einem zähen Ringen um die *Krisis* erschienen, wobei die Komplexität und ungewohnte Denkweise Edmund Husserls, die spezifische Sprache und die Fülle der Deutungsmöglichkeiten, eher einer ungesicherten Fahrt in einen dunklen Abgrund glich, denn einem gemütlichen Ausflug in die Höhen des Denkens. Verzweiflung und Resignation gingen mit erhellenden Momenten von Verständnis einher, manchmal war beides zugleich da, um sich im nächsten Moment wieder aufzulösen. Möglich, dass dies auch biografisch bedingt ist, denn der Name Husserl war mir schon seit meiner Studienzeit in Freiburg zu einem *wegweisenden* Begriff geworden. Ich musste damals nämlich, um zu bestimmten Vorlesungen zu gelangen, einen halbdunklen Gang entlanggehen, der am Husserl-Archiv vorbeiführte. So begleitete mich Husserl schon jahrelang, bevor ich seine Philosophie zu studieren begann. Warum ich das nicht schon früher tat, obwohl sich seine Hauptwerke längst in meinem Besitz befanden, vermag ich nicht sagen. Der Gedanke liegt nahe, dass sich Bücher ihre Leser suchen und erziehen, dann, wenn die Zeit reif für diesen Prozess ist.

Die Phänomenologie sollte mich dann ständig begleiten und mir eine andere Seite an Heidegger, Derrida, Foucault aufschließen helfen, die ich zuvor nicht gesehen hatte. Das galt auch für das Studium von Adorno, Horkheimer, Sartre, Levinas oder Habermas, um nur einige zu nennen. Philosophen, die ihrerseits von Husserl inspiriert und beeinflusst wurden.

Faszinierend ist die Zentrierung der Phänomenologie als offene Betrachtungsweise dergestalt, dass *alles* zu einem Phänomen werden kann und damit in einer eidetischen Reduktion zur Quelle von Erkenntnis. In letzter Konsequenz bedeutet dies eine breite Toleranz allem gegenüber, was sich als Mögliches denken lässt. Des Weiteren ist bemerkenswert, dass Husserl über zehn Jahre brauchte, um in seinem Denken konsequenterweise den Schritt vom Ich zum Du zu wagen. Seine Abhandlung über *Descartes*, die der *Krisis* vorausging, behandelte das erkennende Ich, wobei einige seiner Schüler der Ansicht sind, dass Husserl hier einen Rückschritt in Richtung einer Subjektphilosophie getan habe, die ein absolutes Ich in den Mittelpunkt stellt. Fakt ist, dass Husserl diesen Weg wieder verlassen und später zugunsten der „Lebenswelt“ aufgegeben hatte. Eine Annäherung des „späten“ Husserl zu Heideggers *Sein und Zeit* in der *Krisis* ist im Begriff „Lebenswelt“ ebenso thematisierbar wie eine Annäherung Husserls an die „Lebensphilosophie“.

Werden die Ergänzungsbände zu den *Cartesianischen Meditationen* und der *Krisis* mit berücksichtigt, so ist der Prozess der Gestaltung in den *Cartesianischen Meditationen* als *work in progress* zu sehen. Dennoch und das ist für diese Arbeit wichtig, hat sich Husserl über das *Ich* so philosophisch platziert, dass er daraus folgernd in der *Krisis* über bzw. mit oder in der *Lebenswelt* das Du erreichen kann. Dieses Du ist aber nicht nur rudimentär vorhanden, sondern wird in die eigene Lebenswelt apperzipiert. Damit sind die beiden Pole Ich und Du in einer phänomenologischen Philosophie präsent und die Kommunikation zwischen ihnen kann ohne ein Medium geschehen. Das bedeutet, dass es keinen Mittler, keine Vermittlung zwischen ihnen gibt, also um das Bild der Relativitätstheorie Einsteins zu wählen, keinen Äther, der das Licht trägt. Dies ist deshalb wichtig, weil auch das Du als Phänomen so mit dem Ich verschmolzen ist, dass umgekehrt das Du vom Ich aus betrachtet werden kann. Die Lebenswelt als Urgrund der gemeinsamen Basis also, vermag Subjekt und Objekt zu bergen, weil beide ihr angehören. Dennoch wäre es wohl vermessen, Lebenswelt als Medium oder „Äther“ anzusehen, sondern vielmehr als das, was es ist: Es ist Leben und integriert Leben. Es liegt als Boden dem Ich und dem Du zugrunde, beide aber sind ohne Lebenswelt weder denkbar noch möglich. Sie sind in ihr geborgen und Teil von ihr.

Soweit erschließen sich mir die Husserlschen Überlegungen als stimmig und auf die Philosophie bezogen annehmbar. Was sich aber herausschälte, war der Gedanke des Ich und des Du, sowie dass das Ich das Du beeinflussen könnte, ohne durch verbale oder nonverbale Kommunikation. Damit kam ich auf das Phänomen (!) der Magie, die gerade das von sich behauptet. Nämlich, dass sie Menschen, Dinge und Gegebenheiten beeinflussen könne, und zwar mittels einer kaum wahrnehmbaren ursächlichen Verknüpfung, die als Analogie abgebildet wird. Analogie meint, dass ein Abbild von dem geschaffen wird, was eintreten soll. Ioan P. Culianu spricht von „Phantasmen", die auf dem Eros fußen. Eros ist bei ihm im weitesten Sinne als Energieform, als Anziehungsmöglichkeit zu sehen. Jedenfalls bedeutet dies, dass durch Analogien Gegebenheiten beeinflusst, hervorgerufen oder verändert werden könn(t)en. Nun meine ich mit Magie kein esoterisches Spielzeug oder keine Hexerei im Sinne eines Harry-Potter-Universums, sondern jene Urkraft, die neben dem kausal-mechanistischen Denken seit Jahrtausenden existiert und die als irrational und unvernünftig, als Aberglaube oder Dummheit abgetan wird, gleichwohl sie sich bei Naturvölkern bis heute und in einem alternativen Diskurs über die Renaissance bis zur Moderne bewahrt hat. Hier soll keine Wertung ausgesprochen werden, sondern nur der Gedanke der Analogie, die das Ich mit dem Du auf einer gewissen Stufe gleichsetzt, damit das Ich das Du beeinflussen kann, wobei Du auch eine Sache oder Gegebenheit sein könnte. Der Gedanke der Synchronizität muss hier ebenfalls genannt werden, denn auch er zeigt, dass Einflussnahme geschehen kann ohne aktives Zutun. Magie ist aber aktives Tun, gestalten, ausdrücken.

Mein Interesse an Magie ist eher rudimentär. Dennoch ist mir durch das Studium der Werke von Mircea Eliade, Will-Erich Peuckert, Ioan P. Culianu oder Claude Lévi-Strauss eine gewisse Parallele zur *Krisis* aufgefallen. Diesem Gedanken folgend ergab sich die Fragestellung, ob ein magischer Diskurs mit einem phänomenologischen, streng rationalen und analytischen Denken zusammenpassen könnte bzw. ob Letzteres sogar eine Begründung für Ersteres bieten könnte. Ein lohnendes Unterfangen, gleichwohl die Gefahr eines allzuschnellen Abgleitens in die Esoterik im Auge zu behalten ist. Das wollte ich dahingehend vermeiden, indem innerhalb der Magie jenes Denken eingezäunt werden sollte, das sich auch tatsächlich an Literatur oder Aussagen von Magiern oder mittels Forschung auf diesem Gebiet eindeutig belegen lässt. Um ein Beispiel zu nennen. So interessant die Bücher von Lobsang Rampa oder Carlos Castaneda auch sein mögen, es sind keine Quellen, die für diese Überlegungen hilfreich sind, weil sie zu spekulativ, fantastisch und dichterisch ausfallen. Auch Orden oder Gruppierungen, die im 20. Jahrhundert auftauchten und wieder verschwanden oder Spuren hinterließen und Erzählungen produzierten, deren Aussagekraft im Ohr des Eleven glaubwürdig klingen, mit den Augen eines Unbeteiligten aber gar zu fantastisch bleiben, stellen ebenfalls Epiphänomene dar, auf die hier nur kurz eingegangen werden kann. Stattdessen ging es mir um den magischen Diskurs als Narrativ und den phänomenologischen Diskurs als Epistem. Im Besonderen aber ging es mir um die begriffliche Klärung, was sich als magisch falsifizieren ließ, ohne dabei den wissenschaftlich-philosophischen Boden verlassen zu müssen. Das scheint mir weder gegeben noch notwendig.

Das Buch ist also einerseits eine Auseinandersetzung mit der *Krisis* und andererseits eine Auseinandersetzung mit der Magie im Bewusstsein, dass Ersteres eine Erklärung für Letzteres geben kann. Das war Absicht und Ziel der Untersuchung, nicht mehr und nicht weniger. Und es ging mir darum, auf diese Abhandlung aufbauend, solche Epiphänomene des menschlichen Geistes vorurteilsfrei betrachten zu können. Mir erwies sich die Phänomenologie als guter und zielführender Ansatz, um vorurteilsfrei über das forschen zu können, was „da ist". Denn um ein Wort Shakespeares leicht zu modifizieren: „Es gibt mehr Ding im Himmel und auf Erden, als unsere Schulweisheit sich träumt."

Literatur

Werke Edmund Husserl (Auswahl):

Cartesianische Meditationen und Pariser Vorträge, herausgegeben und eingeleitet von Stephan Strasser, Den Haag 1950, Neudruck 1973 (Hua I).

Die Idee der Phänomenologie. Fünf Vorlesungen, herausgegeben und eingeleitet von Walter Biemel, Den Haag 1950, 2. Aufl. 1973 (Hua II).

Die Krisis der Europäischen Wissenschaften und die transzendentale Phänomenologie. Eine Einleitung in die phänomenologische Philosophie, herausgegeben und eingeleitet von Walter Biemel, Den Haag, 1. Aufl. 1954, 2. Aufl. 1956 (Hua VI).

Zur Phänomenologie der Intersubjektivität. Texte aus dem Nachlaß, Erster Teil: 1905–1920, herausgegeben und eingeleitet von Iso Kern, Den Haag 1973 (Hua XIII).

Zur Phänomenologie der Intersubjektivität. Texte aus dem Nachlaß, Zweiter Teil: 1921–1928, herausgegeben von Iso Kern, Den Haag 1973 (Hua XIV).

Zur Phänomenologie der Intersubjektivität. Texte aus dem Nachlaß, Dritter Teil: 1929–1935, herausgegeben und eingeleitet von Iso Kern, Den Haag 1973 (Hua XV).

Logische Untersuchungen. Erster Band: Prolegomena zur reinen Logik. Text der 1. und 2. Aufl., herausgegeben und eingeleitet von Elmar Holenstein, Den Haag 1975 (Hua XVIII).

Logische Untersuchungen. Zweiter Band: Untersuchungen zur Phänomenologie und Theorie der Erkenntnis. Text der 1. und 2. Aufl. mit Ergänzungen. Erster u. Zweiter Teil, herausgegeben und eingeleitet von Ursula Panzer, Den Haag 1984 (Hua XIX).

Zur phänomenologischen Reduktion. Texte aus dem Nachlass (1926–1935). Herausgegeben von Sebastian Luft. Dordrecht/Boston/London: Nijhoff 2002 (Hua XXXIV).

Transzendentaler Idealismus. Texte aus dem Nachlass (1908–1921). Herausgegeben von Robin D. Rollinger. Dordrecht/Boston/London: Nijhoff 2003 (Hua XXXVI).

„Unter Phänomenologie versteht man eine an der Wende unseres Jahrhunderts erwachsene philosophische Bewegung", Artikel für die *Encyclopaedia Britannica*. In: Hua IX, 237–301.

Philosophie als strenge Wissenschaft. Frankfurt a. M. 1981.

Dazu noch:

Fink, Eugen: *VI. Cartesianische Meditation I. Die Idee einer transzendentalen Methodenlehre.* Huserliana Dokumente, Band II/1, Dordrecht 1977.

Kern, Iso: *Edmund Husserl. Grundprobleme der Phänomenologie.* Hamburg 1977.

Lembeck, Karl-Heinz (Herausgeber): *Edmund Husserl. Die Phänomenologie und die Fundamente der Wissenschaften. Text nach Husserliana,* Band V, Hamburg 1986.

Steiner, Uwe C. (Herausgeber): *Husserl. Ausgewählt und vorgestellt.* München 1997.

Waldenfels, Bernhard (Herausgeber): *Die Krisis des europäischen Menschentums und die Philosophie Edmund Husserls.* Mit einer Einführung von Bernhard Waldenfels. Weinheim 1995.

Zur Phänomenologie:

Bernet, Rudolf / Kern, Iso / Marbach Eduard: *Edmund Husserl. Darstellung seines Denkens.* Hamburg 1996.

Derrida, Jacques: *Die Schrift und die Differenz.* Frankfurt a. M. 1987.

Derrida, Jacques: *Die Stimme und das Phänomen. Ein Essay über das Problem des Zeichens in der Philosophie Husserls.* Frankfurt a. M. 1979.

Derrida, Jacques: *Husserls Weg in die Geschichte am Leitfaden der Geometrie. Ein Kommentar zur Beilage III der „Krisis".* München 1987.

Fink, Eugen: *Nähe und Distanz. Studien zur Phänomenologie.* Herausgeber Hans R. Sepp. Freiburg 2008.

Groys, Boris: *Unter Verdacht. Eine Phänomenologie der Medien.* München 2000.

Haardt, Alexander: *Husserl in Rußland. Phänomenologie der Sprache und Kunst bei Gustav Špet und Aleksej Losev.* München 1993.

Heidegger, Martin: *Die Grundprobleme der Phänomenologie.* Frankfurt a. M. 2005.

Heidegger, Martin: *Einführung in die phänomenologische Forschung. Bd. 17. Abt. 2, Vorlesungen 1919–1944.* Frankfurt a. M. 1994.

Heidegger, Martin: *Phänomenologie der Anschauung und des Ausdrucks. Theorie der philosophischen Begriffsbildung. Band 59. Abt. 2,* Vorlesungen 1919–1944, Frankfurt a. M. 1993.

Heidegger, Martin: *Phänomenologische Interpretationen zu Aristoteles. Band 61. Abt. 2, Vorlesungen.* Frankfurt a. M. 1985.

Iribarne, Julia V.: *Husserls Theorie der Intersubjektivität.* Freiburg 1994.

Janssen, Paul: *Edmund Husserl.* Freiburg 2008.

Jamme, Christoph: *Phänomenologie im Widerstreit. Zum 50. Todestag Edmund Husserls.* Frankfurt a. M. 1989.

Kolakowski, Leszek: *Die Suche nach der verlorenen Gewissheit. Denkwege mit Edmund Husserl.* München 1986.

Landgrebe, Ludwig: *Der Weg der Phänomenologie. Das Problem der ursprünglichen Erfahrung.* Gütersloh 1967.

Lembeck, Karl-Heinz: *Einführung in die phänomenologische Philosophie.* Darmstadt 1994.

Luft, Sebastian: *Phänomenologie der Phänomenologie. Systematik und Methodologie der Phänomenologie in der Auseinandersetzung zwischen Husserl und Fink.* Berlin 2002.

Marbach, Eduard: *Das Problem des Ich in der Phänomenologie Husserls.* Den Haag 1974.

Marx, Werner: *Die Phänomenologie Edmund Husserls.* München 1987.

Merleau-Ponty, Maurice: *Phänomenologie der Wahrnehmung.* Berlin 1966.

Merleau-Ponty, Maurice: *Zeichen.* Hamburg 2007.

Möckel, Christian: *Einführung in die transzendentale Phänomenologie.* München 1998.

Orth, Ernst Wolfgang (Herausgeber): *Die Freiburger Phänomenologie.* Freiburg 1996.

Orth, Ernst Wolfgang (Herausgeber): *Husserl, Scheler, Heidegger in der Sicht neuer Quellen.* Freiburg 1978.

Prechtl, Peter: *Husserl zur Einführung.* Hamburg 1991.

Profile der Phänomenologie. Zum 50. Todestag von Edmund Husserl. Einleitung von Werner Marx. Freiburg 1989.

Wolfgang Röd: *Descartes: Die Genese des Cartesianischen Rationalismus,* München 1995.

Römpp, Georg: *Husserls Phänomenologie der Intersubjektivität. Und ihre Bedeutung für eine Theorie intersubjektiver Objektivität und die Konzeption einer phänomenologischen Philosophie.* Dordrecht 1992.

Römpp, Georg: *Husserls Phänomenologie. Eine Einführung.* Wiesbaden 2005.

Schütz, Alfred: *Strukturen der Lebenswelt.* Herausgegeben von Thomas Luckmann. Konstanz 2003.

Sepp, Hans Rainer: *Edmund Husserl und die phänomenologische Bewegung. Zeugnisse in Text u. Bild.* Freiburg 1988.

Spiegelberg, Herbert: *The Phenomenological Movement.* Den Haag 1982.

Ströker, Elisabeth: *Husserls transzendentale Phänomenologie.* Frankfurt a. M. 1987.

Ströker, Elisabeth: *Lebenswelt und Wissenschaft in der Philosophie Edmund Husserls.* Frankfurt a. M. 1979.

Ströker, Elisabeth: *Edmund Husserls Gesammelte Schriften. Zusatzband. Husserls Werk. Zur Ausgabe der Gesammelten Schriften.* Hamburg 1992 [darin: Register].

Vetter, Helmuth (Herausgeber): *Wörterbuch der phänomenologischen Begriffe.* Hamburg 2004.

Völkner, Peter: *Derrida und Husserl. Zur Dekonstruktion einer Philosophie der Präsenz.* Wien 1993.

Waldenfels, Bernhard: *Einführung in die Phänomenologie.* München 1992.

Waldenfels, Bernhard: *In den Netzen der Lebenswelt.* Frankfurt 1985.

Waldenfels, Bernhard: *Phänomenologie in Frankreich.* Frankfurt 1983.

Waldenfels, Bernhard: *Phänomenologie und Marxismus.* Band 1–4. Frankfurt a. M. 1977–1979.

Wetz, Franz Josef: *Edmund Husserl.* Frankfurt a. M. 1995.

Wuchterl, Kurt: *Bausteine zu einer Geschichte der Philosophie des 20. Jahrhunderts. Von Husserl zu Heidegger. Eine Auswahl.* Bern 1995.

Wüstenberg, Klaus: *Kritische Analysen zu den Grundproblemen der transzendentalen Phänomenologie Husserls unter besonderer Berücksichtigung der Philosophie Descartes.* Leiden 1985.

Zahavi, Dan: *Husserl und die transzendentale Intersubjektivität. Eine Antwort auf die sprachpragmatische Kritik.* Dordrecht 1996.

Zahavi, Dan: *Phänomenologie für Einsteiger.* Paderborn 2007.

Zu Magie als Diskursfeld:

Biedermann, Hans: *Lexikon der magischen Künste. Die Welt der Magie seit der Spätantike.* München 1991.

Bologne, Jean Claude: *Magie und Aberglaube im Mittelalter. Von den Fackeln zum Scheiterhaufen.* Düsseldorf 2003.

Bönisch-Brednich, Brigitte (Herausgeber): *„Volkskunde ist Nachricht von jedem Teil des Volkes“ Will-Erich Peuckert zum 100. Geburtstag.* Göttingen 1996.

Culianu, Ioan P.: *Eros und Magie in der Renaissance.* Mit einem Geleitwort von Mircea Eliade. Aus dem Französischen von Ferdinand Leopold. Frankfurt a. M. 2001.

Daxelmüller, Christoph: Vorwort des Nachdruckes. In: *Handwörterbuch des deutschen Aberglaubens.* Bd. 1, Reprint. Berlin: De Gruyter 1987/ 2000.

Dosse, François: *Geschichte des Strukturalismus. Band 1: Das Feld des Zeichens,* 1945–1966.

Durkheim, Emile: *Die elementaren Formen des religiösen Lebens.* Frankfurt a. M. 1981.

Eliade, Mircea: „Das Okkulte und die moderne Welt". In: *Der magische Flug.* Sinzheim 2000.

Eliade, Mircea: *Geschichte der religiösen Ideen.* 4 Bde. Freiburg 1994.

Evans-Pritchard, Edward E.: *Hexerei, Orakel und Magie bei den Zande.* Frankfurt a. M. 1988.

Frazer, J. G.: *Der Goldene Zweig.* Reinbek bei Hamburg 1994.

Frick, Karl R. H.: *Die Erleuchteten. Gnostisch-theosophische und alchemistisch-rosenkreuzerische Geheimgesellschaften bis zum Ende des 18. Jahrhunderts. Ein Beitrag zur Geistesgeschichte der Neuzeit.* Graz 1973.

Frick, Karl R. H.: *Licht und Finsternis. Teil 1: Ursprünge und Anfänge.* Graz, 1975.

Frietsch, Wolfram: „Esoterik und Wissenschaft. Newton und die Alchemie, Leibniz und die Kabbala". In: *Gnostika* 14, April 2000. S.15–26.

Frietsch, Wolfram: *Newtons Geheimnis. Wissenschaft und Esoterik – Zwei Seiten einer Medaille.* Gaggenau 2006.

Gebser, Jean: *Ursprung und Gegenwart.* Schaffhausen 1992.

Hanegraaff, Wouter J. (Ed.): *Dictionary of Gnosis & Western Esotericism.* (2 Bände). Leiden 2005.

Hemberger, Adolf (= Dr. Klingsor [Pseudonym]): *Experimental-Magie. Ein Leitfaden magischer Praktiken und Beschwörungsrituale.* Berlin o. J. 2. Auflage [1. Auflage 1976].

Kieckhefer, Richard: *Magie im Mittelalter.* München 1995.

Kippenberg. H. G. und Luchesi. B. (Herausgeber): *Magie. Die sozialwissenschaftliche Kontroverse über das Verstehen fremden Denkens.* Frankfurt a. M. 1978.

Levi-Strauss, Claude: *Das wilde Denken.* Frankfurt a. M. 1976.

Luck, Georg: *Magie und andere Geheimlehren in der Antike.* Stuttgart 1990. Malinowski, Bronislaw: *Magie, Wissenschaft und Religion. Und andere Schriften.* Frankfurt a. M. 1973.

Mauss, Marcel: „Entwurf einer allgemeinen Theorie der Magie". In: *Soziologie und Anthropologie.* Bd. 1. Frankfurt a. M. 1989.

Müller, Lutz und Anette Müller (Herausgeber): *Wörterbuch der Analytischen Psychologie.* Düsseldorf 2003.

Peuckert, Will-Erich: *Gabalia. Ein Versuch zur Geschichte der magia naturalis im 16. bis 18. Jahrhundert.* Berlin 1967.

Peuckert, Will-Erich: Pansophie. *Ein Versuch zur Geschichte der weißen und schwarzen Magie.* Berlin 1976.

Priesner, Claus und Karin Figala: *Alchemie. Lexikon einer hermetischen Wissenschaft.* München 1998.

Prokop, Otto und Wolf Wimmer: *Der moderne Okkultismus. Parapsychologie und Paramedizin. Magie und Wissenschaft im 20. Jahrhundert.* Stuttgart 1987.

Regardie, Israel: *Die Elemente der Magie. Eine Einführung in die Magie, Kabbala und Meditation.* Reinbek bei Hamburg 1991.

Regardie, Israel: *Das magische System des Golden Dawn.* Drei Bände. Freiburg im Breisgau 1995.

Ruff, Margarethe: *Zauberpraktiken als Lebenshilfe. Magie im Alltag vom Mittelalter bis heute.* Frankfurt a. M. 2003.

Staudenmaier, Ludwig: *Die Magie als experimentelle Wissenschaft.* Leipzig 1922.

Stockinger, Hermann E.: *Die hermetisch-esoterische Tradition.* Hildesheim 2004.

Stuckrad, Kocku von: „Magie". In: *Der Neue Pauly. Enzyklopädie der Antike. Band 15/1 La–Ot.* S. 252–262. Stuttgart 2001.

Vom selben Autor bei scientia nova erschienen:

Die Symbolik der Epiphanien in Peter Handkes Texten
Strukturmomente eines neuen Zusammenhanges
228 Seiten / 2. Auflage / ISBN 978-3-935164-13-9.

Peter Handke – C.G. Jung
Selbstsuche – Selbstfindung – Selbstwerdung
Der Individuationsprozess in der modernen Literatur am Beispiel von Peter Handkes Texten
256 Seiten / 2. Auflage / ISBN 978-3-935164-01-6.

Die Traumfahrt der Zauberflöte
Individuation und Archetypus: Mozarts Zauberflöte aus der Sicht der Psychologie C.G. Jungs
268 Seiten / 2. Auflage / ISBN 978-3-935164-09-2.

Die goldene Spur in Hermann Hesses Steppenwolf
Interpretation, Analyse und Betrachtung
144 Seiten / ISBN 978-3-935164-11-5.